跨文化视角下的英语教学理论与方法探究

唐旻丽　崔国东　盛　园　著

吉林人民出版社

图书在版编目（CIP）数据

跨文化视角下的英语教学理论与方法探究 / 唐旻丽，崔国东, 盛园著. -- 长春：吉林人民出版社, 2020.10
ISBN 978-7-206-17630-2

Ⅰ.①跨… Ⅱ.①唐…②崔…③盛… Ⅲ.①英语—教学研究 Ⅳ.① H319.3

中国版本图书馆 CIP 数据核字 (2020) 第 201434 号

责任编辑：刘　学
封面设计：黄伟娟

跨文化视角下的英语教学理论与方法探究
KUAWENHUA SHIJIAO XIA DE YINGYU JIAOXUE LILUN YU FANGFA TANJIU

著　　者：唐旻丽　崔国东　盛　园
出版发行：吉林人民出版社（长春市人民大街7548号　邮政编码：130022）
咨询电话：0431-85378026
印　　刷：北京军迪印刷有限责任公司
开　　本：787mm×1092mm　　　1/16
印　　张：17　　　　　　　　　字　　数：274千字
标准书号：ISBN 978-7-206-17630-2
版　　次：2021年5月第1版　　　印　　次：2021年5月第1次印刷
定　　价：78.00元

如发现印装质量问题，影响阅读，请与印刷厂联系调换。

前 言

语言是文化的传播载体和内涵表征。英语教学是丰富跨语言知识和提高跨语言能力的主要途径,其改革需突出与跨文化的深度融合。以跨文化为研究视角,根植于语言学和文化学,聚焦英语教学范式与跨文化的内在辩证,将"文化互动"范式作为学校英语教学走向文化自觉的问题导向,着力于教学主体、学科性质、教学价值取向、教学过程和教学评价等五个范畴,是教育新形势下学校英语教学改革的创新路径。跨文化指的是对与本民族文化存在差异或冲突的群体及其文化现象、行为方式、风俗习惯等具有客观的认识,并以包容的姿态予以接受并适应。跨文化交际能力以超越语言差异和文化差异为前提,要求个体可以和处于不同文化背景的个体进行得体而有效的信息交换。

本书主要从英语学科特点与跨文化视角相结合,从新时代背景下的英语教学、跨文化英语教学理论构建、跨文化视角下的词汇语言比较研究、跨文化视角下的英汉语法比较研究、跨文化视角下的英汉句法比较研究、跨文化视角下的英汉篇章比较研究、跨文化视角下英语教学的特点与原则、跨文化视角下英语知识的教学、跨文化视角下的英语教学方法以及英语教学中跨文化交际能力的培养等方面进行了探讨,希望能对跨文化背景下的英语教学起到一点推动作用。

本书由湖南文理学院的唐旻丽、阳信县劳店镇中学的崔国东和湖南有色金属职业技术学院的盛园担任著者。具体分工如下:唐旻丽负责第一章至第五章的撰写(共计10万字);崔国东负责第八章至第九章的撰写(共计9万字);盛园负责第六章至第七章和第十章的撰写(共计8.4万字)。

目录

第一章 新时代背景下的英语教学 ... 001
- 第一节 环境因素对英语教学的影响 ... 001
- 第二节 英语国际通用语地位的确定 ... 006
- 第三节 英语作为国际通用语的教学框架 ... 011

第二章 跨文化英语教学理论构建 ... 021
- 第一节 跨文化英语教学基础理论 ... 022
- 第二节 跨文化英语教学的目标与内容 ... 029
- 第三节 跨文化英语教学的大纲特点 ... 032

第三章 跨文化视角下的词汇语言比较研究 ... 040
- 第一节 英汉构词与词类标记的比较 ... 040
- 第二节 英汉词义的比较研究 ... 044
- 第三节 英汉语言中主导词类的比较研究 ... 046
- 第四节 英汉词语搭配的比较研究 ... 049
- 第五节 英汉词义的比较研究 ... 050
- 第六节 学习英语词汇应注意的问题 ... 054

第四章 跨文化视角下的英汉语法比较研究 ... 060
- 第一节 英汉形态的比较研究 ... 060
- 第二节 英汉语法状态的比较研究 ... 062
- 第三节 英汉语句中连接手段的比较研究 ... 067

第五章 跨文化视角下的英汉句法比较研究 ... 069
- 第一节 英汉名词词组词序的比较研究 ... 069
- 第二节 短语动词的翻译 ... 071
- 第三节 英汉关系分句的比较研究 ... 074
- 第四节 英汉状语的比较研究 ... 077
- 第五节 英语主谓结构与汉语话题结构的比较研究 ... 087
- 第六节 英语 Parallelism 与汉语骈偶结构的比较研究 ... 093

第六章 跨文化视角下的英汉篇章比较研究 ... 103
- 第一节 衔接手段的比较研究 ... 104
- 第二节 段落结构的比较研究 ... 109
- 第三节 英汉段落翻译的不同 ... 109
- 第四节 英汉篇章模式的比较研究 ... 110

第七章 跨文化视角下英语教学的特点与原则 ... 114
- 第一节 跨文化英语教学一体化框架 ... 114
- 第二节 英语教学在各阶段的特点 ... 118
- 第三节 外语教学法的演变 ... 122
- 第四节 跨文化英语教学的原则 ... 136

第八章 跨文化视角下英语知识的教学 ... 139
第一节 英语词汇教学策略 ... 139
第二节 英语听力教学策略 ... 149
第三节 英语口语教学研究 ... 155
第四节 英语语法教学策略 ... 164
第五节 英语阅读教学策略 ... 172
第六节 英语写作教学策略 ... 179

第九章 跨文化视角下的英语教学方法 ... 186
第一节 互动教学模式 ... 186
第二节 英语课堂提问技巧 ... 193
第三节 交际教学法 ... 199
第四节 逆向教学法 ... 201
第五节 启发式教学法 ... 204
第六节 多元化教学法 ... 207
第七节 多媒体教学法 ... 213

第十章 英语教学中跨文化交际能力的培养 ... 221
第一节 语言能力与跨文化语言交际能力的关系 ... 221
第二节 英语教学中的文化教学问题认识 ... 232
第三节 英语教学中跨文化交际能力的培养原则 ... 233
第四节 英语教学中跨文化交际能力的培养 ... 246

结束语 ... 260

参考文献 ... 261

第一章
新时代背景下的英语教学

英语是国际通用语言,其重要性不必多说。我们从小学起就开始学习英文,英文对于我们的发展有着重要作用。随着信息时代的到来,在改革开放逐渐深入的进程中,国内经济迅猛发展,国内不同行业领域都面临着崭新的机遇与挑战,英语教学也是如此。英语教育为了能够与国际接轨,进行了一系列改革。本章主要就环境因素对英语教学的影响、英语国际通用语地位的确定和英语作为国际通用语的教学框架三个方面进行讨论。

第一节 环境因素对英语教学的影响

当我们考虑一种教学方法是否适合教学的实际时,我们要考虑的是我们的教学环境是怎样的,我们如何针对目前的教学环境选择合适的教学方法。教学环境包括了许多方面,如学校的条件、课堂的组成、课堂时间的分布、教材的选择、教学的辅助手段(如声像设备、网络、多媒体等),还有教师的教学方法等等,每一个细微的因素都会影响整个教学。如果一种教学方法能被运用和接受,这种教学方法一定是符合我们现有的英语教学环境的。因此,我们有必要对英语教学环境中的各种因素进行分析讨论。本节将从课外环境、课内环境等几个方面来分析语言教学环境是如何影响我们的英语教学的。

一、课外环境的影响

对于语言教学的课外环境，Stem（1999）提出了六个有影响的因素：语言学的因素、社会和文化的因素、历史背景和民族或国际政治形势、地理因素、经济和科技的发展、教育体系等。

说到语言学的因素，Stem 认为在单一的语言环境中学生学习一门外语是有难度的。学生也许会或多或少有拒绝学习外语的想法。如果学习者处于多语言的环境，他们将从所处的环境中受益，并能通过自己的实际经验学习外语；当然教师的任务会更重，因为在教学中他们要考虑得更多。在中国，我们的情况是属于前者。中国学生处于单一的语言环境中，有可能会认为不学外语也没有多大关系。另一方面，如果学生的母语和所学的外语不是同一个语系，两种语言相差太远，语言和文化的差异巨大的话，学生在外语学习时的困难也会更大。当中国的学生学习英语时，他们要面临不熟悉的语言和文化特质，这是因为中文是东方的语言，属于汉藏语系，而英语是欧洲语言，属于印欧语系，两者之间差异巨大。从社会和文化的因素来看，Stem 认为社会的团体观点会促使学生对某种具体的语言形成一种好感或憎恶感，这种观点会影响学生对外语的学习动机。社会固有的观念对外语学习动机的影响是不可否认的。关于历史背景和民族或国际政治形势这一方面，Stem 提出某种语言教学的兴起和衰落反映了人们对于一个国家的态度的改变。在 20 世纪 50 年代，俄语学习者遍及全中国，但是现在俄语学习远没有英语学习普遍。人们也可以在这背后看到历史原因。当提到地理因素的时候，Stem 的观点是如果学习某种外语的环境和这种语言本来所处的环境很遥远的话，语言的教学将会缺乏环境的支持。教师要采取措施在教学中弥补这方面的不足。地理距离使我们在中国的环境下学习英语要更困难一些。在经济和科技的发展方面，Stem 指出会出现由于国家的经济发展而急需某种语言的教学的现象。在中国，英语的学习也是出于国家经济建设的需要，这一点是不容置疑的。教育体系是 Stem 提到的最后一个因素。Stem 指出，一个国家由政府、当地部门所制定的教育政策也会影响外语的教学。

通过以上对英语教学的社会文化环境因素的讨论，我们不难发现，对英语学习者来说，中国是单一语言的环境，学习者日常接触的是母语汉语，英语不太可能通过日常交流习得。当然在我们的生活中也会出现"bye-bye""hello""hi""yes""no"或者"sir"之类的少量英语，但是这也不足以帮助我们习得英语。英语主要还是作为一门课程被学习。即使不使用英语，人们仍可以进行日常交流和学习。而另一方面，经济和技术的发展又增大了对英语学习的需要。Stem 提到英语教学要有经济和技术支持，但是我们的英语教学基本上都是大班教学，这和缺乏足够的师资不无关系。（确实有部分地区的经济落后制约了英语学习）同时，中国的教育体制也决定了部分学习者有以通过考试为目的的学习动机。

二、课内环境的影响

除了 Stem 的环境理论，很多语言学家也讨论了课内的环境因素。Harmer 在他的 *The Practice of English Language Teaching* 一书中，将课内的环境分为两部分：物理环境（physical surroundings）和学习者（students）。我们如果不考虑学习者因素，可以从课堂的空间布局、时间分布和所使用的语言三个方面来进行探讨。在课堂内的空间分布上，Harmer（2000）提到了各种课桌椅摆放的形式：如单坐型（separate tables）、圆圈型（circle）、马蹄型（horseshoe）、纵横排列型（orderly rows）等等。纵横排列课桌椅的形式在很多地方都很常见，有时是椅子一侧扶手有小木板，供学习者放书本做笔记，有时是在椅子前有课桌，通常椅子是固定在地上的，在这种教室的前方有讲台，全班同学都能看见在讲台上授课的教师。佐斌（2002）也提到，在中国的大多数学校里课堂的空间构成就是这种传统的纵横排列课桌椅的形式。按照交际法的观点，教师不是课堂的中心，而是教学的媒介，其主要职责是组织课堂，安排课堂活动。而我们的传统课堂里纵横排列课桌椅的形式显示出，我们的教学是以教师为中心的课堂模式。学生排列整齐坐在课桌后面对老师，这种情况下，学生是被动的接受者，如果教师一直在教室前面讲课，师生互动及学生和学生之间的互动就会受到影响。与之形成对比的是，在国外，很多国家学生以马蹄形或圆形分坐在教室里，这样一来小组活动和角色扮演等活动就能更好地被运用到教学中，无论师生互动还是学生和学生之间的互动都得到加强。如果我们能在这方面有所借鉴，我们也能为我们的英语课堂带来改变，弥补传统以教师为中心的课堂的不足。当然，学生以马蹄形或圆形分坐在教室里的形式更有利于交际教学，我们也要考虑班级的大小而不能盲目照搬照套。事实上，如果是大班教学的话，传统的座位安排可能更符合实际需要。除非我们减少班级中学生的人数，才能使用马蹄形或圆形等安排形式。不过这又涉及教师的人数是否足够、学校的师资是否允许的问题。

此外，课堂的说话时间分布也能够体现外语教学的具体情况，特别是师生互动情况。交际法教学的观点认为教师应该通过小组活动、角色扮演之类的活动尽可能为学生提供使用英语交际的机会。然而我们如今的很多学校课堂仍然是以教师为中心，所有的教学步骤都是由教师严格控制的。Harmer（2000）认为需要在课堂上练习使用英语的应该是学生而不是教师。总的说来，一名好教师会尽可能将学生说话时间最大化，将教师说话时间（Teacher Talking Time）最小化。如何对教师说话时间进行有效控制呢？如果教师知道该如何将自己所使用的语言大略地调整到学生的水平，使自己在课堂上使用的英语在学生的水平之上，但又能够被学生大致理解，学生在英语的学习过程中能以一种较为放松的方式接受所学语言，那么教师说话时间的使用是有效的。但是我们现在有些英语课堂中，说话时间有时会被教师过多地使用。教师花大量的时间解释单词、词组、结构或语法。另一方面来说，如果教师在课堂上用英语讲话过少，这样的教学也同样是不太吸引人的。根据 Harmer 的观点，好的课堂教学应该是学生和教师讲话时间的有机平衡，在学生说话时间最大化的前提下，教师也会在适当的时候总结、讲述或者参与讨论，合理地使用教师说话时间。

除了我们提到的课堂的空间和时间分布两点，课堂语言的使用也被认为是语言教学中一个有影响力的因素。课堂语言是如何影响英语教学的呢？Cook 认为第二语言（我们这里讨论的就是英语）的课堂教学特殊性就在于教学目的语在课堂上扮演了两种不同的角色。首先，课堂的组织和控制是通过学生要学习的第二语言实现的，另外，学生学习的这种语言本身又是教学的内容。也就是说作为教学目的语的第二语言在此时既是媒介又是内容。我们现在的英语教学就是这样的情况。在我们的课堂上，教师使用汉语来教学和与学生交流，即使是在英语课堂上，有时英语课的内容也是通过汉语来讲授的。在英语学习初期，汉语作为工具性的语言对学生非常有帮助。教师和学生可以通过汉语完成课堂互动。另一方面，由于英语课堂的目标语言是英语，教师要通过汉语来帮助学生的英语学习。当然，如果教师能够使英语既作为教学内容，又作为指导课堂教学的语言，将是一种十分理想的状态。我们知道教师的语言输出对于学生来说尤为重要，因为这是学生英语听力的重要来源之一。如果教师在教学中只使用英语而回避汉语，那么能否让学生正确地理解所学内容将是个问题。当提到母语的"负迁移"时，我们也要考虑到"正迁移"对英语学习的帮助。事实上，多数学生会借助汉语知识来建立英语语言系统。因此，教师可以决定在什么时候、什么程度上使用何种语言。Jacobson 和 Faltis 认为教师可以在课堂上平衡母语和目标语的使用，在一些关键之处是可以改变语言的使用的。例如在解释要点、概念或批评、表扬学生的时候可以使用母语，而上复习课或提到学生学过的知识时可以使用英语加强语言输出。

因此，我们能总结得出以下几点：我们的英语课堂的空间分布是纵横排列，且教师说话时间占多数的特点显示出我们的课堂是以教师为中心的传统教学模式；在英语教学课堂中，英语和汉语两种语言在同时使用。这几点都会在不同程度上影响学习者的英语学习。

通过 Stem 的环境理论分析英语教学中的环境因素，我们知道我们所处的英语教学环境是英语的使用基本上只存在于学校课堂的人为环境，日常生活中没有使用英语的必要。此外，经济发展和教育体制影响着英语学习者的学习目的。而我们英语课内的空间布局、时间分布和所使用的语言等因素也影响着英语教学。Widdowson 指出语言的教学环境是不断变化的，总是不断地在挑战过去得到肯定的习惯性的思维模式。因此，教师在英语教学中，不能盲目地生搬硬套某一种教学模式，而应该根据具体的情况选择更合适的教学方法来达到教学目的。

第二节 英语国际通用语地位的确定

一、英语——全球通用语

英语是当今世界的通用语，据英国著名学者 David Ctystal（2001：57）统计，全世界现有 57 个国家以英语为第一语言，人口 4.5 亿；67 个国家以英语为第二语言，人口 3.5 亿；在一些人口众多的国家，如中国、日本、俄罗斯、印度尼西亚、巴西等，以英语为外语并且达到相当程度的人口达 12 亿 ~15 亿；目前，世界上超过 1/3 的人掌握了英语。随着发展中国家人口数量的增加和英语在世界范围内的强势传播，10 年以后，以英语为第二语言的人数将超过以英语为第一语言的人数，50 年后，还会增加 50%，但目前的数字已经表明，以英语为外语的人数超过了以英语为第一语言和第二语言人数的总和。英语已经名副其实地成为一门被世界所拥有的国际语言（international language）。

人类进入 21 世纪，科学技术的发展日新月异，便捷的交通和通信把地球变成了村庄，英语就是"地球村"居民的"身份证"，是我们融入全球化浪潮，参与国际竞争的"有效证件"。在当今世界，无论一个个体还是一个国家，如果不能有效地掌握和使用英语，就等于将自己与世界隔离开来，最终会被文明和进步所抛弃。英语在当今国际政治舞台上扮演着不可或缺的角色。它是联合国五大官方语言中最重要的语言，许多联合国机构和其他国际及地区机构都指定英语为唯一工作语言。1995~1996 年全世界 12500 个国际机构中，以英语为官方语言或工作语言的占 1/3。前 500 家机构中，85% 以英语为官方语言。在变幻莫测的国际舞台上，来自不同国家的政治家，文化背景千差万别，政治观点各有不同。但当他们聚在一起的时候，英语是他们的首选语言。英语已经泛化为一种代表多元文化的共同语言。

英语是先进科学技术最主要的载体。一项对 1981 年科学期刊的调查表明：85% 的生物学论文，73% 的医学论文，69% 的数学和化学论文都是用英语撰写的。30 多年后的今天，随着英语的日益普及，这一比例已大幅增加。在计算机领域，用英语撰写的论文比例极高。就拿一向对语言问题都比较敏感的语言学期刊为例，至 1995 年，《语言学文摘》（*Linguistics Abstract*）中所列出的 1500 篇论文中，90% 是用英语撰写的。可以说，英语承载着最先进的科学技术的发展成果。

英语还是世界媒体的主要语言，世界上 1/3 的报纸是英语国家出版和发行的，而发行量最大、影响最广泛的几家都是英文报纸。1994 年全球大约 45% 的广播节目是由英语国家制作和播出的，而美国的电视节目可谓"独领风骚"。互联网自它诞生之日起，就同英语"捆绑"在一块，签订协议、设计程序、开发软件大都以英语进行。如今，互联网上 80% 的信息用英语撰写和传播。在国际商务、旅游、体育、娱乐等领域，英语同样占据主要地位。世界范围内的商务交接主要以英语进行，一位日本商人和一位沙特阿拉伯商人在新加坡的宾馆里进行商务谈判时，他们使用的语言是英语；意大利商家想在芬兰推广自己的产品但又不懂芬兰语，那么他可以放心地使用英语。

英语还是最主要的教育媒介之一。正因为英语在很大程度上代表着先进的科学知识和发达的生产力，自 20 世纪 60 年代以来，越来越多的国家把英语确定为自己的官方语言或外语，更多国家对英语教学倾注了大量的财力和物力。国际上许多学校的教学都用英语进行。在这个意义上，有了它，一些人就可以接受更好的教育。对于那些正在努力"与世界接轨"的行业（尤其是学术界）来说，英语是它们的"接轨点"。一篇科研论文的质量再高，如果不用英语发表，也很难进入权威人士的视野；你的证据再充分，观点再新颖，如果不能用英语表达出来就不易引起别人的注意。"科学技术和英语的姻缘"又反过来强化了它的作用，推动了英语的传播和普及。

针对英语在世界上的传播方式和范围，美籍印度裔语言学家 Braj Kachru 形象地将它比为三个同心圆。最中间的圆代表内圈（inner circle）国家，它们是传统的英语国家,英语作为母语存在。这些国家包括美国、英国、爱尔兰、加拿大、澳大利亚、新西兰等。中间的圆代表外圈(outer circle)国家,它们大多曾经在历史上有过殖民地经历,英语并不是母语,但在国家事务中扮演着重要角色,已成为第二语言。它们包括新加坡、印度、马拉维及其他50多个国家和地区。最外面的圆代表扩展圈(expanding circle)国家,它们没有赋予英语特殊的官方地位,英语只是一种外语,但都认识到了它重要的国际地位,因而非常重视本国的英语教学。这些国家包括中国、日本、希腊、波兰及数量众多的其他国家和地区。

二、为什么是英语?

面对无处不在的英语,也许有人会问:世界上有几千种语言,为什么单单英语变成了国际通用语?是什么力量推动着它的传播?首先,英语的国际地位的确定与它所拥有的使用者人数多少无关,尽管一旦确立了其国际地位以后,使用者的人数肯定会增加。拉丁语曾经是罗马帝国的通用语,但这并不是因为罗马人口数量超过了被征服民族的人口数量。以英语为母语的人远远少于以汉语为母语的人,为什么汉语没有成为全球通用语?而如今汉语的国际地位也在日益提高,这同样不能归功于它拥有14亿使用者。其次,英语的国际地位的确立也与它的"内在美"无关。语言学界长期流行着语言决定论的观点,认为一种语言在国际上获得成功是因为它具备了某些优秀品质。人们常说某种语言完美无瑕,富于美感,表达清晰,等等。西伯来语、希腊语、拉丁语、阿拉伯语和法语都曾经被看作是尽善尽美的语言,英语更是毫不例外。有人试图从英语语言特征的角度来解释它成功的原因,说它语法简单,词尾变化少,没有阳性、阴性、中性之分,充满了"美感"和"优雅",是一种容易学习的语言。其实,这是语言学家的一种天然情愫,英语在其发展和传播过程中经过了许多语言学家的精心"打扮",所以才有了今天的"俏丽"。

英语成为世界语言不仅凭借了英语国家的军事实力,还凭借了它们的经济实力。它是"反复地在适当时候出现在适当场合的语言"。17、18世纪,英国是世界上最强大的殖民国家,英语是"日不落帝国"的"日不落语言";到了18

至 19 世纪，英国是引领世界工业革命的国家，英语又成为先进科学技术的载体；19 世纪末 20 世纪初，美国替代英国成为世界"新贵"，而印在美元上面的还是英语。随着全球化进程的加快，人类对全球通用语的需要从来没有像现在这样迫切过。因为特殊的历史原因，英语自然成为人们的首选。我们在肯定英语作为全球通用语的积极一面的同时，必须清醒地意识到它可能带来的不利因素。

（一）语言强权（linguistic power）

那些以英语为母语的人会比以英语为外语的人处在更有利的竞争地位。来自外语型国家的人如果不能熟练地掌握英语，他们的声音就有可能被忽视。一个人成功与否很可能更多地依赖于他（她）的英语能力，母语者和外语者之间会出现不公平竞争。

（二）语言上的自满情绪（linguistic complacency）

母语者想当然地认为，世界上每一个人都会讲英语，因而缺乏学习外语的动机和兴趣，导致对外国语言和文化的漠视，在国际竞争中常常处于被动。

（三）语言消亡（linguistic death）

英语的流行会剥夺其他语言，尤其是一些小语种的生存空间使得它们走向灭亡。虽然语言的自生自灭无法人为控制，但每一种语言的消失都是人类文明宝库的巨大损失。当许多语言相继消失的时候，世界便失去了文化的多样性，而多样性才是文化健康发展的前提。然而，作为"核心英语国家"（core English countries）的学者，Crystal 选择以"客观"的视角看待英语全球化问题，似乎忽略了语言和政治的关系。英语作为全球通用语是一把双刃剑，一方面它是通往世界科技殿堂的金钥匙，另一方面又是非常有效的西化工具，可能对输入国的语言和文化构成"入侵"，使一个民族的价值观和意识形态发生改变。

看来，英语的全球化是一个"烫手的山芋"。一方面，输出国因为"自己"的语言被别人"滥用"而愤愤不已；另一方面，输入国因为它给自己的传统文化所带来的巨大冲击而心存顾忌。这是一个非常有趣的现象，自己不想失去的别人同样不想得到，但就是在双方都不情愿的条件下，英语正在迅速传播，不仅"失去"

了一方,而且也"得到"了另一方。看来,英语的全球化不以人们的意志为转移。

三、英语的本土化

全球化给英语带来的另一结果就是英语的本土化。本土化过程其实是一个再生过程,是英语与本土文化相结合的产物。英语在世界的传播已经表明:它每到一处,总会发生某些变化,从而以一种新的形式扎下根来。语言史的研究也表明:当两个社会一旦被高山或河流所阻隔,它们就开始形成不同的语言习惯。那么,两个国家相隔千山万水,它们以不同的方式使用相同的语言就毫不奇怪了。这种差异不仅表现在二语型或外语型英语当中,还同样表现在本族语者的语言当中。英国英语和美国英语就是典型的例子。甚至在同一国家的不同地区,英语也有所不同。众所周知,美国英语就有南方英语和北方英语之分。英国的情况更为复杂,仅伦敦地区就有许多英语方言。此外,使用者的社会阶层、年龄、性别、职业、教育程度等都是导致语言变化的因素。

有些人会发出质问:英语本土化到底有什么必要?相关学者认为,全世界的人们都使用统一标准的英语可以增加使用者之间的可理解性,减少交际中因语言差异而导致的困难和障碍。这种愿望无疑是正确的,但语言的变化不以人们的意志为转移。英语的本土化有其深刻的社会根源。自 20 世纪 60 年代以来,语言的变异一直是语言学家所关注的话题。时至今日,我们不得不承认,英语的全球化和本土化不可分割。

语言学家也试图解释这些新英语出现的原因。归纳起来,有以下三点:

首先,本土化是全球化的必然结果。任何一种语言都是用来表述现实、传递信息、传承文化的,而不同社会又拥有不同的现实和文化。英语每到一个地方,它原有的结构在表达现实的时候便显得力不从心,必须借用本土语言中的一些要素和思维习惯。再者,对于大多数以英语为第二语言或者外语的学习者来说,他们学习英语的目的并不是像母语使用者那样用于广泛的社会生活,而是仅限于特定的情境下如工作、娱乐、科研或出国留学,等等,这就意味着他们对英语的掌握和使用有一定的灵活性。英语成为国际语言正是因为它能被多样文化所丰富。

一种共同语言其实是一种多样化的语言，它应该留有余地，接受差异。如果美国英语的标准被强加给所有英语使用者的话，它永远也不会成为"国际通用语"。

其次，语言与政治有着千丝万缕的关系。语言历来被政治家和语言学家看作是一个国家主权和尊严的象征。一种语言或语言变体的存在往往意味着一个民族的存在。每一个国家都认为自己的语言是独一无二的，并极力发展其特色。这种局面的出现表面上是一种语言现象，实际上与一个国家和民族的独立意识密不可分。

最后，语言还体现着一个人的认同感。如果你想告诉别人自己来自哪一个国家、民族或社会阶层的话，你可以挥舞自己的国旗，佩戴自己的标志，但最简便的做法是掌握一门具有鲜明特征的语言。你就是你说的话（You are what you speak）。也就是说，一个人的语言可以告诉别人自己的国籍、身份、职业，甚至是自己的价值取向。这可以解释为什么有些人对自己的语言或方言情有独钟。比如说美国人之于美国英语。他们与其说喜爱自己的语言，还不如说通过语言表达了对自己身份的认同感和自豪感。在国际交往中，人们以不同的方式使用英语，这些英语的国别变体在 Crystal（2001：134）看来是有利于交际的，他们一方面可以表明会话者的国籍和身份，另一方面又可以保证相互间的可理解性。新加坡前驻联合国大使 TTB.Koh 曾说过："当我在国外开口说话时，我希望我的同胞很容易就能识别我是新加坡人。"这句话典型地反映出新加坡人对新加坡英语的地区性和民族性的认同。

第三节　英语作为国际通用语的教学框架

与 Kirkpatrick（2010）相似，文秋芳（2012）也从语言、文化和语用三方面构建出教学体系。因为英语本族语是英语使用者的共核，该教学框架仍将其作为主要教学内容，尤其是在学习初期；同时鉴于国际交流中英语使用者的多元语言文化背景，该框架将非本族英语变体及文化、本土英语变体及文化、适用于不同人群的语用规则等内容融入进来。另外，教学结果不再以是否达到本族语者能力为衡量标准，而是转向是否成功进行跨语言、跨文化交际为标尺。该教学框架既考虑到本族语在交际中的重要性，也融合了英语通用语在实际语境中使用的复杂性与动态性，兼顾了全球化与本土化的需求。分析以上的教学内容与框架，不难发现，其教学方向一致注重交际语境和语言的可理解性、跨文化交际能力和语用能力，这些为以后的大纲设计、教材编写以及教师授课提供了有效依据。

在我国，《大学英语课程要求》是指导大学英语教学的重要纲领，其中明确提出大学英语教学要为学生今后用英语进行国际交流、参与国际事宜打好基础，使他们成为适应国际发展需要的人才。因此，大学英语并非以研习本族语英语为主的专业英语，其重点在培养学生在国际环境下运用英语沟通表达的能力，除英美等内圈国家的英语外，帮助学生了解外圈及扩展圈英语的变体和特征显得尤为重要。英语文化教学也不应仅限于英美文化背景知识，在全球化背景下，交际对象不再限于英美等内圈国家，更多的是来自世界不同地区的英语使用者，文化教学应帮助英语学习者了解世界各地文化。多数人在交流时需要用英语介绍自己的本国文化，教学中应重视讲授本土文化。英语使用主体和环境的改变，对英语学习者语用能力提出了新要求，如何在实际教学中应对这些新的变化值得深思。以下内容将结合英语教学框架，从课堂教学、教材使用和语言测试的视角探究大学英语教学的改革方向。

一、英语通用语背景下的课堂教学

（一）教学原则

在语言讲授上，完全脱离英美等内圈国家的英语变体是不现实的，一方面是因为本族语仍是英语使用者所享有的共核，是保证相互理解的重要基础；另一方面，我国多数英语教师是在英美等内圈国家"英语是权威"的观念下成长起来的，一旦脱离原有体系，他们会失去安全感。因此，课堂教学中仍需要以英语本族语作为示范，使学生的语言形式和语音不至于偏离太远，影响可理解性。同时，可参考英语通用语最新研究成果，结合 Jenkins（2007）和 Seidlhofer（1999）等学者建立的关于英语通用语的语料库，重点讲解影响理解的语音、语法和词汇的核心特征，鼓励学生流畅连贯地表达。除此之外，教师可把网络资源融入课堂教学中，利用网络视频、TED或者慕课内容等资源，让学生接触到其他不同口音的英语，使学生充分认识到实际的国际交流中不存在头脑中臆想的"理想环境"，即每个英语使用者的英语都很"地道"。每个交际者或多或少都带有本国或本地区语音特点，这是现实生活中真实的英语使用情况。教师让学生接触不同口音英语的同时，也要有针对性地帮助学生分析不同口音英语的听力困难点，使学生注意到这些语音特征的存在，扩展其语音范畴。

文化教学方面，课堂上可以利用故事、电影、歌曲等不同的媒介形式。这些资源不仅要包括英美文化，还应包括世界各地不同的文化，以向学生传达文化的多元性。可通过发现、对比等活动培养学生对文化差异的敏感性，以及认知、反思和批判思维能力。同时，要加强中国文化的传授。在国际交流中，我国英语学习者需要用英语讲解传统节日、习俗、经典名著等中国文化，因此，教师在课堂教学中应注重锻炼学生用英语表达中国文化的能力。在语用教学方面，教师首先应肯定学生双语或者多语者身份，以及此身份带来的语言转换的优势。在课堂中，运用案例教学法，分析实际交际过程的动态性、复杂性和不可预测性（文秋芳，2016）。在该过程中，教师显性地将重复、澄清、自我修复、释义等策略教授于学生（张伶俐、江卫红，2015），同时培养学生根据交际对象在线生成语用的能力和迁移能力。显性教学能高效地帮助学生获得语用信息认知，但是不利于技能的培养（王永亮、李思涵，2014）。因此，教师应尽可能多地创造语境，锻炼学生的语用能力，例如课堂中通过角色扮演模拟英语通用语语境，或者学校安排外教、留学生参与到课堂中，创造出真实的国际交流环境。

（二）学生意识

课堂中语言、文化及语用学习固然重要，但是课堂教学是一个交互过程，学生的主观能动性也极为重要，只有英语学习者转变观念态度，课堂教学中英语通用语的内容才容易被接受，因此，学生自身应积极树立英语通用语的语用意识。

我国一直以英语本族语为学习范本,很有可能导致英语学习者对英语本族语变体,如英式英语、美式英语等的盲目崇拜,而对其他英语变体存在偏见,认为这些是有口音的不地道的英语。听话者的态度对语言的可理解性有较大影响,并且会影响其语用能力(张伶俐、汪卫红,2015;冉永平、杨青,2015),因此,转变观念、树立信心极为重要。在教学过程中,教师可渗透英语通用语语用意识,让学生明白很多英语交际发生在非本族语者之间,学习的目标不应再是达到本族语者水平,而是以成功交流、传达意义为主要目的。与英语母语者相比,他们是双语使用者,在语言转换、语用策略方面有其自身优势;并且非本族语者已成为英语使用主体,他们是语言的贡献者,在创造改变着英语的发展形态,不应矮化非本族语者所使用的英语。此外,由于国际交流中多数英语使用者为非本族语者,其英语必然具有本国语言及文化特征,因此学生要建立尊重和包容文化多样性和差异性意识,树立平等和谐的世界公民意识(武继红,2013)。

二、通用语指导下的教材编写

教材是课堂教学的基本依据,对教学有现实的指导意义。参看我国发行的教材和教辅材料,不难发现其中的内容仍是以英语本族语为范式,以英美等内圈国家的文化为中心,一些培训机构通过标榜引进英美外教和原版教材来吸引学习者。放眼世界,大型的英语教材出版商多出自内圈国家,由此可见,英语本族语规约及文化仍主导着教材编写。教材是最直接贴近教师和学生的学习资料,具有较强的引导作用,新的教材编写应融入外圈及扩展圈英语变体特征和全球化文化因素,尤其应增加中国本土化英语元素,让学生充分认识到自己是语言的贡献者和参与者,从而树立通用语意识。此外,要帮助学生在国际环境中介绍中国打下语言基础,必须提升中国文化在教材中的位置。但是英语通用语教材的开发仍需时间,充分利用网络资源补充教材内容是较为有效可行的解决方案。教师可筛选截取网络上适合学生的资料,让学生充分接触到英语变体和真实语言环境中语用及跨文化交际策略运用;学校亦可组织建立大学英语教学资源库,作为教师们资源上传分享的平台。

三、通用语指导下的语言测试改革

语言测试对教学具有重要的反拨作用，综观目前的英语考试，无论是大学英语四六级，抑或是英语专业四八级，都严格以英语本族语为标准，对语言形式规范极为重视（李思涵、王永亮，2015），即使是国际通行的雅思、托福等考试也是如此。如果作为检验教学成果的语言测试不能够与教学同步调整，教学改革必将受阻。测试的改革方向要由单一地关注语言形式转向语言形式与语篇功能相结合，更加重视语言的功能性和有效性。由于英语通用语语境中英语的听说极为重要且变化较大，语言测试可以此为突破口，增加对不同英语变体的考核内容，关注语言的实用性。但是，成熟的英语通用语测试体系有待研究，就目前而言，教师或学校可在自行举办的期末等考试中融入英语通用语的研究成果，例如听力考试中，可适当增加不同英语变体的对话和篇章。此外，口语方面，Morley（1991）提出了言语可理解性指标和交际能力测评指标，对口语测评的实际操作具有指导意义，可作为口语测试的参照标准。

就教学目的而言，传统的英语教学主要是为了培养学习者用目的语进行阅读和与来自目的语群体的人们进行交际的能力，以目的语为母语的人们的语言能力（native speaker language competence）是外语教师和学生力求达到的标准。鉴于语言与文化之间密不可分的关系，传统的英语教学也包含一定意义的文化教学，文化教学的内容基本上也是以目的语群体的文化为主，如中国各个大学英语专业都开设英美概况等文化课程，目的是为英语的学习，特别是为英美文学阅读和欣赏扫清背景知识上的障碍。传统英语教学的这种一切以目的语群体为标准的做法，在世界经济和教育全球化不断深入，文化交往日益频繁的 21 世纪存在着很大的局限性。

经济全球化迅猛发展，使得世界经济相互依存的程度日益加深。特别是以市场一体化、贸易全球化、金融国际化、经济网络化等为特征的跨国公司的迅速发展壮大，使全球经济联系的密切程度急剧增加。随着我国加入 WTO，我国经济也正日益深刻地融入全球市场：一方面，中国人以更开放的视野对待西方的文化，希望能吸取先进的外国科学文化知识与信息；另一方面，随着我国综合实力的增强,中国希望把本国的传统文化、科学技术推广到世界,从而影响整个世界。不同地域、民族、社会文化背景人员的交往与接触,使得文化多元化趋势日益明显。经济全球化和文化多元化已成为当今社会发展不可阻挡的潮流。国际交流活动的广泛开展,意味着跨文化交流的深入。从事跨国科技与商务活动必须了解和掌握不同文化间的联系与差异,只有积极地面对这种现状才能实现预期目标。可见,国际交流活动就是跨文化交际活动,能否妥善处理文化差异和冲突对于国际交流活动的成功开展至关重要。跨文化交际能力是21世纪多元文化社会中专业人士应当具备的基本素质之一。我国在参与国际竞争中不但需要一大批通晓国际经济规则、全球思维的人才,还需要具有跨文化能力的人才。高等学校必须注重培养学生的国际意识,使他们能理解不同国家与民族的文化,熟练运用外语以承担国际交流的时代重任。因此,加强对学生的大学英语教学以及提高学生的英语文化素养就成为学校一项重要的教学任务。

教有法,教无定法。英语教学所涉及的因素实在是太多、太复杂了,任何一条方法都不可能"放之四海而皆准"。我们在这方面的教训是非常深刻的,尤其是基础英语教学。但是,即使不能为中国英语教学开具一张详细的"流程图",也有责任为它设计出一个大致稳定的框架。近年来,国内不少学者都曾经从不同角度分析了中国英语教学所存在的问题(参阅:王守仁,2002;吴一安,2002等)。肖礼全(2004:67)认为,中国英语教学存在五个历史误区:①外语与二语混为一谈;②盲目追随国外英语教学潮流;③学语言变成语言学;④过分强调传授英语知识,过分关注书面语;⑤将英语教学等同于语言技能训练。

这些问题导致了国外英语教学法在中国的"热卖"。它们产地正宗(来自核心英语国家),又具有权威"认证"(由英语本族语的专家提出),自然被想当然地认为能够解决中国英语教学所面临的实际问题,而没有潜心钻研符合中国国情的外语教学法。

目前,我们的做法几乎就是将二语习得理论直接运用于我国的英语教学。实际上,二语习得和外语学习是两个完全不同的认知过程。二语习得是学生置身于目标语文化环境,无时无刻不处于同目标语成员的交往之中,因而,掌握语言是在"不经意"间发生的；外语学习是在母语文化环境中学习其他语言，是在母语及母语文化作用下的学习，需要大量有意识的行为才能完成。语言环境的差异，不同学生认知方式的差异，以及英语在课内和课外所扮演的不同角色都需要认真研究，需要不同的教学方法。戴炜栋（2001：325）指出："英语作为外语的教学与英语作为第二语言的教学在许多方面存在着质与量的区别。"更适合中国国情的教法是外语教学法，并非二语教学法。

符合中国国情的英语教学法自然在中国。首先它应该既是对国外理论的吸收消化，又是对中国英语教学经验的归纳总结；既借鉴语言学习的普遍规律，又针对中国的特殊情况，是以"我"为主的中外结合。目前，中国的英语教学迫切需要自己的教学法。我们拥有世界上最庞大的英语学习群体，数量超过了英国和美国人口的总和，因此，中国的外语工作者都有责任去研究和解决这个问题；其次，中国的外语教学需要理论化。从1862年京师同文馆的创设至今，正规的英语学校教育已经有超过150年的历史。虽然我们的英语教学，尤其是改革开放以来的英语教学，因为它的高投入低产出一直为人们所诟病，但不可否认，我们还是培养出了许多优秀的外语人才，他们如今正在各自的岗位上发挥着自己的出色才能，中国英语教学的成果也经常受到国际学术界的肯定。我们在应试教育方面取得的"成就"更是了得，中国人在托福和GRE等考试中的出色表现甚至引起美国人的质疑。这些都表明，中国英语教学还是有些经验值得总结的，哪怕这些经验是零散的或是表象的。

因此，要想发展中国的英语教学法，首先要求我们转变目光，由"向外看齐"转为"视内顾外"。"内"是什么？除了100多年英语教学所留下的遗产，还有从国家政治、经济和文化利益出发，对英语社会功能的总体把握和对中国人认知方式的深刻理解。从前者来看，英语在中国属于外语，但有多种使用功能。这种情况要求我们改变标准英语的判断标准，使之从单一的西方文化，尤其是英美文化的翻版变成多元文化，尤其是中国文化的载体。同时，还要求我们更全面地理解英语的"正确性"，改变标准英语铁板一块的衡量尺度，承认中国英语使用者在规范的框架内自由使用英语的权力。从认知方式来看，英语作为外语，意味着英语环境的相对缺乏，同时意味着它只能被学得，而非习得。中国的英语学习者几乎都是在掌握母语之后学习英语的，如何认识和处理母语和目标语、母语文化和目标语文化之间的相互影响是一个十分关键的问题。到目前为止，它仍然被许多学者理解为一个如何克服母语对学习造成"负迁移"的问题。中国人的思维方式不同于英语民族，这影响着我们感知世界的方式和结果。所有这一切都是中国英语教学所面对的独特情况，是发展中国英语教学法必须回答的问题。

其次，发展中国的英语教学法还需要研究方式的突破。应用语言学的研究可以分为两个层次：宏观（macro）研究和微观（micro）研究，二者相辅相成，互为前提。但目前国内学术界似乎被一种深深的"语言学情节"所笼罩，更青睐对语言进行微观层面上的研究，强调研究的"实证性"，推崇那种探幽索隐、纤毫毕现式的研究，有些论文要么成了公式数字的堆砌，要么深涩难懂。一些学术期刊的投稿要求中清楚地写着"论文中不要使用'我认为'等带有主观意向的字眼"。翻开应用语言学研究生的硕士论文就会看到，几乎每一篇都像是一份实验报告，先是提出假设，制订计划，然后是实验，收集数据，最后是软件整理数据，验证假设。看似科学的研究其实掩盖了思维的单一和想象力的贫乏。科学研究与其说依赖于实验，还不如说取决于一个思辨的大脑。苹果一直从树上往下掉，但只有牛顿从中发现了万有引力。如果应用语言学的研究可以像科学家的实验一样进行的话，我们完全有理由要求它为语言教学提出一个可操作的方案，可现实却是这样的研究不仅对中国英语教学帮助有限，而且投入越来越大，产出越来越少。行为主义注重实证的研究方式固然没错，但Chomsky高度抽象的概括同样重要。具体到中国英语教学，我们应该首先从宏观层面上制定符合英语时代特点和中国实情的教学国策，然后再分层逐项地展开研究，这样才能避免"剃头挑子一头热"的局面，为探讨中国英语教学法开辟一条正确的路子。

（一）当前课堂教学现状有待改进

众所周知，在课堂教学中，需要把语言知识的传授和学生英语交际能力的培养有机结合起来。多年来，我国传统的中学英语教学，重语言知识的输入，轻文化意识的培养。尽管不少教师有一定的意识,但在实际的教学中,出于种种原因,多数教师在处理教材的过程中,没有把"文化意识培养"纳入其内。有些教师自己本人就是应试教育的产物,教学观念陈旧,认为传统的教学法重视传道授业,重视语法体系,唯有这样才能提高学生的应试成绩,这种教学一样能培养出合格的外语人才。而有些教师的教学方法滞后,仅训练学生的单项技能,把语言视为静止不变的,用一种孤立的、脱离语境的方式来教学,忽视对学生综合运用外语能力的培养。另有部分教师,自身缺乏文化底蕴,对语言的了解止于表面,漠视文化和语言之间的关系,没能很好认识到文化教育在英语课堂上的作用,在课堂上反复讲语言知识,收效却不明显。可见,当前中学英语教师的跨文化交际水平和现代英语教学的要求之间仍有较大的差距。我们常常发现,不少发音纯正,表达流畅,英语成绩不错的学生,一旦身处真实的语言环境进行交际时,却表现得不知所措,这完全是因为对英语国家文化背景知识知之甚少而导致的交际障碍。这在很大程度上是忽视文化意识培养造成的后果。长此以往,学生学习英语的积极性磨灭了,用英语进行交际的能力弱化了,所以在高中英语教学实践中,摸索出一套能重视对学生文化意识的培养,提高学生综合运用语言能力的教学方法,是迫切而有必要的。

(二)提升教师文化意识

由于受传统教育的影响,不少教师对世界多元文化的认同和尊重的意识不强,大部分教师在课堂教学中,只重视学生语言能力的提高,未能有意识地把各种优秀文化融合在教学中,对学生文化意识的培养比较漠视。他们应重视目标语言背后所蕴含的丰富文化背景知识,重视在教学中充分挖掘文本的文化内涵,有目的地提升学生的文化意识,从而提高对学生跨文化交际能力的培养。

(三)为学生创设真实语境

在英语学习过程中,母语思维给学生的英语学习带来了一定的负面影响。学生在日常交际活动中,下意识地会产生思维定式,把母语中的文化模式套用到英语中,语用规则的错误导致了很多交际失误。而现阶段,中学英语教学在很大程度上，还是以课堂为主，教师细致讲解，学生机械练习，即便是练习，更多地也是关注语法的准确性、表达的流利性，而把语用的得体性抛之脑后。

第二章
跨文化英语教学理论构建

当今世界，国际间的交流与合作越来越频繁，经济全球化、文化多元化已成为这个时代的特征。不管你愿意与否，几乎谁都无法避免与来自不同文化背景的人们进行交往，跨文化交流正在成为越来越普遍的日常现实。这就使得英语作为全球通用的语言，实际上已经成为当今世界的"普通话"，是不同国家与文化群体间交流使用最普遍的语言，其作用愈发凸显出来。然而，文化间的差异往往会给交际带来意想不到的困难与问题，误解、困惑、矛盾甚至冲突时有发生。来自不同文化群体的人们能否共处共存，共同努力解决人类生存的一系列问题，共谋发展，很大程度上取决于人们之间能否有效地进行交往并逐步做到相互理解。因此，如何运用英语进行跨文化交流不仅关系到个人的发展，还与国家的综合实力密切相关。我国加入世界贸易组织后，社会上对英语的需求增多了，对英语教学的要求提高了。在新形势下，原有的英语教学中存在的问题与弊端也逐渐地显露出来。因此，在世纪之交中，中国兴起了不同层次英语教学改革的潮流，改革的目的在于提高英语学习者的英语综合应用能力、跨文化交际能力，使英语成为21世纪受教育公民的基本素养之一。

第一节　跨文化英语教学基础理论

在竞争日趋激烈的 21 世纪，各国之间的合作愈加紧密，高度知识化、高度信息化的特征愈发凸显。世界经济一体化的发展大局，使我国社会的各个领域面临着更加巨大的挑战和难得的发展机遇，对外语人才培养有了更高的期望，对高等外语教育也提出了更高的要求。在这样的新形势下，培养新型外语人才才能适应当今社会的需要，探索新的外语教学法才更有助于培养社会所需的外语人才。

在全球化的背景下，英语在中国的重要性与日俱增，于是我国在 21 世纪之交进行了一系列的改革，如国家新标准课程改革、英语专业培养目标的变革以及大学英语的改革等，以适应全球化趋势和我国社会经济迅猛发展的需要。在学校英语教学求变求新的过程中，在全球化背景下，培养跨文化意识，发展跨文化交际能力，学会与来自不同文化背景的人进行交往，对于年轻学子尤为重要。外语教学肩负的社会历史责任就是通过培养和增强学生的跨文化敏感性与自觉性，使学生开阔心胸，开放头脑，从更广阔的视野，以更灵活、富有创造性的方式去与自己有着不同文化取向的人们进行交往。

跨国贸易的发展、信息技术的革新等因素共同促成全球化时代的到来。从 2000 年起，随着我国申奥和申博的连续成功，尤其是 2001 年中国正式加入世贸组织，我国实际上进入了一个全球化时代。全球化有其狭义和广义的定义。通常而言，经济学家往往狭义地把全球化定义为全球经济的一体化，主要指商品、服务、资本、技术（知识）等的跨国流动。而一般人倾向于从广义的角度来理解全球化，它不仅仅表现为经济的全球化，还表现为政治、文化、环境等领域的全球化。全球化不仅改变着世界经济格局，而且正以前所未有的速度改变着我们的生活方式和社会文化模式。全球化加强了不同国家的联系和合作，同时也为各种不同的文化价值观念和社会结构提供了交流的平台（陈雪芬，2011：178）。

从语言接触的角度来看，"不管全球化造成了其他什么结果，语言集团之间的更多接触是这一现象的重要的结果"。毫无疑问,全球化使国际间的交流不断增强,语言接触更加频繁。而语言的全球化(即产生一种全球通用的语言)成为全球化趋势中的一个主要结果。

而在所有语言中,英语担当了这个极其重要的媒介体。这是因为英语不是普通的外语,而是全球通用语言,"世界上绝大多数的科学、商业、经济和技术知识都是用英语写成和发表的"(Richards,2001)。"全世界五分之一的人具有不同程度的英语交际能力,全世界三分之二的科学家能读懂英文,全世界80%的电子信息用英语存储,全世界网站的78%为英语网站"(姜亚军,2002)。国际上80%以上的科技论文首先用英文发表,一半以上的学术刊物语言是英语,85%的长途电话用英语进行,75%的传真电报和电子邮件采用英语。在许多政治家看来,英语不再只是交流的工具,它更是一个国家的国力和国际竞争力得以提升的重要手段(蔡基刚,2012:17)。英语已经成为全球通用语,这是不可否认的事实。

伴随着经济全球化的推进,各国间的交流沟通更加密切,为了适应多元化文化对英语教学提出的新要求,需要将跨文化交际融合到英语教学中,以保证语言成为一种文化传播工具,避免出现交际失误的问题。随着跨文化交际概念在英语教育中的落实,要保证英语教学更加强调对学生交际能力的培养,使其能参与到跨文化交际中,并在学习英语知识的同时,自觉探索其背后的文化内涵,提高学生英语素养。

随着全球化趋势日益明显,英语教育越来越受到全世界的关注和重视。英语延伸圈国家如亚洲的韩国、日本等不仅采取学习英语年龄提前、学校课时增加等方式以提高本国国民的英语水平,而且把掌握英语看作提高国际竞争力、适应全球化经济发展、促进民族之间相互理解融合、提高国际意识的重要素养之一。随着改革开放的进一步深入,尤其是中国加入世界贸易组织之后,中国人较以往更加重视英语学习。根据在上海举行的"第二届中国外语教学法国际研讨会"的统计,中国约有3亿人口学习英语(专业和非专业),其中大、中、小学学习英语人数超过1亿。从2000年开始,作为世界英语学习大国的中国把英语教育视为21世纪公民素质教育的一个重要组成部分。英语不仅是国民教育体系的必修课程（从义务教育阶段开始直到博士生阶段），而且受到非国民体系教育机构的重视（目前包括新东方英语在内的各种形式的成人英语培训或少儿英语培训也十分火热）。中国虽然处于英语延伸圈，但是其英语学习人口之多，范围之广是举世瞩目的，其对英语全球化产生的影响也必然是巨大的（陈雪芬，2011：179）。如此庞大的英语学习队伍，师资队伍配备如何？学习效果怎样？这实在是一个值得研究的问题，是外语教学所面临的巨大挑战！

一、将跨文化交际融入英语教学中的必要性

20世纪80年代和90年代，我国虽已进入改革开放时代，但对外交流仍比较少，整个社会仍处于一个相对封闭的状态。学生学习英语不过是把英语作为高等学校的一门普通课程，或是出于兴趣爱好，培养自身的素质、修养，学得好坏，效果如何，往往用能否通过四、六级考试来衡量。

随着中国经济加入全球化进程当中，我们与世界各国的交往与日俱增，中国在世界经济和政治舞台上扮演着越来越重要的角色。这个时期的大学英语教学必然要出现根本性变化。英语不再只是一门课程，而是事关国力能否提升、中国在世界舞台上的地位与作用如何的关键所在（蔡基刚，2012：18）。

经济全球化和文化多元化已成为当今社会发展不可阻挡的潮流（杨路晴等，2010）。而外语教学现实却告诉我们，外语教学中存在着的种种问题与弊端阻碍着学习者交际能力的培养与发展。李岚清指出："由于教学法不够得法，我国知识分子的总体外语水平（主要是英语）不但不如发达国家，如德国，也不如许多发展中国家，如印度、菲律宾等等，这不但成为我们吸收别国先进科技文明成果、对外开放交流合作的大障碍和弱点，也是我们的吃亏之处。"英语已经不仅仅是一门普通的课程。高教司外语处原处长岑建君（1998）认为外语教学是事关我国科技、经济发展，事关我国改革开放质量能否提高的大事，必须及时解决外语教学滞后于社会迅猛发展对人才的质量需要日益提高的问题。

中国加入世贸组织后，要真正融入世界政治、经济、科技和文化的全球化体

系，积极参加国际合作和国际竞争，以顺应经济全球化潮流，外语交际能力日益凸显出其重要性。正如曾葡初（2005：10）所说，外语教学与社会发展之间关系密切，社会发展会促进外语教学的进步，反之，外语教学也在社会的发展进程中产生积极的作用。外语教学实质上是国际事业，这一认识在全球化过程中日益清晰。外语教学的目的是提高人的综合素质，学好外语是为了实现国与国之间的交流和合作。

由于各种主客观、内外在因素的综合作用，跨文化交际在当今世界蓬勃发展、兴旺发达，已经朝向民族文化趋势认同以及全球文化认同的方向发展，这一现象被称为"全球文化一体化"或"文化全球化"。文化的交流说到底是思想的交流，因为一切文化归根结底都是人类思维的成果。因此，要研究、探讨不同民族的文化中的最深层次，即思维模式、世界观以及价值观的差异，就必须研究不同民族的语言差异。地球越变越小，每个民族、每个国家的成员都是"地球村"里往来密切的"村民"。但需要注意的是，村内"村民"之间一方面进行正常、友好、和睦的交往，另一方面也存在种种不和谐的音符，突出表现为不同民族、不同国家间的文化冲突、民族冲突甚至政治、经济冲突。

为了人类自身的和谐发展，为了全球各民族的和睦共处和合作共赢，就必须要解决这些问题。而加强不同民族间的沟通、了解和认同是解决这些问题的重要途径之一。要想有效地进行跨文化交际，以此增强不同民族之间、不同国家之间的友好往来，达到合作共赢、共同发展的目的，就必须处理好彼此之间的政治、经济、外交关系。其中最重要的就是要了解其他民族或国家存在于表层结构和深层结构的文化传统，以便在跨文化交际中消除民族隔阂、克服文化误解。随着世界朝着全球化、多元化的方向加速迈进，国与国之间的交流日益频繁，"跨文化"已成为时代的代名词，文化冲突时有发生，特定文化的交际能力已不能满足时代的需求，提高人们的跨文化交际能力已成当务之急，这就是为什么要进行跨文化语言教学的原因，也就是说在教学过程中既要重视交际的得体性、有效性，也要注重语法发音、用词等方面的准确性，做到"语言教学和文化教学并重"（肖仕琼，2010：205-206）。只有研究、了解和掌握不同民族在文化方面和语言方面的基本特征与差异，我们才有可能成功地进行跨文化交际，并由此促进不同民族、国家间的友好交往和和睦相处，从而有利于全世界、全人类的和平发展，有利于和谐社会、和谐世界的构建。

学校英语教学旨在帮助学生掌握新的语言工具，使其不仅能明确英语词汇、语法的运用，还能深入思考西方文化，发挥语言文化载体的作用，促使学生在英语学习中对外国语言运用习惯和行为特征等有所了解，确保学生多方面发展，为社会提供复合型人才。从这一角度来看，将跨文化交际和英语教学相结合是有必要的，这样可以保证学生对语言和文化间的联系有清楚的认识，明确语言是文化传播的有效载体，并在挖掘语言文化内涵的情况下，保证语言交流的有效性，突出语言运用意义。在学习英语语言过程中，应注意到：要想规范语言运用，就需要对国家文化背景和语言使用特点有充分了解，能自觉转换思维进行交流沟通。具体到英语教学中，通过注重跨文化交际的融合，可为学生交际能力及表达能力的培养奠定基础，最终达到使学生全面发展的目的。

传统英语教学中，教师更多地注重为学生讲解语法、句式结构等知识内容，而忽视了英语语言工具的作用。采用这种教学方式，容易造成学生英语兴趣的缺失，使其对英语教学实质认识不够，难以运用英语语言进行流畅沟通。从英语语言特点来说，一个语言的形成与国家文化背景有密切联系，要想提高学生的英语能力，还要在跨文化交际理念引导下，注重课堂中的实战活动，在学生利用英语语言进行沟通的过程中，达到教学效果的提升。

二、当前英语教学环境中融入跨文化交际理念的不足

目前学校英语教学在融合跨文化交际方面还存在一定不足，主要体现在以下方面：一是教学方法相对落后。新的教育环境下，要求有意识地将文化背景结合到教学中，吸引学生进行英语学习并提高其语用能力。而沿用传统的教学方法，只能保证学生对英语句子有浅层了解，不能深入思考语言的文化韵味。二是教学观念陈旧。由于教学观念落后，导致英语教学强调学生背诵记忆英语知识，忽视了对学生知识运用能力及分析能力的培养，势必会降低英语教学质量，致使学生

社交能力差。相较于成功的英语教学经验来讲，我国英语教学主要存在过于依靠教材的问题，不能完成知识的延伸，教学中实践活动比例较小，限制了对学生英语交际能力的培养。并且，教学内容局限于教材，容易造成学生思维固化，无法保证学生更好地掌握和使用英语这门语言。

三、学校英语教学中渗透跨文化交际理念的对策

针对当前学校英语教学中跨文化交际融合的困境，需要尽快完善教学方法和教学模式，以便为教学活动的开展提供有效借鉴。尤其在教育改革背景下，英语教育在学生发展上的重要性进一步凸显，还应从跨文化交际角度出发，逐步提高英语教学质量，为英语人才培养提供广阔平台。下面内容将具体分析新时期下学校英语教学中融入跨文化交际的措施。

（一）改变教育观念

只有保证教育观念的先进性，才能为教育实践活动的组织提供参考，确保英语实战教学起到培育学生跨文化交际素养的作用，不断优化英语教学课堂。当前大部分教师在英语教学课堂中还沿用以往的教学模式，只利用课堂时间进行英语教学，导致英语教学内容单一化，不利于学生对西方文化的了解。在有限的课堂时间中，教师主要进行词汇和语法的讲解。为了顺应教育发展趋势，需要教师尽快转变教育理念，将对学生跨文化交际能力的培养作为教育重点，并在教学内容设计上，体现出跨文化交际有关内容，以便保证教学计划的完全落实，实现英语教学和学生发展的有机结合。随着教育观念的改变，教师在实施英语教学时，会采取新的教学方法，并突出教学内容的多元化，旨在从多角度出发提高学生知识技能，为教学效果的强化提供保障。例如，在跨文化交际概念提出的条件下，英语课堂应更加强调学生亲身参与到英语语言对话中，通过设置英语小品、角色扮演等实战教学活动，可帮助学生感受西方文化氛围，对其语感培养和语用能力的培养有重要意义。

（二）增加英语教学中的跨文化交际占比

实际进行英语教学时，应将提高学生跨文化交往能力作为主要教育目标，并

在教育落实中增加这方面内容，以确保教学有效性，将跨文化交际完全落实到英语教学中，并在学生学习中，向其灌输跨文化交际内涵和知识，以便在知识内化成学生文化素养的情况下，达到跨文化交际能力培养的目的。一方面，教育部门应当发挥其在英语教育上的引领作用，注重在学校内部进行跨文化交际的宣传和推广。例如，相关部门可通过下发文件或举办讲座的方式，大量宣传跨文化交际内容，为师生了解这一理念创造机会，从而促使学校英语教师有意识地将跨文化交际内容引入到教学中，以便获取理想的跨文化交际教育效果。另一方面，在进行英语教学前，学校会针对英语教学制定相应的学习目标和计划，将跨文化交际结合到教学计划中，进而在教学计划有序执行下，实现学生跨文化交往能力全面提升的目标。例如，在语法和句式结构学习方面，设计学习计划时，应将学习目标设定成要求学生灵活运用已有知识进行对话或阅读等，并且在内容设计上，提出演讲、自由对话等实训环节，引导学生将英语知识运用到交流沟通中，从而使学生掌握跨文化交往技能，不断提升其英语素养。

（三）促使学生明确认识跨文化交际

当学生明确认识跨文化交际时，便能主动进行跨文化交际学习和练习，进而提高课堂效率和质量，发挥英语教学在人才培养上的促进作用。学校英语教学中，要坚持学生在教学活动中的主体地位，通过讲解西方文化背景、文化理念和生活习俗等，逐渐提高学生的跨文化交际意识，使其积极参与英语教学实践活动，为跨文化交际在课堂中的融合提供有效思路。例如，教师在开展英语教学时，会引导学生意识到跨文化交际的重要性，会通过对比，分析母语思维下的英语句子和外语思维下的句子，来帮助学生明确文化渗透在英语语言运用上的重要意义。同时在日常教学活动中，教师会教导学生从具体语境出发，思考语法和句子的使用特点，在具体练习中使其形成跨文化交际意识，能为学生英语表达能力及语言使用能力的提升奠定基础。另外，教师应要求学生尽可能使用英语语言参与到课堂教学中，如开设英语角、组织英语写作练习等，使学生自觉运用英语进行沟通，并在这一过程中，注重文化间的差异，从而在思维转换的情况下，正确使用英语语言。

(四) 丰富教学方法

改进教学方法能为跨文化交际在英语教育中的融合奠定基础。英语教师应在先进教育观念指导下，注重教学方法的创新。例如，项目驱动教学、兴趣教学和分组教学等都是常见的教学方法，这些教学方法在课堂中的运用，能真正落实学生教学主体的身份，使其在英语学习中实现个性化发展。以任务驱动法为例，教师可根据多个教学目标，制订相应的学习任务，之后由学生自行完成各项任务，由此增强其自信心和成就感。随着项目驱动法的实施，可实现跨文化交际概念在教学中的充分融合。另外，还可通过调整评价指标来促进教学活动的展开。如将学生英语表达能力作为重点考核指标，能保证学生有意识地进行跨文化交际练习，并根据评价结果反馈信息，明确自身在英语学习中的不足，为其之后英语能力的培养提供参考。

第二节 跨文化英语教学的目标与内容

文化的概念非常广泛，就英语教学而言，它涉及英语国家的历史、地理、风土人情、传统习俗、生活方式、文学艺术、行为规范和价值观念等，每个方面都有十分丰富的内容。语言和文化二者之间，是鱼和水的关系。语言是文化的载体，是文化的主要表现形式，属于文化的范畴。"没有任何种语言不是植根于某种具体的文化之中的。"在英语教学中，教师往往比较重视语言的外在形式和语法结构，即培养学生造出合乎语法规则的句子，而忽视了语言的社会环境，特别是语言的文化差异，致使学生难以知道什么场合该说什么话，从而忽视了学生的交际能力。因此，语言的文化差异在英语教学中的作用作为一个重要问题被提了出来。

一、跨文化在英语教学中的必要性

1. 文化差异是跨文化交际的障碍

中西方文化差异客观存在，因此，帮助学生了解中西方文化差异显得尤为重要。不了解交际对象的文化背景，势必会产生理解上的歧义，也就不可能有效地培养学生的语感。人们常说的汉语式的英语是指仿照汉语的表达习惯和方法产生的不符合英语表达习惯的句式或表达法，其中就包括由于没有考虑到中西文化的差异而出现的貌似正确实则错误的表达。不了解中西方文化差异，我们就不能做到确切理解和正确表达思想。

2. 文化教育是实现运用语言进行交际的关键

英语教学不仅传授语言知识，更重要的是要培养学生的交际能力，培养他们应用外语进行跨文化交际的能力。从这个意义出发，将外语教学看作是跨文化教育的一环更加恰当一些。20世纪80年代中期，我国的大学英语教育统一制定了教学大纲，全国统编了几套符合教学大纲的教材，1987年开始实施四、六级考试，这些都对大面积的英语教学起到了积极的推动作用。随着改革开放的深入发展，中国迅速地走向世界，社会上对大学毕业生的英语运用能力提出了更高的要求。然而在这方面，我们的教育却明显滞后。一方面，普遍的应试教育带来了相当大的负面影响；另一方面，传统的外语教育观还深深地束缚着我们教师的手脚。中国的学生，从小学直到大学，有的还进入博士生阶段，总共学习十多年的英语，大部分时间和精力花在查词典、记单词、分析句子结构上，对于中国的学生来说，有了词汇和语法知识就可以阅读，就可以应付考试，但是，在跨文化交际时往往会出现问题。

二、英语教学中跨文化教育的主要内容

（1）干扰言语交际的文化因素，包括招呼、问候、致谢、致歉、告别、打电话、请求、邀请等用语的规范作用，话题的选择，禁忌语，委婉语，社交习俗和礼仪，等等。

（2）非语言交际的表达方式，如手势、体态、衣饰、对时间和空间的不同观念等等。

（3）词语的文化内涵，包括词语的指代范畴、情感色彩和联想意义，某些具有文化背景的成语、谚语和惯用语的运用。

（4）通过课文学习、接触和了解相关英语国家的政治、经济、史地、文学及当代社会概况。

（5）了解和体会中西方价值观念和思维习惯上的差异，包括人生观、宇宙观、人际关系、道德准则以及语言的表达方式等等。

三、英语教学中跨文化教育的方法

1. 阅读教学中的跨文化教育

英语教材中有着丰富的阅读材料，其中也包含了许多跨文化因素，这为开展跨文化教育创造了条件。实际上，英语阅读也是一种跨文化交际。学生面对的读物是用外语写成的，而该语言又与他所不熟悉的文化紧密联系着。要真正理解所读材料的内容，不仅要掌握足够的语言知识，还要了解一些英语国家的风俗、文化、宗教等。因此在课本知识的拓展方面，教师应积极利用各种资源，和学生共同搜集与话题有关的素材。如讲食品与健康，阅读材料就会谈到外国快餐进军中国和餐桌文化；讲美国就会提到美洲大陆、移民、海归派，等等。除课本外，教师应选择体现中西方文化共性和差异的英文文章，作为学生的补充阅读材料，使学生间接了解西方的风土人情和西方人的价值取向。

2. 词汇教学中的跨文化教育

英语词汇在长期使用中积累了丰富的文化内涵，所以在教学中要注意对英语词汇的文化意义的介绍，以防学生单纯从词汇本身作出主观评价。因为英语中的词汇与汉语中的词汇所体现的意义可能有不同的含义。词是语句的基本结构单位，是进行交流必不可少的重要因素，词汇教学不能为教词汇而教词汇，文化差异是词汇教学的一个重要组成部分。只有通过对中英文化差异进行比较，学生才能在学习词汇的过程中真正领会到词的含义，并能正确运用所学到的词汇进行交际，才能真正达到词汇教学的目的。

3. 英语教学中的跨文化教育

在口语教学的初、中级阶段，着重交际文化的输入（直接影响信息准确传递的语言和非语言的文化因素），内容包括介绍在日常生活交往方面英汉主流文化的差异，以及在语言形式和运用中的具体表现，打招呼和告别、各种称呼、祝贺和赞扬以及其他社交礼节等的差异介绍属于此类。

在口语教学的高级阶段则应着重导入知识文化（不直接影响准确传递信息的语言和非语言的文化因素），从中西文化差异的深层入手，介绍中西方思维方式、价值观念、认知行为、交际关系以及言语表达方式等方面的差异。学生通过此类中西文化差异的学习，能够增强文化差异意识，了解西方的人际关系及交往的深层次模式，从而学会得体地交际。

4. 语法教学中的跨文化教育

语法是语言表达方式的小结，它揭示了连字成词、组词成句、句合成篇的基本规律。文化背景不同，语言的表达方式各异。英语注重运用各种连接手段达到句子结构和逻辑上的完美，如要表达"他是我的一个朋友"不能说"He's my a friend"，而应该说"He's a friend of mine"，双重所有格准确地体现了"他"与"我的朋友们"之间的部分关系。又如"If winter comes, can spring be far behind？"（冬天来了，春天还会远吗？）一看到 If，两句的语法关系便了然于胸。汉语则未必如此。让学生了解这种思维习惯上的文化差异，体会其对语言表达方式的影响，对于学习英语语法，减少 Chinglish（中国式英语）的错误是有帮助的。

第三节 跨文化英语教学的大纲特点

一、克服语言焦虑

语言焦虑是外语学习过程中的不利因素，因此，从学生产生焦虑情绪的原因入手，从宏观和微观的角度，探索避免、减轻、消除学生语言焦虑的方法和策略，对学生语言能力的发展和外语水平的提高有着积极的意义。

（一）帮助学生树立自信心

缺乏自信的学生容易焦虑。因此，教师应首先帮助学生树立自信心，减轻学生的焦虑感，提高和强化他们的学习动机，教师可以从以下几个方面入手。第一，建立良好的师生关系。师生之间的相互理解、相互包容是减轻压力、焦虑感，保持课堂和谐氛围的基本条件。教师应热情、平等、宽容地对待学生，在课堂上多给予学生表扬和鼓励，保护其自主性，树立其自信心。第二，帮助学生克服"自己不如别人"的心理。教师应尤其重视自卑心较重的学生，帮助他们发现自己的强项。第三，重视学生的个体差异，帮助学生建立明确的学习目标。过高的目标容易使学生感到高不可及，从而增加学生的学习焦虑。过低的目标又不能调动学生的学习热情，使他们觉得没有挑战性。因此，教师应采取循序渐进、及时反馈的方法来引导学生。第四，利用小组讨论，采取合作学习法。合作学习法将学习者置于传统课堂教学环境中教师的角色上，有助于学习者发挥主导者的作用，大胆地表达他们的思想。这样，那些自我意识过强、害羞、心理不安或对学习缺乏兴趣的学生容易放下思想包袱，以较轻松的心态参与到活动中去。小组活动能使学生产生归属感和认同感，在低焦虑中交际互动，从而增强学习动机，树立自信心和自尊心。

（二）营造轻松和谐的课堂教学氛围

健康愉快的氛围能将消极情感因素转化为积极因素，从而提高外语学习的效率。这就要求教师首先要有正确的教育、教学理念，以平和的心态面对学生，尊重他们的人格、兴趣和爱好。只有这样，学生才不会对教师有畏惧心理，才能避免产生不必要的焦虑感。另外，教师可以给学生提供合作性的课堂学习活动，以增强学生的学习动机和兴趣，可以通过分组讨论或辩论等教学形式来激发小组活力，营造积极的课堂氛围。教师在课堂上应尽量避免进行易使学生产生消极情绪的教学活动，如实施一些低于或高于学生实际能力的教学计划等。教师还应把握纠错的"度"，采取恰当的纠错方式，尽量避免让学生感到课堂是他们暴露缺点的地方。

（三）降低考试焦虑，改进考试方法

考试在一定程度上会让学生感到有压力。萨拉森（Sarason, 1994: 63）认为在考试时，有焦虑感的学生常常会有认知干扰，很难集中精神做完手头的试题。不少考生都有考试焦虑的体验，过大的压力所产生的焦虑感会严重挫伤学生学习语言的兴趣和信心。因此，教师应采取明确的、学生熟悉的考核手段来评价学生的成绩，消除学生的焦虑情绪。为此，在考试前，教师要有针对性地对学生进行心理疏导，尽量避免因为考试焦虑，使学生的真实水平不能客观地反映出来的情况发生。教师还应适时改进英语考核方式，采用高信度、高效率、合理、全面的测试手段，测试出学生的真实水平。

二、教学中导入文化教育，减少跨文化交际失误

在大学英语教学中，学生理解课文中的词、句及全文时往往只求表层意思，而不能理解其深层含义。究其原因，除了学生自身英语语言知识有限外，还有学生缺乏西方社会历史文化背景知识方面的原因。每一种文化都有其独特的一套系统，语言是它的一个重要组成部分。赫德森（Hudson, 1980）曾经指出，由于语言的大部分是从其他人那里习得的，因而它属于文化的范畴。另一方面，语言又是文化的载体。尽管文化可以通过其他非语言形式表达，如艺术、音乐、舞蹈等，然而人们对世界的看法和观点却常常以语言的形式表达。格拉德斯通（Gladstone, 1972）认为："语言和文化紧密交织在一起。语言既是整个文化的产物或结果，又是形成并沟通文化其他成分的媒介。"由此可见，语言和文化密不可分，每一种语言都与某一特定的文化相对应。语言具有传递文化的功能，但同时它的运用也受到不同文化的制约。在跨文化交际中，有不少学生因害怕说话不符合目的语国家的文化，显得失礼，因而不敢说，或不知说什么好，从而产生交际焦虑，导致交际失败。因此，除了语言教学外，教师还应重视文化知识的导入。

(一) 英语课堂文化导入的重要性

语言是文化的载体,英语学习者只有懂得东西方文化差异,有意识地培养自己的跨文化意识,才能真正提高英语水平。拉多(Lado,1967)曾经指出,要对不同的文化进行比较,以克服外语学习中由于文化背景不同所引发的学习困难。费里斯(Fries,1945)则强调,讲授与目标语言有关的民族文化和生活状况是语言学习各个阶段不可缺少的部分。可见,在大学英语教学中,培养学生良好的"跨文化意识",有助于他们冲破本族文化的束缚去掌握英语文化,保证使用英语的整体性,从而促进大学英语教学并有助于教学效果的提高。为此,我们应高度重视文化导入在英语教学过程中的重要性。束定芳和庄智象(1996:134)指出,要想学好一个民族的语言,就必须了解一个民族的心理状态、文化特点、风俗习惯、社会关系等各方面的信息。而了解一个民族的文化,仅靠课堂上语言知识的传授是远远不够的。教师应努力为学生创造有利于"教"与"学"的氛围,提高学生的语言敏感度,促进学生对目的语文化形成比较深刻的认识。

文化知识教学不仅能增强学生对外语学习的兴趣,减少交际障碍,还能培养学生的跨文化交际能力,从而有效促进学生的外语学习。教师可以利用一切教学条件,采取各种方法,传授目的语的文化背景知识。例如:课堂上可以对教材中涉及的文化背景知识加以诠释,或指明其文化内涵和运用中的文化规约;结合实际生活,对目的语国家的风俗习惯及社交礼仪规范做必要的讲解,让学生了解东西方文化的差异;通过对英、汉文化差异的比较,加强学生跨文化交际的文化敏感性,使学生逐步在目的语国家的文化中找到认同感,融入其文化当中。

(二) 英语课堂文化导入的必要性

1. 英语语言发展的需要

美国著名语言学家萨丕尔(Sapir)指出:"文化可以解释为社会所做的和所想的,而语言则是思想的具体表达方式。没有语言,思维不可能实现。"因此,语言是一个民族文化的表现与承载形式,社会文化的发展是语言发展的前提和基础。每一种语言中都包含大量的该语言所特有的带有特定社会历史色彩的文化现象或事物，不了解英语国家的文化，也就无法真正学好英语。正是语言与文化之间的这种互为依存的关系，为英语语言教学的文化导入提供了理论依据（胡仲文，1997）。

2. 时代变革的需要

时代的变革是语言文化导入的现实基础，全球一体化的加剧和社会文化的多元化发展对英语也产生了巨大的影响。英语不再只是一种工具，而是必备的知识条件和语言技能。每一个学生都应在熟练掌握专业知识的同时熟练掌握英语，这就必须在语言教学中引入文化的内容。因此，英语文化导入已经是英语教学不可回避的重要课题。

3. 英语教学改革的需要

《大学英语教学大纲（修订本）》（2004）中指出："大学英语教学的最终目的是培养英语交际能力。"美国社会语言学家德尔·海姆斯（Dell Hymes）把一个人的交际能力概括为具有语法、心理、社会文化和概率内容的判断能力。语言作为一种认知世界的工具，也反映了该民族历史、文化发展的轨迹，集中体现着文化传统、价值取向等文化信息。学生在掌握了英语语言点的情况下，仍会犯一些语言运用上的错误。例如，中文中的"他是含着金勺子出生的"被译作"He was born with a gold spoon in his mouth"（正确的翻译应为"He was born with a silver spoon in his mouth"）。错误的原因正是学生忽略了英汉语言有着不同的交际方式和话语结构。为了避免学生在语言运用中出现"中文式英语"的错误，英语教学不仅要介绍语言知识，而且应该把这种学习与训练放到英语文化教学的背景中进行，最终使学生具有语言运用能力。如何引导学生在实际学习中掌握实用的英语文化背景知识，是当代英语教学亟待解决的主要问题之一（赵贤洲，1989）。

（三）跨文化意识及其培养

跨文化意识是指外语学习者对于其所学的目标语言所承载的文化内涵具有较好的掌握、适应、交际能力，能用目的语文化的思维来思考问题和作出反应，以及进行各种交际活动。

第一,对当代学生的跨文化意识的培养应达到以下五个基本目标:
- 培养学生具有进一步学习目的语及其文化的能力;
- 培养学生具有良好的文化理解力;
- 培养学生具有较强的交际能力;
- 培养学生对外国文化持客观态度;
- 培养学生具有较强的获取外国文化信息的能力。

第二,跨文化意识培养的主要内容,就文化本身而言,可分为文化的表层和深层两部分。对于学生文化意识的培养,该文化的表层部分,即日常交际所涉及的内容应是其重点,如礼貌用语、体态语、日常会话等。另外,对文化的深层部分也应给予足够的重视,如社会结构、思想意识、社会价值取向等,学生都应该有大致的了解。掌握了这些项目,我们才能说学生的跨文化意识的培养有了坚实的基础。

(四) 文化导入的教学方法

由于文化背景的不同而引起的文化碰撞、冲突及交际失误等一系列问题,往往首先反映在语言的使用上。所以,语言的教学应该包括语言知识教学和语言文化教学,强调学生文化意识培养的重要性,运用多种途径和方法提高学生的文化意识,培养学生的语言综合能力。

1. 展开法

《21世纪大学英语(读写教程)》题材丰富,包含名人传记、学习方法、自然科学、人际关系等,从多方面体现了英语国家的文化。教师在立足于语言知识的同时,应尽量运用学生熟悉的词汇,对相关的文化背景知识展开介绍。如教材第一册第三单元中提到的"church going people",教师在课堂教学中应有针对性地补充介绍"church-going people"背后的教会活动、宗教信仰,以及此信仰对他们日常言行的影响,这将有助于学生了解史蒂夫·旺达(Stevie Wonder)的乐观和善良。

2. 对比法

对比法所包含的内容包括英语语言之间的对比和英汉语言文化之间的对比。中国学生在学习中常常把英汉词汇对等起来理解，而实际上，词义包含概念意义和内涵意义两部分。立场中立，不带感情色彩。后一种表达中，由于是私人场合，其用带有浓厚的口语色彩和个人情绪的表达。因此，对于英语中一些常见的同汉语概念意义相同而内涵不同的词，可以采用对比法，找出其差异，并加以适当的分析。这样既有助于加强学生对一些语言点的记忆，又能丰富学生的语言背景知识，还可以加深他们对汉语文化的了解。

3. 专题法

英语的相关文化背景知识很多，而学生在学习中接触的知识点又很分散。因此，教师可以通过专题讲座的形式，一次性地解决学生在某一方面遇到的问题。例如，上网是当下学生热衷的一种交际方式，教师可做一次"网上的英语资源"的讲座，向学生介绍一些常用网络语言在英语中的表达法，以及在网上寻找英文资源的方法，并推荐一些实用的中英文网站。专题法可以提高学生英语学习的热情，有助于加强学生在教师的指导下逐渐掌握上网收集英语信息的技巧。

4. 引导法

任何学习活动都应注重学生主动性和能动性的发挥，提高他们获取知识的能力，文化教学也是如此。教师在授课过程中，可以积极引导学生主动从所学的语言材料中去发掘有用的文化背景知识，并加以总结。

在英语语言教学大纲中设置以文化为主题的课程和活动，可以明确实行跨文化教学。同时，为实现教学目的所使用的教学材料中已隐含跨文化观念。但是，除了传授跨文化交际能力的这些明确的或隐含的手段之外，语言课要了解文化特色的关键在于教师本身对教材的态度以及对学生背景的态度。以下将探讨教师在英语语言教学中处理跨文化交际的几种方法。把跨文化观融合于课程之中，所有专业人员，如教师和管理人员等，都必须对语言和文化有基本认识。这样，他们在制订计划、设置课程、制定大纲、编写教材中就可以培养跨文化观。

最基本的几种认识是：（1）语言不能逐字翻译。凡语言都有习惯表达，它们都有言外之意。（2）说话人的声调（语调模式）具有意义。每一种语言都有不同的"声调"或语调模式，说话人声音的轻重高低是语言本身的一种特征。（3）每一种语言文化都运用手势和身势传达意义，各语言的手势和身势不尽相同。（4）各种语言使用不同的语法成分描写相同的物质世界。（5）所有语言都有禁忌话题。要知道在什么场合、对什么人可以说什么话或不可以说什么话。（6）在人际关系中，各语言的称呼语大相径庭，即使在非正式美国文化中，什么情况下人们直呼其名，什么情况下称夫人、先生、博士等，也有约定俗成的规矩。

第三章
跨文化视角下的词汇语言比较研究

词汇是英语教学的基础和重要内容之一,而文化和语言又是相辅相成的共生关系,因而在英语词汇教学中渗透文化知识进行融合教学,乃是当前教育领域的大势所趋。尤其对于学生来说,不仅要对词汇与跨文化知识的融合有正确的理解,还要从意识培养、文化背景的认知、多看多读等方面来学习。

第一节 英汉构词与词类标记的比较

从语言词汇的形态特征来看,汉语是属于孤立性语言(每个词只由一个语素构成)。英语也偏向于孤立语,但是与汉语相比,它则偏向于屈折性语言,或称为综合性语言(每个词可以通过词形的变化来表示意义或语法功能的变化),屈折性语言中词汇的一个重要特征是词缀丰富,所以英语中派生词比例较汉语要高一些,而汉语中复合词所占比例较英语要高一些。

一、构词的对比

英语构词有三种方法,即缀合法(affixation)、转化法(convertion)和复合法（compounding）。缀合法是在词根（root）上加前缀与后缀，加缀后的词获得新的意义而成为新词。转化法就是词根形式不变而转化为其他词类，如 dive（v.）→ drive（n.）、release（v.）→ release（n.）。复合法就是把两个或两个以上独立的词结合在一起构成新词的方法，如 teapot、bedroom、snowfall。

英语构词法的核心是缀合法。英语中有不少构词能力很强的词根，而且构词的前缀和后缀也十分丰富，往往一个词根上同时可以加上前缀和后缀。而且，加过第一层的前后缀后还可以在这个词的基础上再加前后缀，如：nation → national → international → internationalist。由此看来，一个英语词根犹如一个核心，加上不同的前后缀，就像蜘蛛网那样向四周辐射，呈现出一个核心扩散样态。词根是缀合法的基础，在同一词根上可以缀加不同的词缀，表示不同的意思，并可表示各种不同的词类。以拉丁词根 due- 及其变体 duct- 为例，加上前缀后可以形成 conduct、introduce、produce、reduce、seduce、transduce 等词，加上其他前缀或后缀以后，可以形成 conductive、conductiveness、conductible、conductivity、conduction、conductor 等一系列的派生词。学习者要逐个记住成千上万个单词是困难的。但是词根、前缀和后缀的数量是有限的，它们是学习者扩大词汇量、理解词义的三把钥匙。

汉语的主要构词方法是复合法。汉语中也有缀合法组词的现象，但是，汉语中词缀数量少，而且加缀并不固定，可有可无，所以应用不广泛。如前缀"阿"可以缀合成"阿哥""阿姐"，但是说成"哥哥""姐姐"也是完全可以的，甚至单说"哥""姐"也成立，如"我哥哥"也可以说成"我哥"。前缀"老"可以加到"虎"前，成为"老虎"。后缀"子"加到"狮"的后面成为"狮子"。当说到"老虎啸，狮子吼"时，是指老虎或狮子在叫，如要形容某种声音大而吓人时，那就要说"虎啸""狮吼"，"老"和"子"又被删掉了。

英汉语复合法有相似之处，也有根本的差别。

相同之处在于，复合词中的语言关系有含有类似句法的关系。成分之间的句法关系，可分成若干小类。

①主谓式

sunrise，heartbreak　地震、眼熟、头痛、性急

②动宾式

pick，pocket（to pick pockets）　行政

birth，control（to control birth）　动员

③修饰限定关系

raindrop，moon landing，watchdog　白糖、夕阳、铅笔

在这种具有语法关系的复合词中，英汉语的主要差别在于汉语都是按顺序构成，即按"主—谓""动—宾""修饰+被修饰"的语序排列；而英语复合词的排列顺序，既可以是顺线性的，如springboard、rainfalll、homework，也可以是逆线性的，如playboy（动+主语）、duty-free、class-conscious（被修饰+修饰）、breathtaking、record- breaking（宾+动）。汉语大量的复合词是并列关系，与英语复合词相比，这也是其显著的特征。汉语复合词并列关系也可分成若干小类。

①同义联合：

海洋、文学、追逐、阻塞、贸易、贯穿。

②反义联合：

始终、甘苦、方圆、供求、异同、呼吸。

③类义联合（两个语素为同类事物，其中有的语素还有包含关系）：

尺寸、斤两、江山、骨肉、爪牙、眉目、针线、穿戴等。

汉语中还有两种独特的合成词构成方式，与英语构成了明显的区别。

①表示属概念的词加上修饰语素就可以形成一个词族，如自然界的树、花、草、虫、鸟，与人类生活相关的车、船、厂、房、园、药等。尽管有的英语名称也有"tree"这一成分，如pine tree、oak tree等，但是这"tree"是可有可无的。从上面的例子中可以看出，汉语用类别词"树"可以构成一连串的同类词。这在一词族中，"树"既不是后缀，也不是核心，而是由"树"出发，平行式地扩展成一系列的词，而英语则不具备这种构词方式。英语中有一个"tree"作为总代表，与汉语中的"树"的性质是一样的；但是，这个类别词不像汉语"树"那样能作为这一词族的通用语素，而是每一种树都有一个单独的名称，从构成语素看，没

有共同点。

②以某一语素为出发点，与一系列语素合成一个语义相关的词族。

从以上英汉语缀合法与复合法的构词对比来看，英语构词的样态呈核心扩散状，而汉语呈平面扩展状。认识了解英汉语在造字构词上的不同特点，对探索两种语言的学习规律有重要意义。例如：学习汉语的词汇要首先关注单音字，以字带词；英语词汇的学习和扩展则应以词根为中心，或称以词干为中心，采取中心开花的记忆方法。

二、词类标记的对比

英语的词性可以表现在形态上，大多数词具有词性词尾。如名词、动词、形容词、副词，根据其后缀的形式，就能显出它们的词类。

①名词标示：-er，-or（职业，工作性质）→ writer，worker，actor；-ation（状态，动作）→ exploration，organization；-hood（地位，领域）→ brotherhood，neighbourhood

②形容词标示：-ful（充满，具有）→ hopeful，successful；-ish（属性）→ foolish，childish；-able/ible（可以被……的，能……的）→ reasonable

③动词标示：-ify- → beautify，amplify；-ize → symbolize，modernize；-en → widen，quicken，ripen

④副词标示：-ly → happily，oddly；wise → clockwise

此外，英语的名词除具有上述后缀做标示外，还有两个十分明显的外在标志：一个是介词，另一个是冠词。有定冠词"the"，不定冠词"a（n）"在先的，一定是名词，用在介词后的也一定是名词，所以在英语中辨认出名词是件比较容易的事情。

由于汉语词类基本上无形式标记，究竟如何来划分词类是个问题。目前多数学者认为，汉语词类的区分不能单纯根据意义，还要看其功能，即首先根据意义把具体的词归入词类，然后再确定某个词类在句子中可以充当的句子成分。例如，名词可以修饰动词："他们天各一方，但经常书信联系，互通音讯。"再例如，动词或形容词可以直接充当主语："游泳是一种很好的运动。""漂亮入时是姑娘们追求的目标。"英语的词类有相对固定的功能，动词、名词、形容词、副词分工明确。而汉语词类无形式标记，主要按意义分类，与句子中的功能不能一一对应，是模糊状，这是其局限性。

第二节 英汉词义的比较研究

英汉语各自的词汇系统在意义上以及使用特点上既有相同之处（在意义上能够完全对应），更有许多不同之处（相互之间完全不对应和不完全对应）。对两种语言词义特点的比较，分析其差异，无疑能够帮助学习者科学地掌握英语词汇的意义和用法。

一、英语词义的特征

与汉语相比，英语词义最显著的一个特征是意义灵活，丰富多变，因而对上下文的依赖性比较大。例如：英语中的"uncle"一词既可以指"伯父""叔父"，又可以指"姑父""姨父""舅父""表叔"。"parent"这个词在英语中可以指"父亲"，也可以指"母亲"。英语一向被认为是一种适应性、可塑性较强的语言。英语中有一种说法："词本无义，义随人生。"（Words do not have meanings; people have meanings for words.）此说法反映了英语一词多义的特征。一词多义（polysemy）是语言的普遍现象，但在英语中这一现象尤为普遍，而且在名词、动词、形容词、副词中，往往词的使用频率越高，词义就越多。一词多义无疑为学习者掌握词义带来了一些困难，所以学习者有必要了解英语词汇各意义之间的关系。英语一词多义的根源是词义的演变，其结果是词义的不断积累和扩充。英语多义词的各个词义尽管纷繁复杂，相互之间还是构成了一定的关系。

（一）原始意义与引申意义

词源学考证所能发现的第一个词义，是词的原始意义，其余全都是引申意义。

原始意义或多或少与引申意义有些联系。例如："candidate"（候选人）的原始意义是"穿白衣服的人"，因为在古罗马想要竞选公职的人必须身穿白袍。"pen"的原始意义是"羽毛"，因为人们最初是用羽毛作为书写工具的。

（二）普遍意义与特殊意义

由于词义范围在历史演变中的扩大或缩小，有些词既可以指一类事物，也可以指这类事物的一种或一个。例如："case"有"事例""实例"这一普遍的意义，还有"病例""情况"和"案件"这几个特殊意义，在"That is often the case with him."（他往往就是这样）这个句子中，用的是"case"的特殊意义。

（三）抽象意义与具体意义

这两个意义也是词义范围变化的产物。在"Beauty is but skin deep."（美貌只是外表罢了）中，beauty 表示"美貌"这种抽象的意义；在"She is a real beauty."（她真是个美人）中，"beauty"具体指一个"美丽的女子"。"pride"可以表达"骄傲"这种抽象的意义，"Pride goes before a fall."（骄兵必败）也可以表达"一个骄傲自满的人"这样一种具体意义。例如："The bright boy is the pride of his parents."（这个聪明的男孩是他父母的骄傲。）英语词汇中这种现象很多，一般抽象名词都可用来指具体事物。

二、汉语词义的主要特征

汉语词汇意义的最重要特征是表意准确，形象鲜明，言简意赅，辨析精细。形成这种特征的主要原因是，汉语的单字搭配能力强，组词方式灵活，具有很强的语义繁衍能力。汉语虽以单字为本（在古汉语中单音词较多），但是现代汉语词汇却以双音节词居多，又有很丰富的成语（其中以四字成语为主）。汉语的单字组词能力强，这就可以使其生成出丰富的词义，现以"生"字为例做一下说明。

从基本词义上看，"生"不但可以表示与人的一辈子有关的概念，如生育、生长、生活、生命、生平；而且可以表示"不熟"或"不到位"的意思，如生肉、生字、生硬；也可以表示"学习者"，如学生、招生；甚至还可以作副词表示程度，或作副词后缀，如生怕、好生等等。由其基本意义的延伸、扩散所构成的词汇很多，如：生辰、生计、生还、生病、生动、生理、新生、放生、实习生、生搬硬套、后生可畏、急中生智、人地两生……在这一系列词汇中，"生"字又形成结构形式上的差异，如偏正结构、动宾结构，甚至还可以形成一词多义的情况，如生气，既可表示"不高兴"，又可表示"有活力"；生产和产生两个词，一个注重过程，一个强调结果，凡此种种，不一而足。虽然汉语词汇在构词方式上比较灵活、宽松，但在表意上却不失严谨和紧凑。

第三节　英汉语言中主导词类的比较研究

英汉两种语言词类的分法各有不同，词类的数目有差异，但是主要词类两种语言都有，如名词、代词、动词、形容词、副词、介词、连词等，在这些词的类型中，在表意功能以及使用频率上，英汉两种语言各自有其主导词类，下面分别作讨论。

一、英语的名词主导

作为有丰富形态变化的综合型语言，英语句子中的谓语动词要受到很多形态变化规则的约束，使用时有很多不便，所以一般每个句子只有一个谓语动词。英语中很多名词都是从动词变化而来的，具有动态的含义，而且形态变化相对简单，常常用来表示动作，含有动作、行为、变化、状态、品质、情感等概念，因此，名词化（nominalization）就成为英语的一大特点。这一特点在书面语及学术文体表现得更为突出，构成了以静态为主的语言特征。这就是所谓的"名词优势于动词"（preponderance of nouns over verbs），例如："You can rectify the fault if you insert a wedge."（嵌入一个楔子，就可以纠正误差。）在科技文体中，这句话会改为："Rectification of this fault can be achieved by insertion of a wedge."同样，"He failed in this exam, so he felt disheartened."（他这次考试不及格，因而很沮丧。）在书面语中，这个复合句结构使用名词化的方法，可以改为简单句结构："His failure in the exam made him disheartened." 由此可见，这种名词优势可以使表达简洁精练，在正式文体中，更能体现出庄重感和科学性。

英语名词主导的另一个重要表现是偏好使用抽象名词，抽象名词在科技语体中出现频率较高。

英语抽象名词多，主要是由于英语丰富的虚化手段。其中最重要的虚化手段是有虚化功能的词缀，特别是后词缀。

二、英语的介词优势

介词前置于名词或名词性词语，英语的名词优势带来的是介词的广泛使用。英语介词虽然数量有限，但是用法灵活，表意功能强，是英语里最活跃的词类之一。有的学者把英语称为介词的语言。诚然，介词本身不具有特别确切的意义，但是，如果英语的句子缺少了介词，实义词堆积在一起则不能清楚地表达逻辑关系与意义。作一个比喻：英语的介词就像一台机器上的螺丝钉一样，没有螺丝钉的连接，零部件就是一堆废铁。

英语频繁使用介词，有以下几个原因：

（1） "to be+ 介词短语" 这一结构可以替代动词；

（2）名词或形容词表示动作时，需要介词来协助；

（3）介词一词多义的特点突出；

（4）复合介词结构具有动态性。

此处所说的复合介词结构是指 "介词 + 名词 + 介词" 这样一个组合。在此结构中，名词是由动词派生出来的，所以大多都有动态性。这种结构用词精练严谨，在书面语体中使用尤为频繁。

此外，英语中 "with（without）+ 复合宾语结构"，即 "wih（without）+ 宾语 + 宾语补足语" 这一结构，使用也十分普遍。这种结构有自己明显的特征，句中 "with" 后的宾语相当于该结构的逻辑主语，其后面的分词、形容词、介词短语、副词相当于该结构中的逻辑谓语。该结构通常用来补充说明附带情况或细节。

三、英语形容词的动态特征

在汉语中形容词的主要功能是用来修饰名词，多做定语。而在英语中，形容词除了做定语外，在很多情况下，大量使用形容词做表语，而表语相当于汉语的谓语成分，当形容词与系词"to be"或其他弱化的动词"fell、look、seem、become"等连用时，具有明显的动态特征。下面我们介绍几种常见的情形。

（1）"to be+ 表情感的形容词"具有明显的动态特征。

（2）英语中常用动词的同源形容词来表达动词的意义，通常与系动词 be、feel、seem、look、grow、get 等一起使用，形成了英语的动态特征。常见的同源形容词有 cooperative、demonstrative、sympathetic、hesitant、ignorant 等。

四、汉语的动词主导

英语学者林同济先生曾说过"动词对任何语言来讲都是重要的，它的重要作用在汉语中尤为突出。展开一篇汉语作品，略与英语作品相比较，我们马上发觉，前者的动词使用频率往往远远超过后者"。这一论断基本上反映了汉语这一特点。汉语中除了大量的"动宾结构"外，还有"连动式"（动词结构连用的格式）和"兼语式"（两个主谓结构套在一起，相当于英语的"谓语动词+复合宾语"）。有时一个很短的句子里有好几个动词。

像汉语中动词这样自由的用法，英语中是万万不行的。汉语中动词使用频率高的主要原因有二：

其一，汉语的介词贫乏，完全没有分词，英语中使用介词和分词之处，汉语中经常直接用动词。

汉语的动词优势的另一个原因是动词无形态变化，无定式和非定式之分，也没有语气（mood）变化，使用时就非常灵活、方便、自由，不仅可以做谓语，还可自由地做主语、宾语、定语、状语。与汉语相比，英语动词的形式和形态变化都比较复杂，这样就导致了英语使用动词时比较谨慎，用名词比较多的习惯与传统。英汉语的这一差别，要求我们在两种语言转化中要做必要的调整。

第四节　英汉词语搭配的比较研究

词的搭配是指词与词之间的一种横向组合关系，即词的同现关系（cooccurrence relationship）。语言词汇的应用能力和词的搭配能力密切相关，英汉两种语言在词语搭配方面有类似之处，同时也有一些不同的特征。首先分析两种语言在搭配方面的类似之处。无论是在英语中，还是在汉语中，词语的搭配能力都有强与弱之分，也就是说，有的词搭配范围比较广，而有些词搭配则很局限，这也就是为什么英汉互译时，某些对应词不能对应的主要原因之一。英语中"kill"不仅可以用于人和动物，也可以用于植物，还可引申为"使消失""使毁灭"，与无生命名词搭配使用。而汉语中的"杀"一般只能用于人和动物，不能用于植物，也没有上述"kill"的引申意义。相比较而言"kill"比"杀"应用的范围要广。同样，汉语也有些词语应用的范围比英语要广。

英汉搭配的相似之处还体现在语义偶合的现象，例如"心"与"heart"两词不仅有完全相同的科学定义，而且在不少词语搭配上也基本偶合。这种搭配上的偶合或近似的原因是人类生活在同一物质世界里，自然生活条件、喜怒哀乐的情感基本是相同的。

英汉搭配第三个相似之处是许多搭配没有依据而言，是约定俗成的。有不少搭配都是出自文学作品或宗教书籍的成语典故，不能有任何的更改，如汉语中的"耳濡目染""大器晚成""空中楼阁""雨后春笋"等。英语中的"a cat with nine lives"（富有生命力的人；逃离险境的天才）原意为"猫有九命"；"a pound of flesh"（合法但极不合理的要求；苛刻的借贷条件）出自莎士比亚的《威尼斯商人》。搭配的约定俗成与文化传统、思维方式都有关系，也与对事物的审视角度不同有关。

有些搭配只能用习惯说法来解释，为什么汉语中人们讲"食堂""餐厅"，而不讲"餐堂""食厅"；为什么英语中人们讲"go shopping"而不讲"go buying"呢？原因只有一个：它们都是约定俗成的。

英汉语在词语搭配方面有一个主要差别，即汉语在词语组合搭配上弹性要大一些。其主要原因是汉语中概括词比较丰富，如汉语表达"笔类"，前面加上一个表示具体特征的词就可以组合成毛笔、蜡笔、画笔、铅笔、粉笔、自来水笔、试电笔等；而英语则要单独一个词来表示。汉语中的图书馆、博物馆、旅馆、体育馆、展览馆、照相馆、大使馆等一个概括词前面加上一个区别事物的词，就可合成；而英语中每一种馆，都需一个新的词来表示，例如：library、museum、hotel、gymnasium、exhibition hall、photo studio、embassy。

此外，汉语中有些形容词的应用范围也比较宽泛，如，汉语的"假"字就具有很强的搭配能力，而英语中则需要用不同的形容词。

对英语学习者来说，掌握大量词汇无疑是十分重要的，但是掌握英语中词与词之间的搭配用法更为重要：单词是机器的零件，词语的搭配就是将零件组装成机器，这样才能达到学会用英语自由表达的目的。

第五节　英汉词义的比较研究

翻译过程中，两种语言在语法结构上是否要对应，一般来说是无足轻重的，而词义的对应正确与否，则直接影响译文的质量。对应不是拘泥于原文的字眼，不敢越雷池一步，而是要放开眼界，寻找两种语言词义对应的各种可触性，下面介绍一些常用的方法与技巧。

一、根据语境选择对等词

一般来说，英汉两种语言中每个词都有一个比较明确的基本含义（或称一般意义、概括意义）。但是，在句子或文章中，词义有时会随着语言情境的变化而产生变化，即产生出具体的含义，因此在选择对等词时，应该考虑其语境。例如：

① As luck would have it, no one was hurt in the accident.

幸运的是，在事故中没有人受伤。

② As luck would have it, we were caught in the rain.

真倒霉，我们挨雨淋了。

同样的一个词"luck"，因为用在不同的句子中，也就是说语境不同，意义就正好相反。

③ I was like that ship before my education began, only I was without compass, and had no way of knowing how near the harbour was.

在我接受学校教育之前，就像那条船一样。只是没有罗盘，不知道港口有多远。

"near"一词，字典给的汉语定义是"近的"，但是，在此句中只有译成"远"才能恰如其分。汉译英时也是一样，要把词的上下文考虑进去。例如：

④请让我自我介绍一下。

Let me introduce myself.

⑤服务员给我们介绍菜单上最美味的菜肴。

The waiter recommended to us the best dishes on the menu.

⑥请你介绍一下经验好吗？

Would you please share your experience with us?

以上三句中的"介绍"一词，分别译成了三个不同的英语动词，其主要原因也是语境不同。

二、增词与减词

如前所述，英汉两种语言在词汇上存在着不小的差别。例如：英语有词形变化，汉语则没有；英语大量使用连词、介词、关系代词等，而汉语各个成分往往通过内在的关系形成连接，不必或很少使用连词和介词，更没有关系代词。所以，要通顺、正确地译出汉语原文的含义，逐词翻译是不可能的，词汇必然有所增减。

汉语中有些词、词组或成分经常重复，其目的是加强句子的气势，有时是为了明确意义，将关键词加以重复，如果机械地翻译，往往与英语的表达习惯不一致，翻译时，只译其中一个即可。例如：

①人们利用科学去了解自然，改造自然。

People use science to understand and change nature.

②在化学公式中，表示氢的符号是H；表示氧的符号是O；表示氮的符号是N。

In the chemical formula, the symbol for hydrogen Is H, for oxygen O, fo nitrogen N.

汉语中一些名词通常既有具体的含义，又表明范畴，如"情绪不高"英译时必须译出（be in low spirits），但是，当"情绪"一词仅用来表明范畴的意义时，就可以省略。如"防止急躁情绪"中的"情绪"就是范畴词，英译时不必译出，仅译为"guard against rashness"。汉语中类似的范畴词还有"问题""局面""事业""状态"等。例如：

③基础研究在一些前沿领域取得了可喜的进步。

Gratifying progress was made in some frontiers.

④分子处于永恒的运动状态中。

The molecules are perpetually in motion.

⑤积极推进住房体制改革。

We must press ahead with the reform of housing.

三、词性的转换

在翻译过程中，由于汉语和英语两种语言在语法和表达习惯上的差异，有时必须改变原来某些词语的词性或句子成分才能有效地传达原文的准确意思。

（一）汉语动词的转换

如前所述，汉语的一大特点是动词用得较多，而汉语用动词的地方，英语中可以分别用名词、形容词、副词、介词等各种词类来译。

（二）汉语名词译成英语动词

由于汉语和英语的表达习惯不同，有些词语在汉语中常用名词，但在英语中用动词比较合适，所以要适当转换。

四、词义的引申

翻译时,词义的引申是一种常用的技巧。所谓"词义引申"是指不拘泥于词的字面意义或词典提供的释义,而是根据上下文对词义做必要的调整与变动,以使译文忠实于原文。例如:

① There were times when emigration bottleneck was extremely rigid and nobody was allowed to leave the country out of his personal preference.

过去有过这样的情况,对向外国移民的限制非常严格,不允许任何人出于个人的考虑出国。

句中的"bottleneck"是"瓶颈"的意思,如果照搬,与句意不符。在其基本意义上进行引申,译为"限制",既忠实于原义,又能使语句通顺。从这个例子还可以看出,有时可以把英语中意义具体的词,引申为汉语意义较概括的词。

② For the next month or two Kissinger focused on these concerns and others.

在此后的一两个月中,基辛格集中精力关注这些问题和其他一些问题。

此句中"concerns"的意思是指人们对之表示"重视""担心""焦虑"的事情。然而这些词在汉语中都有其严谨的特定的语义,在此不能反映原义。将"concerns"引申为具有概括意义的词——"问题",比较恰当。从具体到概括就是从实到虚的转变。

③ 另一点好处是新型交通系统将大大减少对建设新的高速公路的需要。

Another bonus is that the new transportation system will greatly reduce the need for new superhighways.

"bonus"(好处)是由实变虚,引申还可以由虚变实,由抽象变具体。例如:

④ In line with latest trends in fashion, a few dress designers have been sacrificing elegance to audacity.

有些时装设计师为了赶时髦,舍弃了优雅别致的式样,而一味追求袒胸露体的奇装异服。

⑤ It is very much like communicating with an accurate robot who has a very small vocabulary and who takes everything literally.

这很像和一丝不苟的机器人讲话,机器人只懂很少的词汇,而且你怎么说它就怎么做。

"accurate"常译为"准确""精密",这里译为"一丝不苟",以和机器人形成得体的搭配。

五、融合

融合就是完全摆脱汉语词义凝滞的束缚,把原文中词义灵活的词"融化"到英语句子中,只求神似,不求形似。例如"justification"这个词在句中常常是很难译的,用融合的方法,可以解决这一难题。例如:

① It can be said for his justification that he had to give up when any advice he gave her causes nothing but back talk.

平心而论,他也只好就此罢休,因为每次他给她提意见,她都顶了回去。

② The limited gain could hardly serve as a relieving justification for the tremendous lost the Federal Government had paid so far.

联邦政府已为此耗费了巨资,但所得有限,这实在难以使人心安理得。

六、拆译

翻译时,有时可以将难译的词语从整句中"拆"出来做处理,这样不仅词义容易表达,译文句子的主干也好安排。例如:

There is also distressing possibility that Alunni isn't quite the catch the police thought.

存在这样一种可能性,被抓住的阿路尼不见得就是警察所设想的那个人,这种可能性是让人泄气的。

第六节 学习英语词汇应注意的问题

了解英语词汇特点的目的是更有效地掌握词汇的用法。中国学生在学习英语的过程中，非常注重词汇的学习，这当然是非常必要的，但是不少人在认识上存在着误区，认为学习词汇就是扩大词汇量，就是记住每个词在汉语中与之对等的词义。其实，词汇学习要突出重点，要讲究行之有效的方法。学习者至少应对以下三个方面给予关注。

一、注意小词的学习

一些学生花费大量精力去记忆长词、大词，却忽略对小词的掌握。实际上小词的学习更为重要。英语中所谓"小词"指的是一些短小精悍的常用词，其中大部分是单音节词。这种词具有一词多性和一词多义的特点，其使用范围广，表意丰富，搭配灵活。英语中的小词最为活跃的当属介词。大多数介词的初始意义都是形象鲜明的空间关系。在空间概念的基础上引申出许多新的概念，这就是介词的隐喻性用法。介词的许多用法都是隐喻性用法。例如："The invitation was beyond all my expectations."（这一邀请是我完全没有料到的。）以上的例子中的介词"beyond"的原始意义是表空间的，为"在……那边"，引申后，表示"超出……能力"，既简洁又生动。类似的介词用法还有很多。例如：

① He lives beyond his income.

他生活入不敷出。

② Between astonishment and despair, she didn't know what to do.

既惊奇，又绝望，她不知如何是好。

③ The only thing we are after is truth.（seeking after）

真理是我们的唯一追求。

④ There is something behind his suggestion.（hidden behind his suggestion）

他的建议背后有名堂。

以上各例中的介词与其后的名词组合之后，在空间形象的基础之上产生了隐喻性用法，这样既丰富了介词的词义，又使表意新颖，生动形象，做到了用浅显表深奥，用具体表抽象。介词虽然数量有限，但是作为英语中的主导词类，在遣词造句中发挥着极为重要的作用，应该成为词汇学习的重点。此外，英语中有些由小词组成的结构用法比较特殊，意义不易捉摸，但是使用频率比较高，有微妙的用法，很有英语的特点，这类结构也是学习的重点。

二、掌握熟词新的意义和用法

学习者试图多认知新词当然是应该的，但是，更不能忘记掌握熟词新的意义，特别是熟词所形成的新的组合。正如英国学者 Michael lewis 所说："Learning more vocabulary is not just learning new words, it is often learning familiar words in new combinations."每个学习者都知晓不定代词"something"（某事、某物）、"everything"（每件事、每样事物）的意义，但是，见到"Theory is something but practice is everything."这样的句子，就会有学习者感到疑惑，这是因为他们对这两个熟词、常用词的意义的了解是肤浅的、不全面的，不知道"something"还可以表示"重要的事"，everything 表示"最重要的事"。

① Many youngsters now surf the net because it is the thing to do.

在许多年轻人都在网上冲浪，因为这是一种现代时尚。

② Cheap computers, faxes and phone calls will make commuting to work a thing og the past.

由于有了廉价的电脑、传真和电话，人们将来有一天可以在家办公，从而使外出上班成为历史。

③ I can't go. For one thing, I have no money, and for another, I have too much work.

我去不了，一则我没有钱，二则我工作太多。

④ Whatever we do, we can not be all things to all men.

我们不管做什么，都不可能使人人都满意。

以上各例中那个简单的而且人人都熟悉的词"thing"可以构成这么多的表达方法，确实值得我们仔细探究。有些常用的动词也有我们所不了解的意义与功能。

从以上各例的分析中，我们可以看到中国学生对不少所谓的"熟词"的理解和掌握还是浅层次的。其实，越是常用词，词义越丰富，用法越复杂，越能派上大用场，所以学习者应该将焦点集中在常用词的学习和掌握上。学习者普遍使用的《朗文当代英语辞典》中，用来释义和示例所用的词汇总共只有两千个，用这两千个最常用的词就能把五万多词条及短语的意义和用法解释得清清楚楚，这足以说明常用词的威力，这也说明学习者有必要下功夫掌握英语的常用词。

三、关注词语的搭配

学习词汇时，仅仅记忆每个孤立的词的意义是不够的。词的具体的、确切的意义，词的各种不同的用法，只有在与其他词语的搭配组合中才能体现出来。"People know a word by the company it keeps."（人们是通过词的结伴关系来了解词义，掌握词的用法的。）这句话成为经常为人引用的名言。

依据这样的观点，词汇的学习就有了一个重要的规则，即只要学习一个新词，就应了解与其常用的搭配结构。例如：学习名词"consideration"就应了解其搭配结构"to take sth. into one's consideration""sth. is under consideration"等。不了解"perform an experiment""conduct an experiment"等常用搭配，就不能说掌握了"experiment"这个词。同样，学习动词"vary"就应熟悉"vary from person to person""vary from place to place"这些常用的搭配。词汇学习的主要内容就是学习词的搭配与组合。不掌握词的搭配和组合而只记忆词的意义是没有多大价值的。在很大程度上，能否较熟练地使用英语，主要取决于能否熟练地使用典型的词语搭配。

词语的搭配与组合是一个比较宽泛的概念。从语言学习的角度来看，大致可以分为三类。第一类为自由组合（free combinations），自由组合一般是一种结构松散的词语序列，该序列的成分能较自由地和其他广泛的词项结合。自由组合具有意义明晰性的特征，即由各个成分的字面意义便可以得知整个序列的意义。以动词"buy"所构成的序列为例就能够说明上述的特点。如"buy a house""buy food""buy a radio""buy a camera"等。

另一类词语组合是成语（idioms）。成语是一种在句法和语义上相当于一个单词的词语组合，其结构相对固定，整体意义与各组成成分的字面意义无关。以"kick the bucket"为例，作为一个成语，其意义为"死亡"，这显然不是"kick""the"

和"bucket"各成分的字面意义相互作用的结果,也就是说,它的意义是不透明的,而且它在结构上是相对固定的。

第三类为有限组合,与自由组合和成语相比,有限组合有其明显的特点。在自由组合里,词的搭配范围几乎是开放性的,而有限组合的词项的搭配范围却相对较为狭小;成语基本上是一种固定不变的词语组合,而构成有限组合的词项在与其他词项结合时,有一定的自由度,这种组合范围相对狭小的组合才是真正意义上的词语搭配。以名词"proposal"为例,英国伯明翰大学的 COBUILD 语料库证据显示与"proposal"一词的搭配动词只有十个左右,这说明 proposal 一词的搭配范围是有限的。

就语义特点而言,词语搭配的有限结合的意义是明晰的。但搭配伙伴间语义上的相互限定关系较强。这种相互限定关系对搭配的整体意义产生一定影响;它不是搭配结构内几个词字面意义的简单相加,例如"combination lock"(密码锁)、"pocket money"(零花钱)、"hit the headline"(成为报纸的头条新闻)等搭配,它们不是两个词原义的简单相加,因此其含义也就在一定程度上超出中国学生的预料。这也说明为什么词语搭配的学习对英语学习者来说有较大的难度。

在以上所介绍的词语搭配组合的三种类型中,第三种类型,即有限搭配(restricted collocation)应是学习者关注和学习的重点,因为英语中有限的搭配结构占的比重较大。另外,这种类型的搭配在很大程度上是一种习惯性或常规性的词语组合方式。这就是说它具有因循性(conventionality)。因循习惯受社会文化传统、生活方式的影响。例如英国人有喝下午茶的传统,因此英语里就有"afternoon tea"这个搭配。相比之下,早上喝茶却不是多数社会成员的习惯,所以英语中就几乎很少有"morning tea"这样的说法。词语搭配也是学术文化习惯的反映,即科技和学术研究人员所遵循的专业习惯用语。例如,在学术英语中要表达"本文""该研究"等意义时要使用"this paper""the present paper""the present study"等搭配,而不用"the paper""my paper""our study"等。虽然后几种用法也是符合英语语法的表达方式,但却不符合学术论文的写作惯例。

注意词语搭配的意义何在?首先,它能使学习者语言的表达比较准确。词语搭配是已经预制好了的结构（prefabricated），有的就是固定的套语（formulaic sequences），所以它比学习者按照语法规则临时自造的结构要准确。中国学生直译式的遣词造句，有时虽没有语法错误，但人工痕迹太重。例如："Smoking can be harmful to people's health."这种句子的出现，就是学习者没有掌握"to do harm to"这样一个搭配结构的缘故。其次，注重搭配结构的学习能够提高表达，特别是口头表达的流利程度。准确流利的表达能力是英语学习者追求的一个目标。外语的使用者在交际时，既要思考信息内容，又要兼顾语言结构的得体准确，出现压力和焦虑情绪是不可避免的。如果学生头脑中储存了若干作为整体的搭配结构，他在交际时便可迅速将其提取出来，这样就能缓解由于语言内容和结构的原因造成的压力和焦虑情绪，从而提高交际的效率。第三，搭配结构的使用能使英语的表达简练、自然、地道。一些在我国任教的外籍教师发现，通常本来可以用一个简单的搭配表达时，中国学生却用复杂冗长的语法结构。例如："My father had a big operation and he is now getting better."这样的句子就不如"My father is recovering from a big operation."更简练、自然。其所以简练、自然，是因为使用了"to recover from + n."这样一个套语结构。

语言是由两个体系构成的，即以规则为基础的分析体系（rule-based analytic systen）和以记忆为基础的套语体系（memory-based formulaic system），所谓的"套语"就是词语的搭配结构。它在语言的表达中发挥着极为重要的作用。学习者通过阅读吸纳语言材料时，应尽可能将搭配和套语作为语言的基本单位来记忆，而不应将这种结构拆散。输入的语言结构越多，语言输出时就越准确、流利。

第四章
跨文化视角下的英汉语法比较研究

语言是文化的一部分，反映一定的文化，又受到文化的影响。语法是语言的要素，语法研究的目的就是要揭示语法形式和语法意义之间错综复杂的关系，即语法形式和语法意义是如何对应的。我们认为，文化对语法的影响，体现在语法产生、发展和变化的诸多方面，并且通过不同语言所表现出的语法差异表现出来。文化是语言赖以生存的根基，是语言新陈代谢的生命源泉。由于文化的民族性即文化的个性，不同文化之间会出现不同的文化状态，这种差异反映到语言层面上，即为语言的差异。语言的民族差异便成为民族及其文化差异的重要标志。

第一节　英汉形态的比较研究

现代英语的形态变化主要是动词的变化和名词、代词、形容词及副词的变化，以及词缀变化（declension）。这些变化有：性（gender）、数（number）、格（case）、时（tense）、体（aspect）、语态（voice）、语气（mood）、比较级（degree of comparison）、人称（person）和词性（parts of speech）等。有了这些变化，一个词（或词组）常常可以同时表达几种语法意义。例如从词的形态可以判别它的词类、在句中的作用、与其他词的关系等。汉语没有形态变化，一般要通过借助词语、安排词序、隐含意义或用其他办法分别表达语法意义。

一、英语构词形态

构词形态，即起构词作用的词缀变化（affixation），包括大量的前缀（prefix）和后缀（suffix）。英语的词缀灵活多变，常常一缀多义，不仅规模大、数量多，而且种类齐全。汉语利用词缀构词仍处在发展中，不论规模、数量或种类，都不及英语。

英语可以运用丰富的词缀构词造句，如：

He moved astonishingly fast.

He moved with astonishing rapidity.

His movements were astonishingly rapid.

His rapid movement astonished us.

His movement astonished us by their rapidity.

The rapidity of his movements was astonishing.

The rapidity with which he moved astonished us.

He astonished us by moving rapidly.

He astonished us by his rapid movements.

He astonished us by the rapidity of his movements.

（他行进的速度快得令人惊讶。/ 他行进的速度之快，令人惊讶。/ 他的快速行进使我们感到惊讶。/ 我们对他的快速行进感到惊讶。）

英语通过词形变化，改变词性，用这些词灵活组句，可以表达一个几乎相同的意思；汉语没有词形变化，就难以用这么多的句式来表达同样的意思。英汉互译时，往往要改变词性、转换词类，才能通顺地表达原意。

二、英语构形形态

构形形态，即表达语法意义的词形变化。如：

我给他一本书。I gave him a book.

他已给我两本书。He has given me two books.

他爸爸常常给他一些书。His father often gives him some books

汉语的"我""他"没有形式变化，同一个词可以表示主格、宾格或所有格，"书"没有形式变化，可以表示单数或复数；动词"给"也没有形式变化，可以表示现在、过去或已完成的行为。但英语对应的词却有形式变化。这类变化，往往是英语初学者遇到的难点之一。

英语的动词、助动词和情态动词常常结合起来，运用其形态变化，表示动词的时态、语态和语气，汉语没有这类变化，有时虽可借助一些半独立的词语来表示，但多数是隐含在句中或上下文里的。处理主谓一致有如下三条原则：

a. 语法一致（grammatical concord），即在语法形式上取得一致。例如，主语为单数形式，谓语动词也采用单数形式；主语为复数形式，谓语动词也采用复数形式。

b. 意义一致（notional concord），即从意义着眼处理一致关系。例如，主语形式虽为单数但意义为复数，谓语动词也采用复数形式。

第二节　英汉语法状态的比较研究

总的来说，英汉语法状态呈现静态与动态、抽象与具体的差别，这主要与英汉名词优势与动词优势的差别有关。英语在理论上以动词为中心，而实际上是名词占优势；汉语理论上以名词为重点，而实际上动词占有一定优势。这两个违背民族心理的语言事实是各自语言的特点决定的。作为形态语，英语在理论上以动词为中心，具有繁复的形态，但繁复形态带来的结果是使用不便，由于每个句子只有一个定式动词，动词的活动尤其受约束，常需要通过构词法转化成其他词类。而在英语由综合型向分析型发展的过程中，名词的形态简化得特别厉害，动词受到限制，语言的运用必然更多地借助于名词。而介词是引导名词的，介词由于代替了以前名词的格的形态变化，变得更加灵活，因而名词、介词的优势几乎是不可避免的。而汉语由于重名词的结果形成了非形态语，动词由于不需受形态等的束缚，使用时就非常灵活、方便，结果反而形成了动词优势。

一、静态与动态

英语静态倾向和汉语动态倾向主要表现如下：

【原文】

Necessary Fictions

The most pathetic in Fredrich Dürrenmatt's play The Visit is the Schoolmaster. The play tells the story of a town bribed by an enormously wealthy lady（the "visitor" of the title）to murder her former lover. That, at least, is the surface plot. The real plot is the reenactment by the townspeople of the archetypal ritual sacrifice that is the subject of Sir James Frazer's study of primitive religion. The Golden bough, and that classical scholars such as Gilbert Murray and F. M. Cornford have found at the root of Greek tragedy. The play thus moves on two levels. On one, it is the story of a judicial murder for money, an indictment of materialism. On the other, it has nothing to do with motives in the conventional sense. It is a play about religious impulses that are independent of the ways people explain them.

Dürrenmatt's Schoolmaster is a key figure because he represents the liberal and rational heritage of Western culture. He is "Headmaster of Guellen College, and lover of the noblest Muse." He sponsors the town's Youth Club and describes himself as "a humanist, a lover of the ancient Greeks, an admirer of plato." He is a true believer in all those liberal and rational values that Western culture has inherited from antiquity.

【译文】

必要的虚构

在弗里德利希·迪伦马特的剧作《老妇还乡》中，最可悲的人物是那位校长。该剧讲述了一座小城的居民被一位亿万富婆（即剧中的"老妇"）收买，害死其昔日情人的故事。这只是表面情节，而实际情节是通过小城居民重演了一段原型祭祀仪式。詹姆斯·弗雷泽爵士在其研究原始宗教的著作《金枝》一书中探讨过这一主题，吉尔伯特·默里、F.M.康福德等古典人文学者则发现，古希腊悲剧皆根植于此。该剧在两个层面上展开：一方面，它讲述了一个看似合法、实为有悖公理的图财害命的故事，抨击了物质享乐主义；另一个方面，它并不涉及通常所说的动机，而是表现了独立于人们解释方式之外而存在的宗教冲动。

迪伦马特笔下的校长是个关键人物，因为他代表了西方文化自由与理性的传统。作为"居伦学校的校长、最尊贵的缪斯女神的仰慕者"，他资助了该城的俱乐部，并自诩"崇尚人文主义、热爱古希腊人、仰慕柏拉图"。他对西方文化从远古承袭下来的所有自由和理性价值观笃信不已。

二、抽象与具体

总体来说，英语倾向于使用抽象表达法，汉语倾向于使用具体表达法。

英语的名词化往往导致表达的抽象化。C.M.Young 曾指出："An excessive reliance on the noun at the expense of the verb will, in the end, detach the mind of the writer from the realities of here and now from when and how and in what mood the thing was done, and insensibly induce a habit of abstraction, generalization and vagueness."（E.Growers, 1987: 79）。

英语中最常见的名词化过程（nominalization）：

the prisoner was executed（囚犯被处死了）→ the execution of the prisoner（囚犯的处死）; impaired by alcohol（被酒精损害）→ alcohol impairment（酒精损害）。

英语有丰富的词义虚化手段：

（1）用虚化词缀构词；

（2）用介词表达比较虚泛的意义。

另外，英语词义灵活，有助于表达比较概括、笼统的意义。

在英汉翻译中，往往要把英语中的抽象表达转换成汉语中的具体表达。以下是四种翻译方法：

a. 使用动词；

b. 使用范畴词；

c. 使用具体词语；

d. 使用形象性词语。

下面我们举例说明。

以下例子出自第十四届"韩素音青年翻译奖"英译汉部分参赛原文 An Experience Of Aesthetics(Robert Ginsberg)以及参考译文《审美的体验》(许建平译)。

① I climbed the heights above Yosemite Valley, California in order to see the splendid granite mountain, Half Dome, in its fullest view.

为了饱览壮丽的花岗岩山峰半穹顶的全景,我登上了加州约塞米蒂谷的高地。

② I saw the ruin of a cabin and my approach caused the alignment of the chimney on this side of the valley with the shorn mountain across the valley.

远远望见一处小屋的废墟,走到近前,只见山谷这边的烟囱与山谷的陡峭山崖恰好连成一线。

③ I had come expecting beauty; I discovered an unexpected dimension to the beauty of the scene/seen.

我怀着对美的期盼而来,不经意间却发现了美的另一番天地。

三、被动与主动

主动和被动属于语法范畴,称为语态。主动和被动从两个不同的角度表达了同一个事实,其意义差别表现在:主动叙述强调的是动作,被动强调的是动作完成了以后所呈现出来的结果。相比之下,英语常用被动句,汉语常用主动句。被动句可以分为结构被动句和意义被动句。结构被动句(syntactic passive)指可借助形态变化,即用动词的被动语态从结构上标示出来的被动句;意义被动句(notional passive)指不用动词的被动语态,而用主动的形式表达被动的含义英语常用结构被动句,汉语常用意义被动句。

英语常用被动句,主要原因如下:

1.施事的原因

(1)施事未知或难以言明。

(2)施事从上、下、中可以不言自明。

(3)施事不如受事重要,或受事需要强调。

（4）由于特殊原因而不需指明施事。

2. 句法的要求

（1）为了使句子承上启下、前后连贯、便于衔接。

（2）为了使句子平衡，保持末端中心和末端总量（end weight），以符合主语简短、谓语复杂的表达习惯。

（3）修辞的考虑(不主张多用,但适当使用可使表达灵活多变,避免句型单调,达到一定的修辞效果）。

3. 文体的需要（科技、新闻、公文、论述等信息类的文体）

（1）英语主要采用结构被动句（be+done），因为英语动词的形态变化很多，所以英语被动句的形式也很多。

①限定动词多种时态的被动式：非限定动词（不定式、分词、动名词）的被动式；

②非人称被动式（e.g.it's said…ect.）；

③双重否定被动式（e, g, The news is expected to be announced tomorrow.）。

当然，英语中也有一些通过词汇手段来表达的意义被动句，但很少。

（2）按汉语的习惯，如果无须指出施事，主动意义与被动意义又不致发生混淆，一般就不用结构被动式，而用意义被动式。

汉语常用意义被动句（主动形式），少用结构被动句（"被、叫、让、给、受、挨、由、为"等构成）。原因如下：

①汉语被动式的使用受到限制。

a.意义方面：主要表达"不如意、不顺心、遭受"的含义。

b 形式方面："被"字后面一般要有宾语，表示施事者。

②受事主语的使用引起大量"当然被动句"。汉语自古以来的习惯表达法是"受事＋动词"，其被动含义是由交际者的语感而共同认知的。

③在不需要或不能说出施事者时，汉语可采用无主句或主语省略句保持句子的主动形式。

④当施事者难以指名,汉语还可以采用泛称(有人、人们、大家等)做主语以保持主动形式。

⑤当不便使用被动句时,汉语可采用其他句式来表达被动含义。

英语使用被动式,常常是为了表示某种客观、间接和非人称的语气,以迎合某些表达的需要。汉语要表达同样的语气,往往不用被动式,而用无主句、主语省略句、主语泛称句及其他句式。

总之,英语常用被动式,汉语常用主动式。在英汉互译时,句式的转换便成了一种常见的技巧。

第三节　英汉语句中连接手段的比较研究

英语造句常用各种形式手段的连接词、语、分句或从句,注重显性接应、句子形式、结构完整和以形显义。英语句子中的连接手段和形式不仅数量大、种类多,而且使用频繁。

一、英语关系词和连接词

关系词包括关系代词、关系副词、连接代词和连接副词,如 who、whom、whose、that、which、what、when、where、why、how 等,用来连接主句和定语从句、主语从句、宾语从句或表语从句。连接词包括并列连词和从属连词,如 and、or、but、yet、so、however、as well as、neither…nor…、either…or… 及 when、while、as since、until、so that、unless、lest 等,用来连接词、词组、分句或状语从句。英语造句几乎离不开这些关系词和连接词,汉语则少用甚至不用这类词。

二、英语介词

介词包括简单介词(如 with、to、in、of、about)、合成介词(如 inside、onto、upon、within、without)和成语介词(如 according to、along with、apart from、because of。据 G. Curme 统计，英语各类介词共有 286 个。介词是英语里最活跃的词类之一，是连接词、语或从句的重要手段。英语造句几乎离不开介词，汉语则常常不用或省略介词。

三、英语其他语法连接手段

其他连接手段，如形态变化形式，包括词缀变化，动词、名词、代词、形容词和副词形态变化（如性、数、格、时、体、语态、语气、比较级、人称等）及其保持前后一致的关系（grammatical and notional concord），广泛使用代词以保持前呼后应的关系，以及使用"it"和"there"做替补词（substitutes）起连接作用等等。英语常常综合运用上述的关系词、连接词、介词以及其他连接手段，把各种成分连接起来，构筑成长短句子，表达一定的语法关系和逻辑联系。

第五章
跨文化视角下的英汉句法比较研究

翻译是一种跨语言的活动，语言之间的共性是可译性的基础，语言之间的差异性则是翻译的主要障碍。语言是文化的载体，翻译要克服的实际上就是语言之间的文化差异性。在此通过剖析社会文化因素对二语习得的作用，分析了汉英句法特点及长句翻译中的文化差异，进一步阐述要做好长句翻译必须注重汉英两种语言的跨文化对比，合理地组织语言，以达到更好的译文效果。

第一节 英汉名词词组词序的比较研究

英语名词词组（NP）是以名词为中心词（Headword）的词组。名词词组通常由"限定词+名词中心词"构成，有时还可带有其他修饰语。在带有多种修饰语的情况下，名词词组的词序往往是：限定词+描绘形容词+类别词+名词中心词+介词词组+关系分句。例如：

① These intelligent girl students in my class, who you know very well, all speak English fluently.

名词修饰语按其与中心词的相对位置来说，分为前置修饰语（Premodifier）

和后置修饰语（Postmodifier）。形容词和名词用作名词修饰语通常是前置的。例如：

② One of the chief things in science is careful observation.（形容词）

③ The weight loss may be due to the using up of stored food.（名词）

介词词组、较长的形容词词组、关系分句、同位语分句、不定式结构以及某些较长的分词结构作名词修饰语一般都是后置的。例如：

④ Mr Saxon takes no interest in cricket.（介词词组）

⑤ I'd like to take a room less expensive than this one.（较长的形容词词组）

⑥ The man who painted that picture is a real artist.（关系分句）

英语语法学家在理论上研究了修饰性形容词的词序。Svatko 从 Praninskas 所做的描写出发，对英语中形容词的词序进行了研究。她认为 Praninskas 对形容词词序的描写是现有的最好的描写。

然而，Praninskas 和 Svatko 都指出，在口语和写作中很少并列出现三个以上的形容词，最典型的是双形容词序列（two-adjective sequence）。也就是说，在实际使用中，做前置修饰语的修饰性形容词序列在数量上是有限的，一般不超过3个。由此可见，在英语的名词词组（NP）中，前置修饰语通常为较短、较简单的成分，而后置修饰语通常为较长、较复杂的成分。

在汉语中，除副词外，实词和词组一般都可以作名词中心语的附加成分。名词性中心语的附加成分的位置通常都是前置的。

汉语中有些名词修饰语长度可观、结构复杂，然而有条不紊、顺其自然。汉语名词的前置修饰语可以在很大程度上得到扩展。如用英语表达，则需借助于相应的关系分句，即后置修饰语。英语关系分句的特点也是可以在很大程度上得到扩展。

英汉名词修饰语的位置差异反映了英汉语言中 NP 的逻辑思维顺序的差异。汉语中名词修饰语的前置是符合逻辑思维自然顺序的；而英语中名词修饰语的后置是违反逻辑思维自然顺序的。

以上我们比较了英汉 NP 中逻辑思维顺序的差异。这种思维方式的差异是导致英汉交际障碍的一个重要因素。英汉 NP 中逻辑思维顺序差异与英汉语言的思维方式和表达方式有着密切的联系。重点是通过严整的结构交代清楚各板块之间的相互关系。汉语无形态变化，因此只有靠语序和虚词来表示各种语法关系，动作的先后顺序与语序对称，即先发生的事先说，后发生的事后说，构成了一种线性横向排列的结构，其意义或意群往往靠一系列的线性句法单位逐步加以展开叙述，这就犹如竹竿一样，信息内容是一节一节地通下去的，也有人将之称为"流水型"句式。英汉语言在句式上表现的逻辑思维顺序，在英汉 NP 中也有所体现。汉语 NP 中修饰语通常前置，符合逻辑思维的自然顺序。英语 NP 中前置修饰语（Premodifier）符合逻辑思维自然顺序，而后置修饰语（Postmodifier）和"非连续性修饰"（Discontinuous modification）却不然。现代英语句法结构上存在着一种"移向前位"的趋向，体现在复合形容词的使用上。复合形容词使后置修饰语移向前位，调整了修饰语与被修饰语之间逻辑思维的顺序，然而就其本身结构中的词序而言，仍然普遍存在违反逻辑思维自然顺序的现象。现代英语中广泛使用的"前置句子型修饰语"（Sentence premodifier）在思维顺序上与汉语很相似，由于具有临时构词的特点，通常只作为因修辞需要而使用的一种变异方式。

第二节　短语动词的翻译

在现代英语中，短语动词（Phrasal Verb）数量多、使用广，成为现代英语词汇的一大特色。为方便起见，构成短语动词的介词和副词又称"小品词"：It will be convenient to refer to both the adverbial and prepositional element as "particle". (Quirk, 1973: 812) M. Celce-Murcia 和 D.Larsen-Freeman (1983: 310-311) 认为："传统语法对短语动词下的定义是动词加小品词（对小品词有不同的理解：或比作介词，或比作副词，或比作介词与副词二者的组合）。我们认为，这些小品词虽然并不等同于介词，却与介词颇为相似，我们称之为小品词，也就是一种有别于副词或介词的新词类。短语动词是英语中能产性较高的词汇范畴，但是我们无法预先获悉哪个动词可与哪个小品词结合，从而构成一个新的短语动词。"

从这个意义上说，短语动词是一种特殊的"开放类"（Open Class），由属"开放类"（Open Class）的动词与属"封闭系"（Closed System）的小品词组成。以下我们从两个方面讨论 Phrasal Verbs 在汉语中的对应。希望通过比较研究，能够揭示 Phrasal verbs 的结构特征和语义特征在汉语中的对应关系。

一、Phrasal Verbs 的同义转换在汉语中的对应

英汉动词系统中有一组对应的同义词，用符号公式表示为：1=1×1（式中，1 代表以独立形式存在的 1 个意义单位）。侯维瑞（1988：50）在《英语语体》一书中讨论"正式语体和非正式语体比较"时指出：英语的动词也可以以其构成形式反映使用的频率和正式程度。不少单个动词常常有一个短语动词与之相对应。

这两种不同语体的词虽然在词义上有对应关系，但并不是完全对等的。一般说来，短语动词具有朴素、亲切的感情色彩，而单个动词具有比较精确严格的词义范围。据 T.McArthur 和 B.Atkins（1980：5—6）研究，短语动词主要由源于 Anglo-saxon 的简单的单音节动词构成，而与其词义相对应的单个动词通常源于古典语言的动词（Verbs of Classical Origin）。

由于词汇出源的不同，形成了语体上的差异。M.Celce-Murcia 和 D.LarsenFreeman（1983：310）认为：短语动词乃是英语口语中十分重要的部分，不掌握它就讲不了或听不懂会话或非正式语体的英语。汉字的分合过程受到两条规律的支配。其中一条规律是：同义在单音词和复音词（主要是双音词）两种语言符号之间来回对转。这种对转可以概括为如下演算横式：a↔ab（式中，a 代表单音词，ab 代表复音词）。这种情况从殷商时代到现在一直如此。先秦时期的例子：虞↔有虞，虎↔於菟，巨↔不可，耳、尔↔而已，盍、曷↔何不，尔↔如是，只↔之矣，须、胥↔须臾、斯须，茨↔蒺藜……现代汉语中的例子：桃↔桃子，月↔月亮，砖↔砖头，虎↔老虎，忧↔忧愁，中国↔中，日本↔日，彗↔彗星，木↔木星（如"彗木相撞"）……

汉语动词中也存在上述 1=1×1 的同义对应关系，且语体上的特征与英语十分相似。从《石壕吏》（杜甫）中一些动词的使用上，我们可以看到，由于词汇

出源的不同，形成了语体上的差异。汉语的动词同样也可以以其构成形式反映使用的频率和正式程度。

二、Phrasal Verbs 的语义区别在汉语中的对应

按照语义差异，短语动词主要可以分为两大类："本义短语动词"（Literal Phrasal verbs）和"形象意义的短语动词"（Figurative Phrasal Verbs）（J.B.Fraser，1976）。这种语义上的差异又往往有可能集中反映在同一个短语动词上，导致同一形式不同意义的现象。Celee-Murcia 等认为："本义短语动词对母语不是英语的人来说是最容易理解和掌握的。"的确，这对于母语为汉语的人来说是如此。原因在于：构成短语动词以动态动词（dynamic verbs）为主，而由表示人体活动的动词（verbs of movement）构成的短语动词尤为丰富，如 go、come、run、fall、turn、stand、get、take、look、put、set、lay、hit、knock。构成短语动词的介词和副词大多表示方向的移动、如 up、down、off、to、along、across、out 等等（汪榕培、李冬，1983：177）。Quirk 等将短语动词归于"动词及其补语"（The verb and its Complementation），也就是说，把短语动词中的小品词看作是使动词语义完整的补语（Complementation）。比较英汉对应表达，可以看到两者十分相似。汉语中与表示方向移动的小品词相应的是一些"趋向动词"，这些"趋向动词"用在别的动词或形容词后边表示趋向，作趋向补语。如"进、出、上、下、回、过、起、开"分别表示"往里面移动""往外面移动""往高处移动"等。"进去、出来、上来、下去"等复合趋向动词是上述两种意思的复合体。

以英语为母语的语言学家普遍认为"形象意义的短语动词"（Figurative Phrasal verbs）对以英语为第二语言的学生和以英语为外语的学生来说是最难掌握的（Celce-Murcia&larsen-Freeman，1987：324）。比如 look over（review）、catch on（understand）、turn up（arrive，appear）、give in（surrender）。Quirk 等也认为有些动词与小品词融合为一个新的成语组合，其意义不能从组成部分推导出，比如 bring up（educate）、come by（obtain）、put off（postpone）、turn up（appear）、give in（surrender）等。其实，我们认为不能一概而论。如果一个"形象意义的

短语动词"同时又是一个"本义短语动词"的话，其意义通常能从字面意义上推导出。比如上述几个所谓难掌握的短语动词，除 come by 外，其他同时都可作为本义短语动词使用，因此都能从字面意义上找到一定的理据，对 ESL/EFL 学生，尤其是汉语为母语的 EFL 学生来说并不是那么难掌握。

短语动词中普遍存在同一形式不同义的现象。一个短语动词通常有两层意义：表层为"本义"，即"字面意义"；深层为"比喻义"，即由"字而意义"引申出的众多的"形象意义"。前者属"本义短语动词"，后者属"形象意义的短语动词"。构成短语动词的动词大多是表示人体动作的，用短语动词来进行的叙述就隐含着"拟人"（personification）这一修辞手法。因此，由"字面意义"引申至"形象意义"的联想过程在汉语中也是异曲同工，通常是能接受的。以很常用的 to go on 为例，go 是"走"的意思，on 含有"继续下去"的意义，go on 使人想到一个人在"继续走下去"，这不是比光用一个 continue 更富于形象性、更为生动吗？

第三节 英汉关系分句的比较研究

一、英汉关系分句标记与位置

英语关系分句（relative clause）是一种由关系词引导的分句形式的后置修饰语。它是通过所谓嵌入过程而表现出来的一种关系，因此又称"内嵌句"（embedded sentence）。而汉语关系分句是由助词"的"引导的小句形式的前置修饰语。它是通过所谓包孕过程而表现出来的一种关系，因此又称"包孕句"。英语中用关系代词标明它的后面是一个关系分句。在汉语、波斯语、阿拉伯语中，关系分句和中心名词则有另外一些标记。汉语助词"的"标明它的前面是一个定语。"的"构成"的"字短语修饰名词。除连词、助词、叹词外，各种词语都可构成"的"字短语修饰名词。"的"字的使用有一定的规律。比如，小句＋的＋名：你寄来的信。小句 + 的 [+ 名]（中心名词能作为小句中动词的宾语的，可省，否则不能）：他说的 [话] 我没听清（他说话）。他说的办法可以试试（说办法）。"的"字结构在句子里往往可以代替整个组合。有的是名词已见于上文，避免重复；有的虽然不见于上文，但可以意会。但是，并不是所有语言都遵循这同一的句法模式。例如，在日语、汉语和朝鲜语中，关系分句出现在中心名词之前。因此，说这些语言的本族学生就必须了解这种分句顺序上的根本区别。比如：

① The fans who were attending the rock concert had to wait in line for three hours.

参加摇滚音乐会的乐迷们不得不排队等候 3 小时。

英语内嵌句（embedded sentence）"who were attending the rock concert"是与 NP "the fans"发生关系的，位于中心名词之后。事实上，这个句子的修饰功能像一个形容词，它说明是哪些"fans"（爱好者）需要排着长队等待。以上英语内嵌句在英语中为后置修饰语，在汉语中的表现一般为前置修饰语。

应该说，作为语法常态，英语关系分句位于中心名词之后，汉语关系分句位于中心名词之前。然而从语用角度看，认为汉语修饰性成分都位于中心名词之前，这是一种误解。汉语不仅动作性成分要按先后或因果次序列位，就是受制中心词的修饰性成分也倾向于"外化"为独立的评价性成分而加以铺排。张志公曾谈到《红楼梦》中一例：

②（刘姥姥初进荣国府，与王熙凤正说着话）只听一路靴子脚响，进来了个十七八岁的少年，面目清秀，身材俊俏，轻裘宝带，美服华冠。

如果把对少年的相貌、身段、打扮的一串评价放在前面做修饰语也未尝不可：

③只听一路靴子脚响，进来了一个十七八岁的、面目清秀、身材俊俏、轻裘宝、美服华冠的少年。

汉语的习惯是较少在宾语前加上很多修饰成分，从而使它离开动词太远。值得一提的是，英语后置的关系分句，在汉语译文中表现出来的不一定都是前置修饰语，特别是一些兼有状语功能的关系分句。英语中有些定语从句，兼有状语从句的职能，在意义上与主句有状语关系，说明原因、结果、目的、让步、假设等关系。根据逻辑上的关系，含这些定语从句的句子相当于汉语各种相应的偏正复句。

二、英语前置句子型修饰语与汉语前置包孕

所谓"包孕"就是译成汉语时将英语后置修饰成分（包括各种词组或从句）放在中心词（即被修饰成分）之前，使修饰成分在汉语句中形成前置包孕。修饰语前置是汉语的正常语序。因此，只要修饰成分不因过长而形成拖沓或造成汉语句子成分在连接上的纠葛，我们就可以尽量译成前置包孕。前置包孕可使句义十分紧凑，结构上整体感很强，因此公文文体多用此式。

现代英语句法结构上存在着一种移向前位（Syntactic Switch to Frontal Position）的趋向（English Language Teaching, 1976, Feb.No.2）。Simeon Potter（1959）在 *Changing English* 一书中也指出，现代英语中前置定语替代后置定语的现象比较普遍。结构上移向前位的倾向充分体现在复合形容词的构成上。（陆国强，1983）这里仅以英语复合形容词的一种类型为例（R.Quik，1973：1027）：

verb and object compounds

object + –ing participle

e.g.man-eating（–x eats men）

比较上述复合形容词与其释义，可以看到复合形容词使后置修饰语移向前位。英语中有一类由动词"know"的否定式组成的一种特殊结构，实际上相当于一个复杂的包含"前置句子型修饰语"（Sentence Premodifier）的复杂的名词词组。其用法与汉语的包孕句很相似。

随着现代英语句法结构上存在的"移向前位"的趋向，大量"前置句子型修饰语"（Sentence premodifier）应运而生。这类修饰语有类似句子的结构，但在全句中只作一个句子成分，而且常用连字符号相连成为一个复合词，一般都置于名词之前作定语用。这类句子型修饰语不同于英语传统的定语从句，说明词序的作用扩大到句子结构的方面来了。这与汉语的包孕句就很相似，包孕句实际上也是以词序的手段处理类似英语定语从句的问题。我们认为，这种结构起初是为了某种特殊需要而产生，确实属于临时构词法（nonce formation），不宜在正式场

合使用。随着时间的推移,这种结构逐渐被人们认识与接受,并且在使用过程中,不断显示出其优势。这种结构在当代英语中十分活跃,使用十分频繁。如今我们随手翻开一份当代书刊,几乎都能找到这种结构。这种结构似乎不再"仅限于用在口语或报刊语体中",在正式场合也时常可见。另外,这种结构有些不再具有"临时性",有些也并不"诙谐"。英语前置句子型修饰语在形式上与汉语包孕句趋同,可以说这是人类思维共性与语言共性的反映。至于英语前置句子型修饰语是否会逐步语法化,像由动词"know"的否定式组成的特殊结构那样最终在英语中获得固定语法地位,我们将拭目以待。

第四节　英汉状语的比较研究

从语法功能看,状语包括"附加语""外加语"和"联加语"。英语中构成副词的后缀 -ly 是状语的标记,汉语中助词"地"是状语的标记,但原则上也只是部分"地"字短语用作"附加语"。本节对比英汉状语情况,旨在研究英汉"附加语""外加语"和"联加语"的形式与功能,并指示语用差异和应用意义。

一、英汉状语与状语标记

现代语言学在语言的构成和运用方面揭示了一些更为本质的东西,于是人们认识到,语言与其说是由语音、语法、词汇构成的,不如说是由语音、语义、语法构成的,而在语言运用的过程中又离不开语境。这样,语法、语用、语义这三个方面,就成了研究语言及其运用的三个基本平面。语法研究语言结构各部分之间形式上的关系;语义研究这些部分同意义间的联系;语用研究同一意义上的联系可能有的各种表达形式的异同,以及这些形式所适应的语言环境。同时人们也对语法、语义、语用之间的关系加深了认识。语义决定语法;确定句法要依靠语义。语用是在这个基础上添加一些临时意义,主要是表示语言运用者对有关成分的识别与态度。因此,语义首先是形成语法关系的基础,制约着语法单位的表达与功能。

换句话说，语义、语用是构成语法形式的内容；语法是语义、语用在形式上的反映。于是就有了"语法化"的研究——研究语义、语用因素如何被形式化地凝固为语法规则。这样来看语法，语法规则就不是一大堆"无厘头"（意即随意而没有因由）的规则的汇集，而是一个由有一定理据的规则集合构成的系统——规则的本质规定性来自语义内容和语言环境的需要，有一定的内在逻辑依据，而且有一定的人类思维共性，只是形成规则的形式手段会因各种语言不同的形式特点而有异。类型学意义上的语法化就是将语义或语用的内容固定为形态范畴和句法范畴，成为语法系统的固有要素。例如，梵语、古代俄语等语言的双数范畴就是把别的语言中的"二"这一语义要素语法化为一种形态范畴，英语的冠词系统就是有定无定这种跟语用有关的语义范畴的语法化。历史语言学中的语法化，主要指词汇性成分发展为语法要素，如动词"把"变成宾格介词，动词"了"变成体标记等。

英汉语状语的形式与功能方面存在差异，形成这种差异的原因是英汉语状语化的情况不同。

汉语状语是谓语或其他谓语中心语前头的附加成分。最常见的状语是副词和介词短语，副词总是在动词的前边，介词短语的主要位置也是在动词的前边。但是"给、在、向"等介词引进的短语也可以在动词的后边。形容词做状语，往往要采取重叠或者其他生动化形式。由名词担任和由名词产生的状语有三类：

a. 表示时间的名词；

b. 表示时间、处所或引申意义的方位短语；

c. 名词加"地"。

英汉状语位置是不完全对应的。英语中的状语修饰语位置非常灵活，状语在汉语中位置也不太固定。概括说来，状语有三种形式：即句中式（The Middle position）、句首式（The front position）及句尾式（The end position）。汉语中无句尾式状语（除修饰性后置外，如"春来了，悄悄地，慢慢地"。）现代汉语状语或在一句之首、主语之前，即取句首式（ASV）。多数在主谓之间，即取句中式，记作"SAV"，"状语+动词"是汉语的常规。状语一旦被置于谓动之后，就成了补语（C）（如："他跑得很快""很快"是补语，"得"是结构助词）。这是现代汉语状语语序很重要的特点。英语可有不同类型的句尾式状语。在上述三种形式的状语位置中，句中式状语（多为动词修饰语）英汉比较一致，即都处在谓语动词之前，特别是表示"频率"（Frequency）和"强度"（Intensity）的副词。随着英语的发展，这些词的传统句中式位置已变得比较游移、灵活了。但是汉语中，SAV（主语＋状语＋动词）的词序则一直是比较稳定的。英汉比较一致的还有一类句首式状语，即 partly、mostly、especially、particularly、obviously、apparently、unfortunately、hopefully、actually，currently、presently、finally 等。很显然，这类句首式状语已经不是谓语动词修饰语，而是修饰整个句子，英汉皆然。除以上两类状语修饰语的位置英汉比较一致外，其他类型的状语的位置英汉差异也较大。

从语法功能看，状语包括"附加语""外加语"和"联加语"。副词按其功能可分为三大类：附加副词（又称修饰副词）（adjunct），属"附加语"（adjunct），外加副词（又称评注副词）（disjunct），属"外加语"（disjunct），联加副词（又称连贯副词）（conjunct），属"联加语"（conjunct）。英语副词做状语一般都是有标记的（marked）；汉语副词做状语一般都是无标记的（unmarked）。

英语中的 -ly 是一个非常多产的后缀，加在形容词后构成副词，表示方式、观点等。英语中构成副词的后缀 -ly 是状语的标记，汉语中的副词能做状语，却不具备状语的标记。虽然汉语中助词"地"是状语的标记，但是，有的状语后面不能加"地"，有的必须加"地"，有的可加可不加，情况也很复杂。代词等充当的状语不加"地"；副词一般也不加"地"，特别是单音副词；词组做状语，大都加"地"；形容词做状语，有时候加"地"，有时候不加。相比之下，汉语中"地"字短语做状语范围更小，基本上不包括"外加语"和"联加语"，且只有部分做"附加语"。

二、英汉附加语对比

英语 -Ly 副词用作附加语情况如下表所示：（注：以下√表示用作附加语，例子中 / 表示不同类型。）

附加语	英语 -ly 副词附加语	例子
观点	√	Morally
加强	√	definitely/ completely/hardly
过程	√	loudly/surgically/ microscopically
主语	√	bitterly/deliberately
客套	√	cordially/kindly
地点	（几乎无 -ly 副词）	locally
时间	√	lately/briefly/ daily/usually
其他	（几乎无副词）	

可以看到，英语 -ly 基本上都可以用作附加语。由于 -ly 主要表示方式、观点等，英语地点附加语中几乎无 -ly 副词。"其他"类中几乎无副词形式，因此也几乎无 -ly 副词。英语大部分地点附加语是介词短语，其次是从句。地点附加副词是封闭类（closed class），数量有限，其中只有 locally 等个别带 -ly 的副词。英语"其他"类附加语包括"目的"（purpose）、"原因"（cause, reason）、"出处"（source or origin）等。"出处"类附加语只能由介词短语充当，比如：He took the book from me.I come from London."原因"类的一般没有副词。"目的"类的可以是介词短语和从句，但是几乎没有副词。只有 symbolically（意为 "for a symbolic purpose" "as a symbol"）和 experimentally（意为 "for an experimental purpose" "as an experiment"）在以下句子中被认为有可能是 -ly 副词充当的目的附加语。例如：They symbolically buried the car as a protest against pollution.（他们象征性地埋了那辆车，以抗议污染。）The teacher experimentally called the students by their first names.（老师尝试性地叫学生的名字）如果上例中 symbolically 和 experimentally 能确定为目的附加语，那么可以说英汉 -ly 和"地"目的附加语是基本对应的。

汉语"地"字短语修饰动词或形容词，用作状语的四种形式如下：

a. 形 + 地 + 动；

b. 动 + 地 + 动 / 形；

c. 名 + 地 + 动；

d. 四字语或其他词语 + 地 + 动 / 形

值得注意的是，各种词语往往可以直接修饰动词、形容词，不一定构成"地"字短语。代词，表示时、地的名词，方位词组和介词结构充当的状语不加"地"。副词一般也不加"地"，特别是单音副词，只有在少数几个双音节副词后面可用可不用，比如：渐渐（地）走远了。单音节形容词修饰动词不用"地"，比如：远看；深耕细作，平放在桌上。双音节形容词修饰动词一般要用"地"，但跟动词经常组合的，可用可不用，比如：兴奋地说；爽朗地笑；谦虚地表示；顽强（地）战斗；严肃（地）处理；认真（地）研究。形容词前有程度副词，要用"地"，只有个别单音节形容词例外。词组做状语，大都加上"地"。由于汉语"地"字短语在状语化过程中的限制，英语 –ly 附加语在汉语中往往找不到对应的"地"字附加语。

英语过程附加语一般取后位，因为他们通常接收信息焦点（information focus）。因此以上 –ly 方式附加语取后位，取中位的反而成了不合格的句子。汉语"地"方式附加语的位置恰恰相反，取中位为合格，取后位为不合格。若取后位，则不能用"地"方式附加语，要改用补语形式，比如：他们生活（得很）节俭。英语被动语态的使用常常是为了将注意力集中在动词上，因此被动句中过程附加语一般取中位而不取后位。这样，英语 –ly 方式附加语与汉语"地"方式附加语的位置是相似的。

英汉"客套"（formulaic）类的附加语是不完全对应的。英语"客套"附加语数量不多，由一些表示礼貌的副词组成。最常用的除 please 外，基本全由 –ly 副词充当。比如：

① He kindly offered me a ride.

② We cordially invite you to our party.

③ She announced that she would graciously consent to our request.

④ He humbly offered his apologies.

⑤ Take a seat please.

以上 -ly 客套附加语基本上可以与汉语"地"客套附加语对应。在问句中，英语 -ly 也可用作客套附加语。一般第一人称用 cordially 和 humbly，第二人称用 kindly 和 graciously，与此对应的汉语客套附加语如果是第一人称的，一般用"请"等礼貌语，或者用"地"附加语。第二人称的一般用"请"等礼貌语，不用"地"附加语。试比较：

May we cordially invite you to our party？

a.（敬）请参加我们的聚会。

b. 我们真诚地邀请你参加聚会。

英汉客套附加语的差异反映了在表示"请求"的语用中，英语客套附加语是双向的，第一人称用 cordially、humbly 等立足于说话者自身方面的附加语，第二人称用 kindly、graciously 等立足于听话者方面的附加语。汉语客套附加语是单向的，第一人称用"真诚地""衷心地"等立足于说话者自身方面的客套附加语，第二人称一般不用"友好地""客气地"等立足于听话者方面（即对方）的客套附加语。从礼貌语用心理分析，汉语"客套"一般是立足于说话者自己，通过要求自己单向实现的。英语"客套"可以是立足于说话者自己，也可以是立足于听话者方面，通过要求自己或要求别人双向实现的。这里又反映了汉民族语言心理的主体意识，说话者（the speaker）总是以自己（即第一人称）为主体。正如刘宓庆所说："汉语言心理中源远流长的主体思维方式，在表现法中总是隐隐约约、曲曲折折地反映了'万物皆备于我'的意识过程。"

三、英汉外加语对比

外加语的作用是对后面整个句子表达的内容或方式予以限制或评述，英语外加副词主要由以 -ly 结尾的副词担当，又称"句副词"（sentential adverbs）（Richards et al.1996：10-11）。"句副词"的使用在 20 世纪变得越来越流行，但也成为英语中引起争议的问题。尤其在 60 年代末期，hopefully 做 "It is hoped [that], Let us hope" 的用法受到质疑。Burchfield 在 *The New Fowler's Modern English Usage* 中对 actually、basically、frankly、hopefully、regretfully、strictly、thankfully 等句副词的使用做了讨论。

Burchfield 指出：用 –ly 结尾的某些副词来修饰整个句子，这种用法古已有之，在《牛津大词典》中就有 17 世纪和 19 世纪的实例。句副词可以在许多著名作家的作品中见到。句副词作为英语外加语的一种主要形式在当代英语中使用十分广泛，越来越受到重视。仅在 *The Economist*（March 1，1980）上载 "Earthquakes"（地震）一短文中就有 3 处使用了句副词。值得一提的是，COBUILD（1987）已将句副词单独建立词项，并注以 ADV SEN（句副词）。汉语副词是限制、修饰动词和形容词表示程度、范围、时间等的词。汉语缺少外加副词，但有外加语，即插入语。一个词或词组，在句子里不跟别的成分发生结构上的关系，但意义上又是全句所必需的，这叫独立成分。常见的独立成分之一是插入语，这种成分又叫"插语""准插语""插说"，意思都是说此类成分自成一体，与所在句子没有直接关联，只是用来表达说话人的态度或对所说内容的评价。现代标准汉语的插入语大多是完整的从句或动词短语，多半以表达类动词为谓语的核心，如"看起来""毫无疑问""说实在的""老实说""据说""相传""据报道""总的说来""简而言之"等等。有时候也会用单独的名词结构，主要是那些可以充当表达类动词宾语的，如"一句话""实在话"及"北京人的说法"等。石定栩、朱志瑜在《英语与香港书面汉语》一文中描述香港书面汉语受英语影响而发生的变异，并探讨变异的原因，指出："由于英语的影响，香港书面汉语的副词性的状语开始担当独立成分，从而形成同现代标准汉语不同的句法特点。"

以下是一些典型的实例：
①不幸地，史密斯议员……又在抹杀参议员默里的往绩。
②讽刺地，施政报告可供批评的地方其实不多。
③电影无人看，却讽刺地出现很多为电影业服务的机构和活动。
④明显地，我们还须做一点事情，以便向总统展示力量。

上面例句中的句首成分"明显地""讽刺地"和"不幸地"等等显然表示说话人对句中内容的评价，又与句子没有直接的语义或结构关系，分析成插入语应该是可行的办法。不过，由于形式上的差别太大，将这种成分看成插入语并非没有问题。另一方面，这种成分带有明显的状语标志"地"，似乎也可以分析为另一种成分，即所谓的评论性状语（人民教育出版社，中学语文室，1984）。而以 -ly 结尾的英语副词通常会翻译成由汉语"地"为标记的状语。所以说，香港书面汉语中的这种用法更像英语的句副词。

英语外加副词（又称"评注副词"）可分为两大类型：风格外加副词（style disjuncts）和态度外加副词（attitudinal disjuncts）。前者传达说话者对他所说形式的评论，说明他是在何种状况下说的，后者是对交际内容的评论。从数量上讲，后者远远超过前者。大多数外加语是介词短语或分句。用作外加语的副词主要由以 -ly 结尾的副词担当，又称"句副词"。有些风格外加副词有其他一系列与其对应的结构，以 frankly 为例：Frankly, he hasn't a chance. 与 frankly 对应的结构有介词短语：in all frankness；不定式短语：to be frank, to speak frankly, to put it frankly；现在分词短语：frankly speaking, putting it frankly；过去分词短语：put frankly；从句：if I may be frank, if I can speak frankly, if I can put it frankly。然而并不是所有的风格外加语都有上述完整的一系列对应结构。比如，in all fairness 是风格外加语，而 airy 却不是外加副词；in short 是风格外加语，而 shortly 却不是外加副词。同样 flatly 是外加副词，却没有 flatly speaking 这种结构。一般来说，能与 speaking 组成风格外加语的副词都能单独作为风格外加词。比如：frankly speaking-frankly, seriously speaking-seriously。许多风格外加副词有对应的不定式短语，同时也会有对应的用 if 构成的从句，比如 bluntly（to be blunt, if I may be blunt）、personally（to be personal, if I may be personal）。许多态度 certainly 有其他与其对应的结构，这种对应结构可能不止一个。比如 certainly 的对应结构有：

a. It is certain（that）he doesn't object.

b. That he doesn't object is certain.

但是这也不意味着同类的副词可以以此类推，比如，上述 certainly 的对应结构就不适用于 perhaps，显然不能说：

a. It is perhaps（that）he doesn't object.

b. That he doesn' object is perhaps.

一个主要的原因是：certainly 是由形容词 certain 加 –ly 派生而来的，perhaps 则不同。对比英汉风格外加语和态度外加语，可以发现英语具有 –ly 的外加语，而汉语一般不具有"地"的外加语。

四、英汉联加语对比

英语大多数联加语（conjuncts）是副词或介词短语。除了表"次序"（enumerative）的 first（第一）、second（第二）等是"开放类"（open class），其他所有联加语是"封闭类"（close class）。据统计，英语联加语 13 个分类中有 7 个分类有 –ly 副词，6 个分类无 –ly 副词。相比之下，汉语联加语一般不带"地"。英语大多数联加语的常位为句首式，这与汉语联加语位置是一致的。英语有些联加语必须取句首式，比如：again、also、altogether、besides、better、else、equally、further、hence、likewise、more、only、overall、similarly、so、still、then（antithetic）、too（rare，AmE）、yet。大多数联加语几乎不取句中式，取句尾式的更是少见，能取句尾式的是 anyhow、anyway、otherwise、though，其中 though 尤其常见。另外 otherwise 和 though 常用于句中式。

英汉联加语与连词合用有各自特定的搭配用法。英语联加语可以与并列连词（coordinators）（and，or，but）合用，但是有些合用是限于固定范围的，比如：

and +so

but+ however/ then（antithetic）/though

or+else/again（antithetic）

and（or but）+ besides/still/yet/nevertheless

英语中一些联加语能够作为关联词（correlatives）与前一个分句中的从属连词合用以加强分句之间的逻辑关系。英语联加语与条件和让步从属连词合用比与原因和时间从属连词合用更为常见。值得注意的是，下句中的"yet"不能改用

"but"：Though he is poor, yet he is satisfied with his situation. 另外，英语让步句中，在第2个分句里甚至可以用两个让步联加语，比如：Though he is poor, yet he is never theless satisfied with his situation. 可以看到，英语联加语与前一个分句中的从属连词合用是为了加强分句之间的逻辑关系。如果单用其中一个的话，应该是从属连词，而不是联加语。汉语连词和有连接作用的副词和短语可以统称为关联词语。汉语除连词外，有些副词和短语也有连接小句的作用；他们可以互相配合或者跟连词配合。汉语连词和联加语合用时，如果其中一个可以单用的话，通常是联加语，而不是连词。其他一些可以与连词合用也可以单用的联加语如下：

（不但）……还，（只有）……才，（既然）……就，一（虽然）……却，（如果）……就，（不论）……都，（即使）……也，（除非）……才。

而英语在这种情况下，通常单用的是连词，省略的是联加语。汉语两小句之间可以有关联词语，也可以没有关联词语。汉语中多"意合法"的句子，小句组成大句，往往可以不用关联词语。下面例子里用括号列出隐含的关联词语，这些关联词语说出来反而显得累赘：

（要是）你不去，我（也）不去。你（如果）要用，（就）自己去借。

由此我们可以得出英汉句法中关联词语优先使用倾向如下表（O表示空位，→表示"优先于"）：

汉语意合法	O→联加语→连词
英语形合法	连词→联加语→O

第五节　英语主谓结构与汉语话题结构的比较研究

一、话题和主语语法化比较

所谓语法化，就是一定的内容和一定的形式在特定语言的语法系统中实现结合，形成该语言的特定语法现象和语法范畴。各种语言的语法化情况并不相同，语义和语用内容在多大范围和多大程度上语法化，语法化的手段是什么，都不一样，可以相差很大，换句话说，语法化存在着很强的选择性。李讷和汤普森（Li & Thompson）从语法化角度看主语和话题，反映了主语与话题之间的历时关系。（Hopper & Traugott，2001：28）他们认为话题和主语的区别仅仅是语法化程度上的差别，"主语本质上是语法化了的话题。"（Subjects are essentially grammaticalized topics…）（Li & Thompson，1976）相比之下，在语法化方面，英语选择了主语，汉语选择了话题，以及跟话题结构有密切关系的"把"字结构和"被"字结构。在印欧语中，主谓结构是高度语法化的句法结构。在汉语中，话题结构、"把"字结构、"被"字结构是高度语法化的句法结构。围绕主语问题，语言学界有不少争论。叶斯帕森说过，语法学家必得使用"主语"这个词真是不幸。"主语"词义的含糊引起了很多混乱。不同的研究者在使用这一术语时，赋予了它以不同的含义。叶斯帕森在《语法哲学》中曾经列举了11类不同的有关主语的定义。韩礼得在 An Introduction to Functional Grammar 中也有"心理的主语""逻辑的主语"和"语法的主语"的说法。在现代汉语表层结构中，主语的典型位置一般是在谓词的左边，而且典型的项目是名词性成分。然而，据钱乃荣所说，处在谓词左边的与谓词有直接成分关系的名词，有如下一些语义范畴：施事、受事、结果、对象、系事、工具、方式、处所、原因、目的、致使、数量、时间、价值、关涉、异同。事实上也有一些语法体系是这样处理的。为了解决它们可能同时出现的问题，胡裕树提出了主语的"选择顺序"，它们依次为：施事、工具、受事、处所、时间。钱乃荣也提出了类似的方法。金立鑫认为：以上语义范畴的列举存在一些逻辑失误，至少它们不是以同一逻辑角度划分出来的类。不过其中有些语义范畴还可以说明一些问题。如：施事、受事、工具、处所、时间等。这些范畴都与谓词有直接的依存关系。是否承认它们都是主语呢？它们如果都是主语的话，那么主语这一概念（作为分析中的一个工具）就失去了它应有的价值了。英语主语必须具有名词性（nominal），因为只有具有名词性的词语，才有数的概念和范畴，才能依据主谓一致（concord），规范 SV 提挈机制。汉语主语具有"词类兼容性"，也就是说，不仅名词性词语可以充当主语，其他词类也可以充当主语。此处仅以名词性主语为例。主语虽然都是名词，但具有不同的性质：它们有的是施事者，有的是受事者，还有一些并不具有施事、受事性，它们是时间、地点、方式等等词语，在印欧语中，它们只具有"状语性"。有些句中的"大主语"又属于另一种性质，它们只是与施事行为有关的某种"关系语"（the relative）。用主谓模式来套用汉语是不合适的，话题说明才比较适合汉语的情况。

作为主语优先型的语言，英语主谓结构是高度语法化的句法结构。作为话题优先型的语言，汉语中话题跟主语不一致并且话题比主语得到更高语法化。用乔姆斯基的说法，话题和主语一样，也是通过一般化转换（generalized transformation），把适当的成分插入结构中。所谓一般化转换，意思是从词库（词典）中选用一些词，按一定的语法结构要求把它们组合成短语，然后把整块短语置入某个位置，与其他成分相结合（merge）成更大的结构体。这就是话题化。在话题位置上插入成分的过程称为话题化（topicalization）。汉语中的话题并非移位生成，研究主语优先型语言的语序类型，固然应该看 S、V、O 三者的排列，但研究话题优先型语言和主语话题并重型语言的语序类型，必须考虑另一个成分即话题 T。要确定话题优先语言及主语话题并重型语言的语序应该看 T、S、V、O 四者的排列顺序。普通话的顺序是 TSVO 占优势。因此我们可以说，汉语作为话题优先型语言，有四个基本成分：V、S、O、T，其中 T（话题）是高度语法化的，而 S（主语）语法化程度不高。总之，在话题优先型语言中话题结构无须靠移位形成。而主语优先型语言的基本结构中缺乏 T，只有靠移位方能得到 T。在英语中，起话题作用的主语、宾语等句法成分都是被语法化的,而话题本身却没有被高度语法化,它是由其他语法化成分临时所起的话语功能。在汉语中,话题可以仅仅是话题,除此而外,什么都不是,如:早餐,他只吃面包。换句话说,在汉语中话题本身成了语法化的对象。

二、话题的语义类型与翻译

话题的语义关系,指的是话题跟话题后的述题或述题中的某些部分之间的语义关系。徐烈炯和刘丹青根据话题和述题或述题中的某些部分之间的语义关系把话题分为四类:

(1) 论元共指性话题(普遍性话题);

(2) 语域式话题(汉语式话题);

(3) 拷贝式话题(吴语式话题);

(4) 分句式话题(吴语式话题)。

下面我们以郁达夫短篇小说《春风沉醉的晚上》(以下简称《春风》)为语料,将小说中所有典型的话题结构取出,分门别类同与其对应的英语译文进行对比分析,目的在于检验话题结构的语义关系类型与句法表现,对比话题化与主语化两种不同语法化的结果,从而为汉语话题—述题结构(TSVO)转化成英语主语—谓语结构(SVO)提供一定依据和规律。选择《春风》为语料的原因是该小说语言受吴语的影响较大。《春风》以上海为背景,写的是"我"(作者)与N烟公司一位女工的故事。故事中有些对话直接用了上海话,女主角和N烟公司女工讲苏州话,小说中也提道:"她操的是柔和的苏州音,听了这一种声音以后的感觉,是怎么也写不出来的,所以我只能把她的言语译成普通的白话。"上海话有着比普通话更为丰富的跟话题有关的语言现象,更适合用来作为探讨话题问题的语料来源。上海话还有李讷和汤普森所没有提到的其他话题优先的表现,特别表现在话题类型的多样性和话题结构的常用性方面。当然,上海话本身也只是吴语的一个代表,其他吴语,尤其是上海话所属的北部吴语(比如苏州话)在这点上大致都跟上海话的情况接近。

（一）论元共指性话题结构

跟述题中的某个论元或相应的空位有共指关系的成分是最容易成为话题成分的。论元共指话题在语义上通常表现为施事、当事、工具、受事、对象等等，在句法上则表现为在主语、宾语（包括间接宾语）等论元成分所占的句法位置上存在空位或复指成分。

①"你有朋友？""朋友是有的。"

"Haven't you got any friends？""I did have friends."

②你的事情，只有你自家知道的。

You alone know what you have done.

③过去的事情不必去说它。

Let's not bother about what has already happened.

④邻住者的二妹，这几天来，当她早晨出去上工的时候，我总在那里酣睡，只有午后下工回来的时候，有几次有见面的机会。

As for my neighbour, Ermei, I now saw her only occasionally when she returned in the afternoon since I was usually sound asleep when she left her room in the morning.

以上①和②论元共指话题在语义上表现为受事，在句法上表现为宾语这个论元成分所占的句法位置上存在空位。英语译文均采取移位方式，将受事话题移入空位，把汉语话题化的句子转换为英语主语化的句子。例③论元共指话题在语义上表现为受事，在句法上表现为宾语。这个论元成分所占的句法位置上存在复指。英语译文采取移位替代，取消复指，把汉语话题化的句子转换为英语主语化的句子。例④论元共指话题在语义上表现为施事，在句法上表现为主语。这个论元成分所占的句法位置上存在复指。英语译文不用移位，保持复指，把汉语话题（T）转换为英语状语（adv.），使用 as for…结构。

（二）语域式话题

语域式话题为述题提供所关涉的范围（domain，Chafe 1976 用语），或者框架（framework，Haiman 1978 用语），其他话题跟述题中的成分还有其他的比较紧密的语义关系，而本类话题跟述题的关系相对来说较松散，主要就是话语的范围或框架，所以就将语域作为这一类话题的专用名称。下面按主要三类分别讨论。

1. 时地语域式话题

话题为述题提供时间处所方面的语域，这是汉语话题很常见的语义类别。它们跟论元共指式话题的一个共同之处是也存在共指现象。当时间、处所等成分出现在句首时，可以认为这时在主谓之间也有空位存在，因为我们也可以在这个空位的位置使用复指成分。在英语对应结构中汉语地点语域式话题一般表现为状语，从某种意义上讲其实也存在共指现象，只不过是状语共指现象即在使用 there…结构时，there 为状语的复指成分，在不使用 there 结构时，有空位存在。

2. 领格语域式话题

领格语域式话题在意义上是谓语动词主语的领格，这种情况在话题优先的语言中非常普遍，这类话题在语域关系话题中还算与述题有较为紧密的语义关系。最常见的意义关系是话题跟主语有整体和部分的关系，或整体与它的某方面属性的关系，如：

a. 大象，鼻子很长。

b. 这间老房子，门窗都坏了。

c. 这种牌子的冰箱，保修期挺长。

3. 背景语域式话题

背景语域式话题和述题的关系最松散，它跟述题内容的联系，主要是依赖背景知识或谈话当时的语境而建立起来的，在句子内部，无法建立明确的话题—述题句法的语义联系。常举的一些背景语域式话题结构是：

a. 他们，我看你，你看我。

b. 它们，大鱼吃小鱼。

这类话题是典型的汉语式话题，所以在译成英语之类主语优先语言时，往往是很难展示原有的话题结构的，而需要对句子结构做较大的调整。

（三）拷贝式话题

拷贝式话题跟句子中的主语、宾语甚至谓语动词完全同形或部分同形，同形的成分之间在语义上也是同一的。普通话中的拷贝式话题：

a. 星星还是那个星星，月亮还是那个月亮。

b. 他人不像人，鬼不像鬼。

c. 小张打篮球打得非常好。

d. 我真的说话都说不出来了。

e. 去就去，我还怕你不成。

总体上说，拷贝式话题结构都有某种肯定和强调的作用。有的是直接对拷贝成分的强调，有的则表现为让步。所谓让步就是先肯定对自己观点不利的事实，所以在让步小句中通常会用一些表示肯定或强调的成分。所以拷贝式话题结构的强调作用和让步作用本质上是相通的。用句法语义学的普遍规律，无法解释拷贝式话题结构在语义上存在的理由。这种成分在句子里的重复出现，除了为逻辑语义律所排斥的同义反复外，不可能存在其他的句法语义关系。因此，英译一般表现不出这类拷贝式关系。

（四）分句式话题

所谓分句式话题，指的是充当话题的成分在意义上跟述题之间有分句之间的逻辑关系，形式上则是一个小句。分句式话题与条件句关系密切。Haiman 以后，语言学界对小句与话题关系的探讨就集中在条件小句问题上。

尽管论元共指话题是最带有普遍性的话题类型，但是，作为话题优先型语言，汉语还是具有自己的特点。在汉语中，能与话题共指的成分更为自由而多样，受到的限制更小。表现之一是与话题共指的成分不限于主句谓语动词的论元成分。表现之二，话题不限于 NP，也可以是 VP。表现之三，话题也能跟动词的准论元（连系动词的表语性成分）共指。在汉语的话题化中，准论元结构都可以按普通的动词—论元关系做句法处理。如：主治医师，他几年前就是（这个职务）。

在英汉翻译中，情况则相反。

下面以 Owning Books（Willian Phelps）中的一些句子（英语主谓句）及其汉译文（汉语话题句）（何高大译）为例：

① A borrowed book is like a guest in the house: it must be treated with punctiliousness, with a certain considerate formality.

一本借来的书就像是家里的一位客人，必须小心翼翼地，以唯恐引起别人不高兴的一种拘谨态度来对待。

② And then, some day, although this is seldom done, you really ought to return it.

有一天你得将它归还原主，尽管你很少做到这一点。

③ Books are for use, not for show; you should own no book that you are afraid to mark up, or afraid to place on the table, wide open and face down.

书是为了用，不是为了炫耀；你所拥有的书不应该使你害怕做上记号，或害怕摊开来和翻转过来放在桌上。

④ The great dead are beyond our physical reach, and the great living are usually almost as inaccessible; as for our personal friends and acquaintances, we cannot always see them. Perchance they are asleep, or away on a journey.

已故的伟人是我们无法亲身接触的，而活着的伟人通常几乎也是同样地无法接近的，至于我们个人的朋友和熟人，我们也不能经常见到他们，他们或许已经就寝，或许已经出门旅行去了。

第六节　英语 Parallelism 与汉语骈偶结构的比较研究

本节根据英语中广义 Parallelism 与汉语中骈偶结构做对比研究，旨在揭示英汉在平行结构方面存在的非完全对应关系，建立英汉在平行结构和话语组织方面存在的可比框架。

一、英汉平行结构对比

平行结构（Parallel Structures）是话语组织法中具有共性的现象。由于语言间的差异，平行结构的表现形式可能不同。广义的 Parallelism 是英语话语组织的一种重要形式，既是语法问题又是修辞问题。不仅局限于句子层面，还包括篇章层面。在写作书中，一般译为"平行结构"。作为一种重要的衔接手段，帮助取得语义连贯（as an aid to coherence）。在语法书中，通常用"Coordinated structure"（并列结构）表示，内容与 Parallelism 并无二致。《新编英语语法教程》第三十讲"并列结构"：两个或两个以上属于同语法层次、具有相同句法功能并通过并列连词（或逗号等）互相连接的语言结构叫作并列结构（Coordinated structure）。例如：She opened the door, turned on the light, sat down at the desk and began the night's work。由于广义 Parallelism 的特殊性，在以往英汉对比研究中无人问津。其实这类 Parallelism 涉及英语话语组织法中十分重要的语法与修辞问题，应给予足够的重视，并且引进英汉语言对比研究中，描写出英汉在这个层面上的异同。以下是有关写作的书中对这类 Parallelism 的具体论述：Ideas of equal value in a statement can be made parallel—that is, they can be expressed in the same grammatical form.（J.W.Corder, 1978: 351）Parallel（grammatically equal）sentence elements regularly appear in lists, series, and compound structures. Connectives like and, or, but, yet link and relate balanced sentence elements.（J.C.Hodges, 1982: 308）Parallelism as a means to achieve coherence of a sentence or paragraph has the following effects: to lead to clarity in writing; to gain emphasis; to create a pleasant rhythm in a prose passage; and to cut down on ther of words needed to express an idea. The general principle of parallelism is to express similar ideas in similar grammatical forms. Almost any kind of sentence element may be placed in a parallel construction.（College English, Book Two, 1995: 107）

从上述对广义 Parallelism 的论述中可以看到：广义的 Parallelism 以相同的语法形式排列表现意义相似的概念，一般出现在列举、系列和并列结构中，通过 and、or、but、yet 等词衔接。作为句子或段落连贯的一种手段，Parallelism 能使写作条理清晰，文体简洁有力。几乎所有的句子成分都能够组成Parallelism. 有一种特殊的平行结构，叫作"平衡句"（Balanced sentence），它由两个平行的分句构成，用词对等或近似，且各分句中的字数相当；不过第二个分句中的某些词语可能省去。例如：Many Mexicans immigrated to the United States after the 1910–1920 revolution, and many Cubans after the 1959 revolution.（Parker）Love is positive; tolerance negative. Love involves passion; tolerance is humdrum and dull.（E. M. Forster）

Parallelism is the repetition of the sentence pattern or of other grammatical structures.（J.C. Hodges，1982：308）也就是说，Parallelism涉及包括所有句型在内的语法结构。有时，重复的句型甚至可能跨段落出现，在英语中也被视为Parallelism，这在汉语中有时充其量只能被视为"间隔反复"。可见Parallelism不仅局限于句子层面，还包括了篇章层面。由此可见，广义的Parallelism涉及面十分广，包括了句子和篇章内几乎所有并列的语法结构。因此从某种意义上讲，英语话语是由Parallelism和NonParallelism组成的。

汉语平行结构其实指的是汉语"整句"中的句式结构。就句式结构而言，汉语有整句和散句之分。整句是指结构相同或相似，字数大致相等，整齐地排列在一起的一组句子。一般情况下，整句和散句交错运用，比单纯用整句或散句的情况多。例如：

①后山一条大路，两旁、四周都是海棠。人们坐在花下，走在路上，既望不见花外的青天，也看不见花外还有别的世界。花开得正盛，来早了，还未开好；来晚了，已经开败。每一朵花都在微风中枝头上颤抖着说出自己的喜悦。（李广田《花潮》）

②后山一条大路，两旁、四周都是海棠。人们坐在花下，在路上走，既望不见花外的青天，花外还有别的世界也看不见。花开得正盛，早来了，还未开花；来晚了，花已经开败。每一朵花都在微风中枝头上颤抖着说出自己的喜悦。

不难判断：前者整散结合，节律铿锵，不论是朗读还是默读，都可以领略其中的妙处。后者则完全失去了这种韵味。

骈偶结构是汉语话语组织的一种重要形式。启功先生把骈偶看作汉语的"基因",并喻之曰:"有人用老鼠做实验,把基因打乱,于是有尾生背上、腿生五条的,但是其为尾为腿,依然故鼠,而无鸟爪鱼尾。基因之伟大,其顽固之可恨,犹如此者哉!"只要基因在,躲也躲不开。古代如此,今天也一样,因为它们是铸成汉语的基本要素。我们赞同启功先生的说法并认为:骈偶乃汉语之魂。潘文国(1997)著《汉英语对比纲要》一书中第十一章为"汉英话语组织法的对比",其中第三节专题讨论"散行与骈偶"。书中指出:"英语以形合为主,而以意合为其补充,形合主要在句内,意合则在句间。又英文句内形合已经自足,因此通篇行文可以以散行为主,不必强调骈偶。而汉语则以意合为主,形合为辅。形合的手段有二,一是话语中的同字重复,二是通过骈偶以互文见义。"确实,英文通篇行文可以以散行为主,不必强调骈偶。英文行文不必强调骈偶与英语语言结构有关。然而同时我们认为,英文行文在使用 Non-Parallelism 的同时,必须强调 Parallelism 的使用。也就是说,英语话语中只要出现 List、Series、Compound Structure,即两项或两项以上的并列结构,就必须使用 Parallelism。Parallelism 组成部分中语法成分不一致便视为缺点或错误(faulty),Parallelism 在英语中还被看作是一种篇章的联结手段:语法手段。黄国文在讨论"篇章的联结手段:语法手段"中谈道:Parallelism 的使用不但与词汇有关系,而且与语法也有关系,所以可以说它是词汇手段,也可以说它是语法手段。语篇中 Parallelism 也可以起到连句成篇的作用,也能起到篇章纽带的作用。

汉语的骈偶是一种形合手段,帮助意义凝聚。骈偶的最大特点或者说最大优越性是可以互文见义。对于汉语这样一种语义型语言来说,对语义的把握是极其重要的,汉语既无形态,又少形式,无法像西方语言那样通过形态、形式反映的语词间关系来确定意义,而只能采取别的手段,这就促成了向内通过字形字音来表现字义,向外通过相对位置来映衬字义。并列式结构的词可以通过相互对待来确定其整个词的意义,比它更大的单位也可通过与对应成分的观照来确定其意义。"两个各自没有交际能力的语段,只要意义相关,字数(音节)对称,它们相互平行时,就形成了一个平衡的整体,产生了交际能力。不管语段是否出现动词,不管它是否具有主语、谓语，不管还有什么句子应该具备的规则，一概可以豁免。有的对偶句对照西方的'句法规则，真是出格得厉害，但也能得到认可'。"如果说汉语的骈偶是一种形合手段，其最大特点或者说最大优越性是可以互文见义，那么，我们认为英语的 Parallelism 是一种更加显性的形合手段，其最大特点或者说最大优越性也是可以互文见义。

爱用骈偶是汉语文学的一个特色，这一传统早在《诗经》时代就已形成了。在汉语的发展史上，文有骈文，诗有律体，都是以对仗为其基本要素。五代之后又产生了对联，更以对仗为其基本要素。唐代古文运动以后的散文，爱用对句。白话小说兴起之后，回目一定用对句。发展到现在，报纸标题也常爱用对句，因为这已成了汉族人民喜闻乐见的形式。现代的对仗有的不很严格，有时只求字数的相等。比如：不会上网，就是文盲（《中国剪报》）。以上提到，有时重复的句型（比如 question-answer pattern）可能跨段落出现，在英语中也被视为 Parallelism，这在汉语中充其量只是"间隔反复"。而汉语跨段落也可能使用对句，一般是书报中的小标题。比如："荷兰女王贝娅特丽克丝"一文中四个小标题：第六代君主第三代女王／坚贞的爱情　美满的婚姻／仁慈的国君　友好的使者／简朴的国王　勤奋的女人（《北京青年报》）。郭绍虞指出，汉语的"语句组织中自然包含了声律的要求。结构严谨、音韵和谐的句子组织，既是语法问题，又是修辞问题"。冯胜利认为："韵律乃骈偶之母。"

使用 Parallelism 是英语的一大特点，英语中 Parallelism 形式种类繁多，规模大小不等，虽不求字数的相等，却严格要求组成部分的语法成分一致，或者说，受制于语法或文体修辞规则，该平行的必须平行，不然便视为缺点或错误（faulty）。汉英表现法在这方面的差异，有其思维形态的文化渊源。刘宓庆认为：汉民族思想史中的儒家天道观和道家"生生不息"的循回论对汉民族的思维方式、特征和风格影响极深。儒家天道观认为万物交织在阴阳感应之中，天地交成，阴阳和德，即王充所谓："天地合气，物偶自生矣"（《论衡》）。物偶式思维方式极深刻地影响了汉语的表现法，如排比、对偶等等。汉语词、句中多二字、四字、八字，正是我国西汉以来盛行的太极象数之学的反映，诚如《周易》所云"易有太极，是生两仪，两仪生四象，四象生八卦"（《系辞》）。钱冠连在《美学语言学》中讨论"汉族偏爱对偶句段的美学渊源"时指出：汉族偏爱对偶句段已是大家公认的事实了。中国建筑（如宫殿、四合院、神庙、民房等等）的铺排显示了很工整的对称美。街道、城市的铺排同样显示了对称格局。中国书法艺术（非语言的文字意义上的研究对象）也体现了对称美。中国音乐里的对称颇露痕迹，尤其是民歌，一问一答，上行音阶与下行音阶，都是追求对称之美。从上述中国艺术里看汉民族对对称美的欣赏，就不难看出汉民族偏爱对偶这一语言形式——正对、反对和串对；词类对应，句式对应；从口语到诗、文、格言与楹联；从甲骨卜辞时代到今天的相承之脉气来自何处了。

与上述相对，西方语言中对偶的运用虽然不是没有，但少得多。西方的建筑，如希腊的神殿、伊斯兰庙宇、哥特式教堂、各类高塔，都追求高耸入云，指向神秘的上苍，这就是想突破对称，不安于对称。西方的园林艺术给人以流动的美感，大块大块的草坪，一览无余，这不像是对对称的追求。西方人追求冒险、刺激，这是他们的心理常态，而我们的心理常态是平衡与中庸，两者反差极大。贾玉新在《跨文化交际学》中讨论"汉英语句法文化差异"时指出：音乐性强是汉语的一大特点，在古代的传统语文学中，汉语的结构之法，基本上是一种声气之法，要求句子组织结构中流块的长、短、顿、挫之间必须保持一定的协调。申小龙在《文化语言学》中讨论"句结构的文化认同"时指出：汉语的句子主要就是以动句和名句两种整体把握的手段构造的。

它们的表达功能不同，但其共同特征是以句读的散文铺排追随逻辑事理的发展，眉目清晰、语言简练。不仅如此，散点透视对于汉语句子还是一种格律的运动。视点的流动和环动，辐射和网聚，构成句子的不同的韵律曲线，形成汉语句子特有的音乐美。中国古代哲学的自然观是"凡可状，皆有也；凡有，皆象也；凡象，皆气也"的"气—元论"。它与西方自然观以最小的不可分的物质个体原子作为世界本原的元素不同，主张整体的混沌之气。西方的自然观强调原子的个体、物状、次序和位置，把它看成一种几何眼光的结构，事物即由原子层层组合而成，就像字母构成词，再由词构成文章一样。西方语言的造句也用这种结构组合的方法。这种有机生化的"气"意识显然与层层组合的机械原子论有根本的区别。前者是心理时间流,后者是物理空间体;前者讲究规则整齐,后者讲求错综变化、气韵生动。语法的脉络就在这种"气"的运行中体现。句子的错综变化也不是"变化无方""不可纪极",而是一种两两对立、相反相成、偶散交错的变化,而汉语的语素特点又正适应这种有规律的变化。

在节奏或韵律方面,汉语和英语有很大的差别。汉语是以音节计时的(syllable-timed),而英语则是以重音计时的(stress-timed)。在汉语中,音节(字)的数目是韵律的基础。比方,我国的旧诗总是依照每行的音节数目来决定它的韵律或节奏的。然而,在英语诗中,总是按重音和轻音交替出现的模式安排节奏的,但占主导地位的却是重音。汉、英两种语言传统诗的这种节奏或韵律的特点,也反映在各自的散文和口语中。汉语的语言习惯是在达意而外还要注重音节上的平稳,而音节的平稳与句子的字数、结构的匀称性直接相关。汉语句子讲究音韵和节奏,这可能与汉语的书面语起源于诗歌有关,另一个重要原因是汉语语素本身所特有的弹性。汉语的语素具有单音节性,音节结构不是很复杂。为了避免语素同音,双音词就占了很大优势,四字格又成了汉族人最喜欢使用的格式。再加上汉语的语素活动自由,易于组合,这就使汉语的句子组织有可能与语素同步,形式上以排偶句或排偶与散句互相交错较为常见。句读简短,整齐和谐,灵活多变,表现力强。

汉语利用单音词和双音词的组合,灵活运用而成为音句,再利用这种整齐的音句,安排成为义句,所以能在表达复杂思想之外,使人感到音乐铿锵之美。这就是说,汉语的句子组织有可能与语素同步,有可能与语音同步,实现音韵和谐,结构整齐的句式。英语的语言文字结构迥异,音节长短不一,不具备声调系统,不可能获得汉语式的格律对偶。英语中也有对仗排比,虽然从语言文字的形式结构看不如汉语那样严谨。从句子结构看,英语以主语和定式动词为骨干搭起两根栋梁,然后运用各种关系词把有关材料组成关系结构的板块,向主语和动词这两根栋梁上挂,前呼后拥,递相叠加,不厌其烦。重点是通过严整的结构交代清楚各板块之间的相互关系。英语句子是由 SV 主轴结构和关系结构的板块构成。而关系结构板块从某种意义上说又可分为 Parallelism 和 Non-Parallelism 两大类。若关系结构的板块为 List、Series、Compound Structure，即 2 项或 2 项以上的并列结构，就必须使用 Parallelism。其余关系结构板块为 Non-Parallelism。Parallelism 在内部严格受制于语法规则，在外部严格受制于 SV 主轴结构，这也是导致 Parallelism 在音韵上不求和谐，在结构上不求匀称，在辞义上不求对应的重要因素。

如果说英语句子是以动词为中心的空间组合体，汉语句子的脉络是一种随时间和事理的流动性结构，句读散点铺排，没有固定的句子构架，没有一定的形式约束，句界不明显，以意尽为界。汉语句子的脉络与句子节奏又是浑然一体的，通过单双音词的巧妙运用和句读段的排列，可组成或对称或错落的节奏板块，形成和谐的音韵。如果说英语句子是由 SV 主轴结构和关系结构的板块构成，关系结构板块可分为 Parallelism 和 Non-Parallelism 两大类，那么汉语句子是句读散点铺排，由对称或错落的节奏板块构成。其中对称的节奏板块为骈偶，错落的节奏板块为散行。这一特点无疑也是导致骈偶在音韵上可以和谐，在结构上可以匀称，在辞义上可以对应的重要因素。总之，汉语是以语素为单位的单音节语言，构成对偶的条件多而充分，包括英语在内的西方语言是以词为单位的多音节语言，构成对偶的条件少而不充分。汉语句法弹性大，各种语序只要意思通达都能得到承认，容易调整成对偶，包括英语在内的西方语言句法弹性小，语序格式严格，难以调整成对偶。由于英汉语言在语音、词汇、句法系统中的差异，导致了英语 Parallelism 与汉语骈偶结构的差异。

二、英汉话语组织法对比

伦敦学派（以 J.R.Firth 为代表）认为语言是"结构"和"系统"形成的一种矩阵关系（matrix），语序的实质是语言成分按语法关系形成的组合性序列（syntagmatic ordering of elements）。这种序列，是线性的，横向的，由此而体现语言的"结构"。而"系统"则表现为纵的类聚关系（paradigmatic relation）。潘文国指出："索绪尔提出组合关系和聚合关系这对命题，对语言研究有重大的启发意义。西方语言的语法，一般分词法和句法，句法讲的是组合关系，词法讲的就是聚合关系，形态主要是在聚合关系中反映出来的。对汉语来说，语序研究的是组合关系，骈偶从某种角度来看就是一种聚合关系，小至词义，大至词性、词间的结构关系都可通过骈偶研究出来。我国古代延续了一千多年的对对子的教学方法实在凝聚了汉语教学与研究的很多科学道理。"以上论述给了我们很大启示，使我们认识到骈偶在汉语话语组织法中的重要地位与作用。层次性原则（hierarchy）是英汉对比中的一条方法论原则。语言本身就是一个层级结构体系，体系中的各个部分不是处在同一个层面上，而是处在上下位关系中，每个上位层面，统辖着不同的下位层；而一个下位层面，又是后一个下位层面的上位层面。如此层层隶属，组成了一个有序的隶辖关系系统。而在对比研究中，必须选择处在同一个层面的语言事实，方可进行对比，否则就失去了对比的价值。应该说，即使处在同一个层面上，还必须有对应性作保证，这样，才能确保对比的有效性。对应性有宽严两种不同理解。我们这里取"宽"的理解。根据层次性原则，我们拟在上述研究的基础上进一步提出假设。在英汉语对比研究中，试图找出与汉语"骈偶结构"处在同一层面的英语对应项。当然，我们这里也取"宽"的理解。如果说汉语中"骈偶从某种角度来看就是一种聚合关系，小至词义，大至词性、词间的结构关系都可通过骈偶研究出来"，那么，我们认为英语中 Parallelism 从某种角度来看就是一种包括"词法"在内的更具广义的聚合关系。小至句中成分，大至句间、段落间的结构关系都可通过 Parallelism 研究出来。

张志公指出：总起看来，属对练习是一种不讲语法理论而实际上相当严密的语法训练；经过多次训练之后，学生可以纯熟地掌握词类和造句的规律，并且用之于说话和写作，因此从一开始就是通过造句的实践训练的，而不是只是从一些语法和抽象定义来学习。属对练习能够通过实践，灵活地把语法、修辞、逻辑几种训练综合在一起，并且跟作文密切结合起来，这一点很值得做进一步研究……如果我们能从前人进行属对训练这个办法之中得到一些启发，研究出适合于我们需要的训练方式，再配上简要知识的讲解，也许能为我们的语文基础训练找到一条可行的道路。例如新疆青少年出版社1996年再版的《声律启蒙　训蒙骈句》，专门介绍声律与对偶，是为诗作文的必读书，古时广为流传，至今不衰。明代司守谦著《训蒙骈句》，主要对儿童进行骈句训练，为作文作诗打基础。比如：天转北，日升东。东风淡淡，晓日蒙蒙。野桥霜正滑，江路雪初融。（卷上·一东）清代车万育著《声律启蒙》是专门训练对偶技巧、声韵格律的启蒙读物，包罗天文、地理、花木、鸟兽、人物、器物等的虚实应对。从中可以得到语音、词汇、修辞的训练。比如：云对雨，雪对风，晚照对晴空。（卷上·一东）其实，我们认为英语教学中广泛使用的 Pattern Drills 或 Substitution Drills，从某种意义上说就是运用了 Parallelism 的原理，是在使用 Parallelism 的各种组成成分做替换练习。因此我们认为，如果说汉语"属对练习是一种不讲语法理论而实际上相当严密的语法训练"，那么 Parallelism 练习则是一种讲语法理论的相当严密的语法训练。英语学习中强调 Parallelism 意识与训练，其重要性就如汉语学习中强调骈偶意识与训练一样。

  由此我们是否可以得出这样的结论：如果对汉语来说，语序研究的是组合关系，骈偶从某种角度来看就是一种聚合关系，那么对英语来说，句法讲的是组合关系，Parallelism（其中包括词法）从某种角度来看就是一种聚合关系。如果说汉语的骈偶是一种形合手段，其最大特点或者说最大优越性是可以互文见义，那么英语 Parallelism 就是一种更加显性的形合手段，其最大特点或者说最大优越性也是可以互文见义。如果说属对练习教学方法凝聚了汉语教学与研究的很多科学道理，能为我们的语文基础训练找到一条可行的道路，那么根据 Parallelism 原理而成的 Pattern practice（句型练习）教学方法则凝聚了英语教学与研究的很多科学道理，能为英语语文基础训练找到一条可行的道路。

第六章
跨文化视角下的英汉篇章比较研究

　　英语与汉语在篇章结构方面有不少相似之处。首先篇章的表现形态十分灵活，可长可短，长可以长至长篇巨作，短可以短到只有几个词，甚至是一个词的公共场所的告示，它们都具有完整的意义和交际功能。其次，许多篇章都由段落组成，段落由句或句群组成，篇章的意义与功能按一定的组织结构来表达。最后，英汉篇章都要求内容一致，结构上有衔接，意义连贯，为达到这样的目的，英汉篇章都具有有效的衔接手段，能将句子、句群、语篇段落连接成一个有机的整体。但是英汉两种语言在篇章层面也存在着一些差异。通过对比，揭示出差异，其主要目的是指导学习者在写作以及翻译实践中，自觉地遵循两种语言组句谋篇的规律，使跨文化的语篇交际得以顺利有效地进行。

　　本章将在语篇衔接手段、段落结构以及篇章展开模式三个方面进行英汉对比分析，分析和比较的重点将放在两种语言所体现出的差异方面，而对相同的特点一般不作讨论。

第一节 衔接手段的比较研究

语篇衔接手段大致可分为语法衔接和词汇衔接两类。语法衔接手段包括照应（reference）、省略（ellipsis）、替代（substitution）和连接（conjunction）。词汇手段则包括词汇重述（reiteration）、同义词（synonymy）、上义词（super-ordinate）和搭配（collocation）等。通过分析我们发现，英汉两种语言在词汇衔接手段上差异不是很大，相同之处多于相异之处。但是在语法手段方面，多有差异。本节中我们将重点分析在照应、替代、省略、连接等具体衔接方式上两种语言存在的差异。

一、照应

在语篇中，如果对于一个词语的解释不能从词语本身获得，而必须从该词语所指的对象中寻求答案，就产生了照应关系。因此，照应是一种语义关系。例如：

① Readers look for the topics of sentence to tell them what a whole passage is "about", if they feel that its sequence of topics focuses on a limited set of topic, then they will feel they are moving through that passage from cumulatively coherent point of view.

此例中，代词"they"的确切含义是由它的所指对象决定。如果对其作出语义解释，就必须在语篇上下文中寻找和它构成照应的词语。从上下文可以看出，"they"和"readers"构成照应关系。照应关系在汉语的语篇中也大量存在。例如：

②我和白求恩同志只见过一面，后来他给我来过许多信。可是因为忙，仅回过他一封信，还不知他收到没有。

此例中的3个"他"指代上文中的"白求恩"，从而使整个上下文成为一个前后衔接的整体。

从照应的类型来看，英汉两种语言并没有太大的区别，但是，从照应手段在语篇中使用的频率来看，英语使用人称代词的频率要远高于汉语，其主要原因是英语行文要求避免重复，而汉语则习惯于实称。例如：

③ Parents should not only love their children but also help and educate them.

父母不仅应当爱护自己的子女，还应当帮助自己的子女，教育自己的子女。

在照应这一手段中，英汉语篇最显著的差别是英语有关系代词，而且使用频率很高；而汉语则没有关系代词，因此在许多情况下，汉语语篇中的人称代词在对应的英语表达中可以用关系代词来表示。例如：

④这张条子是安娜留的，她刚到这儿来过。

This note was left by Anna who was here a moment ago.

汉语的回指照应是通过人称代词"她"来实现的，而在相应的英语表达中，引导定语从句的关系代词"who"充当了汉语中人称代词的角色，并使英语句子成为主从复合句。从这一点来讲，英语在表达上似乎比汉语要简洁一些。

二、替代

替代指的是用代替形式（substitute）来取代上文中的某一成分。在语法和修辞上，替代被认为是为了避免重复而采用的一种重要的语言手段。在语篇中，替代形式的意义必须从所替代的成分那里去查找，因而替代是一种重要的衔接语篇的手段。英语和汉语都使用替代这一衔接手段。例如：

但是，与英语相比，汉语中替代手段使用的频率较低，造成这种现象的一个重要原因在于汉语往往使用原词复现的方式来达到语篇的衔接与连贯。例如：

① You don't want to lag behind. Neither does she.

你不愿意落后，她也不愿意落后。

② Darcy took up a book; Miss Bingle did the same.

达西拿起一本书来，彬格莱小姐也拿起一本书来。

③ Efforts on the part of the developing nations is certainly require. So is a reordering of priorities to give agriculture the first call on national resources.

发展中国家作出努力当然是必需的。调整重点，让国家的资源首先满足农业的需要，这当然也是必需的。

三、省略

省略(ellipsis)指的是把语言结构中的某个成分省去不提，它是为了避免重复，使表达简练、紧凑的一种修辞方式，同时也是一种重要的语篇衔接手段。比较而言，英语的省略现象比汉语要多一些。因为英语的省略多数伴随着形态或形式上的标记，不容易引起歧义。例如：

①我们的改革，不光要使领导知道，还要使广大群众知道。

Our policy must be made known not only to the leadership, but also to the ordinary people.

②每个人都对他所属的社会负有责任，通过社会对人类负有责任。

Everybody has a responsibility to the society of which he is a part and through this to mankind.

以上两例中，英语都有"to"这一形式标记，说明省略的动词成分，这样能使前后衔接，结构紧凑；而汉语的习惯则要求重复这一成分。在省略这一衔接手段中，英汉另外一个显著的差别是，汉语经常省略主语，因为汉语具有主语控制力和承接力强的特点，在汉语语篇中，当主语一次出现后，在后续句子中可以隐含。例如：

柯灵，生于1909，浙江省绍兴人，中国现代作家，1926年发表第一篇作品——叙事诗《织布的妇人》，1930年任《儿童时代》编辑，1949年以前一直在上海从事报纸编辑工作，并积极投入电影、话剧运动。新中国成立后，曾任《文汇报》副总编辑，现任上海电影局顾问。

Ke Ling was born in Shaoxing, Zhejiang Province, in 1909. He is a modern Chinese writer. His first writing, a narrative poem "The Woman Weaver" appeared in 1926. He was one of the editors of "Children's times" from 1930 onwards. before 1949 he was all along engaged in editorial work in newspaper offices and took an active part in activities of film and modern drama in Shanghai. After liberation he filled the post of deputy editor in chief of "Wenhui Bao" for a period. He is at present adviser of Shanghai Film Bureau.

例中汉语原文第一句点出主语后，后面的句子主语一概省略，但是读者在理解上不会有任何困难，因为被省略的主语都暗含在上下文之中；而在英语的译文中，却需要反复使用人称代词"he"来指称第一句中的"Ke ling"，被省略的主语需要补全。英语句子在结构上是比较工整的，每个句子都有主语。而在汉语的译文中，只要意思明确，句子的主语可以省略。一个主语可以管一个小的段落，这在英语中是绝对不能接受的。这种比较以及通过比较所揭示出的差异对学习者英语的表达具有很强的实际意义，在翻译时要首先把省略的部分补齐，尤其是汉语中省略掉的主语，这样英语的译文才能够结构完整，衔接紧密。

四、连接

连接关系是通过连接词以及一些副词或词组实现的。语篇中的连接成分是具有明确含义的词语，通过这类连接性词语，人们可以了解句子之间的语义联系，甚至可以经前句从逻辑上预见后续句的语义。语言学家韩礼德将英语的连接词语按其功能分为四种类型，即："添加、递进"（additive），"转折"（adversative），"因果"（causal），"时序"（temporal）。这四种连接词的类型可分别由"and, but, so, then"这四个简单的连词来表达。它们以简单的形态代表这四种关系。所谓"添加、递进"，是指写完一句话之后，还有扩展余地，可以在此基础上再添加某些补充信息。表示添加、递进的连接词语有 and、furthermore、inaddition、what is more 等。转折是指后一句的意义与前一句的意义截然相反。前一句的陈述是肯定的，后一句却是否定的；前一句是否定的，后一句则是肯定的。表示转折关系的连接词语有 but、on the other hand、however、conversely、yet 等。因果连接是指以各种不同方式体现的原因与结果的关系。表示因果关系的连接词语有 because、so、for this reason、consequently 等。

汉语中表转折关系的连接词语常用的有：可是、但是、然而、从另一方面来说等。表因果关系的词语有：所以、于是、因此、由于、结果是、正因为如此、由于这一原因等。表示时序关系的连接词语有：尔后、后来、接着、正在这时、原先、此前、此后、最后等。

　　作为语篇中的衔接手段，英语的连接词和汉语的连接词之间存在着若干相同点。首先，它们的功能是相同的，语篇连接词语本身均是意义明确的词项，它们在语篇中衔接句子与句子，或者衔接段落与段落时，能够明白无误地表达句子之间或段落之间的语义联系和逻辑关系。此外，无论是英语还是汉语，在绝大多数情况下，连接词语都出现在句首的位置，它们就像纽带一样，将前句与后句或前段文字与后段文字紧密地连接起来。通过比较，我们也发现英汉两种语言在使用连接这一衔接手段上也有差异。其中，最突出的差异是英语与汉语在语篇连接词语的使用上也有显性和隐性的差别。在语篇层面的连接方式上，汉语呈隐性，而英语是显性的，或者说在语篇层面英语也重形合，要用连接词作为手段把各句连起来，所以，有些研究者把英语比作链语（chain language）。

　　英汉在语篇衔接上的另外一个差异是：在汉语语篇中对偶与排比也作为一种常用的衔接手段来使用，这是汉语所独有的；而英语的平行结构之间的连接，很多情况下则需要使用连接词语。如在前面章节所论述的那样，对偶与排比在汉语的构词、词组、句子和语篇等语言的各个层面都发挥着衔接作用。在构词层面，汉语中由相互对立或相互平行的词素构成的复合词比比皆是，如旦夕、始终、甘苦、供求等。在词组层面，四字格的成语最具代表性，如唇亡齿寒、天旋地转、阳奉阴违、天造地设。在句子结构方面，汉语中成语性的平行对立的句子结构和四字格用得一样广泛："耳听为虚，眼见为实""当局者迷，旁观者清""远在天边，近在眼前"。在语篇层面，对偶与排比也是一种重要的衔接手段。对偶与排比主要靠"互文见义"来发挥其衔接作用，使句与句之间意义连贯。汉语偏好对偶与排比，而且将其当作一种重要的衔接手段，这既有其语言特点上的原因，如汉语使用的是形、声、义统一为一体的方块字，更有其哲学上的论据。

第二节 段落结构的比较研究

段落既是一篇文章的组成部分,又是一个相对独立的整体。由于英汉两个民族思维方式和语言表达习惯不同,英汉语在段落的结构和内容安排上都有些差异,英语中每个段落必须集中写一个内容,一个段落通常有一个主题句概括段落的中心思想,而段落中的具体细节都与主题有关。

英汉语在段落层面最主要的不同还是体现在思维模式的差别上,即英美人习惯于演绎型的思维,而汉民族则是倾向于归纳型的思维。具体地说,就是英语通常是先概括,后叙述,后细节;先综合,后分析。而汉语则是先铺垫说明,最后点出主旨。学习者如果对这种差异有比较清楚的了解,在英语写作时就会有意识地避免把归纳型的思维模式带到英语的写作中去,了解这种差异,对翻译实践也有指导意义。

第三节 英汉段落翻译的不同

段落是篇的重要组成部分。英汉段落从形式上看大体相同,但实际上有着本质的区别。段落是篇的重要组成部分。英汉段落从形式上看大体相同,但实际上有着本质的区别。英语对段落的定义是"a distinct portion of written or printed matter dealing with a particular idea, beginning on a new line that is usually indented"(*Random House Webster's Dictionary*,1996)。英语段落与汉语段落从内容上看其本质区别就在于:英语一个段落中只能谈论一个主题(topic)或中心意义(controlling idea),换一个主题或中心就必须开始新的一段。换言之,一个英语段落中如果涉及两个或两个以上的话题,这个段落就是不规范的段落。而汉语的段落往往是根据谈论的内容划分的。只要谈论的是相关话题,就可以构成一个段落。也就是说，汉语的一个段落可能涉及多个话题，只要各话题之间的意义相互关联，而非互不相关就行。而不像英语段落一样，段落的话题中心具有唯一性。因此，英译汉时也不能机械地采用段与段对译的方法，需要根据原文的内容和议题译成几个段落。

总体看来，英汉语篇分别呈现直线形与螺旋式的逻辑特征。这从根本上讲是中西方各自重综合与重分析的思维习惯的表现。典型表现是汉语的歇后语：小葱拌豆腐——一清二白，前句的具体形象综合于后一句的抽象概念。从语篇来看，尤其能体现直线形与螺旋式的特点。例如：

The village of Marlott lay amid the northeastern undulations of the beautiful Vale of Blakemore or Blackmore aforesaid. an engirdled and secluded region. for the most part untrodden as yet by tourists or landscape-painter, though within a four hours' journey from london.

前面说过的那个美丽的布雷谷和布莱谷，是一处群山环抱、幽静偏僻的地方，虽然离伦敦不过四个钟头的路程，但是它的大部分都不曾有过旅行家和风景画家的足迹。马勒村就在它东部那块起伏地带的中间。

译文与原文在叙述上根本的区别在于：英文直截了当以主题"马勒村"为重心，由里向外扩展，直到远涉伦敦；中文则以一个已知信息为主位，先远涉伦敦再迁回到近旁的、作为主题的"马勒村"。所谓"直线形"，就是先表达出中心意思，由此展开，即英语所说的"develop"或层层推演或逐项分列，后面的意思都由前面的语句自然引出。

第四节 英汉篇章模式的比较研究

篇章模式（textual pattern）实际上是用篇章的形式和内容作为标准对篇章进行分类的一种方法。篇章的类型不同，建构篇章的模式也不同，也就是说篇章类型对篇章的模式有制约作用。

英语的语篇展开模式可大致分为五种类型。

一、问题—解决模式（problem-solution pattern）

这种语篇模式的程序是：首先说明情况，然后出现问题，随后作出反应，采取的反应可能解决了问题，也可能没有或没有完全解决，最后对此作出相应评价。例如：

（A）Helicopters are very convenient for dropping freight by parachute, but this system has its problems.

（B）Somehow the landing impact has to be cushioned to give a soft landing.

（C）The movement to be absorbed depends on the weight and the speed at which the charge falls.

（D）Unfortunately most normal spring systems bounce the load as it lands, sometimes turning it over.

（E）To avoid this, Bertin, developer of the aero train, has come up with an air-cushion system which assures a safe and soft landing.

此例中第一个句子向读者提供一个情景（situation），第二句提出问题（problem），第三句描述对这一问题的反应（response），最后一句则提出对这一反应的评价（evaluation）或结果（result）。这样一种"情景——问题——反应——评价/结果"的序列关系，构成一般的"问题—解决"型篇章模式。这种模式在篇章中是比较常见的，不仅出现在科学论文、试验报告、新闻报道中，还出现在文学篇章中。这个序列可能会有变异，或在顺序上有所调整，或在四个构成成分中缺少某一个（如情景或反应成分），但是通常在组织完好的篇章（well-formed text）中，人们总是期望这些成分都呈现出来。

二、主张—反主张模式（claim-counterclaim pattern）

在这一模式中，作者首先提出一种普遍认可或某些人认可的主张或观点，然后进行澄清，说明自己的主张或观点，或者说提出反主张或真实情况。还有一种情况，作者首先提供一种主张，并说明对这种思想起源的争论以及共同认识。

然后作者提出另一部分人的看法,并列举出证据。这里作者并没有直接说出他个人的观点,只是提供另外一些人的观点作为反主张,这也是主张—反主张模式常用的方法。这一模式的主张部分也可以是假设的观点,反主张部分可以是对真实情况的描述或肯定,因而又称"假设—真实模式"(hypothetical-real pattern)。主张部分可以包括内容、证据和争论,反主张部分包括论据和实例。主张—反主张模式是论辩类篇章的典型模式。在较大的篇章中主张可以是多个,反主张一般只有一个,少数情况下有一个以上。这种篇章模式也有其标志词,如:say、claim、assert、sate、false、in fact、in reality 等。

三、概括—具体模式(general-specific pattern)

概括—具体模式又称"一般—特殊模式"(general-particular pattern)、"综合—例证模式"(general-example pattern)或"预览—细节模式"(preview-detailed pattern)。这种模式的宏观结构大致可以这样表示

四、匹配比较型(matching pattern)

英美人用这种语篇模式来比较两种事物的相同之处和不同之处。这种方法是分析事物和说明事物常用的手段。比较模式用来说明相似的事物;对比模式用来说明相异的事物。比较与对比一般有两种展开的方法,第一种为整体比较。

如先介绍纯科学的特点,然后说明应用科学的特征,最后一段提纲挈领,一

语道出两者间既相互独立，又彼此作用的辩证关系。

第二种方法是对应点比较，即 point to point companson，它将各点一一对应比较，可以给读者留下鲜明的对比印象，对应点十分对称整齐，甚至连句型都类似。

五、叙事模式（narrative pattern）

叙事是一种按照一定时间顺序，记叙事件发生过程的语篇模式，虚拟故事、人物传记、历史故事和新闻报道都采用这种模式。叙事模式首先要选择好叙事角度，一般是第一人称或第二人称，叙事在一般情况下要交代5个方面的内容，也就是人们常说的5个"W"——何时、何地、何事、何人以及为何（when, where, what, who, and why）。

在语篇中，一种模式可独立出现，也可能与其他模式结合在一起构成更大的篇章，又可以互相交错和嵌入。有时一个问题—解决模式篇章可能包含概括—具体模式，也可能在评价部分包含一个主张—反主张模式。

通过对英语主要篇章模式的分析，我们发现了三大主要特点：其一，在多数情况下，篇章模式的展开体现了演绎型的思维模式，一般是先综合，后分析，从一般到特殊。其二，篇章展开分析注意理性、注意形式和结构严谨规范，层次清晰分明，篇章的焦点和重心的位置相对固定，读者在确定篇章体裁后对篇章的模式和思路走向能做出一个比较准确的预期，也就是说，英语这种形态性语言的特点在语篇层面也有充分的体现。第三，语句之间的连接呈显性，视觉上比较容易分辨，各种连接成分使语篇构成了一个有形的网络。汉语的语篇模式比较多样化，它与英语的篇章模式有不少相同之处，例如：叙事模式、主张—反主张模式以及用于比较的匹配模式都基本相同或相似，但是与英语相比，语篇展开的方法是有所不同的。

英语段落的结构是篇章的缩影，是缩短了的篇章，它具有篇章所具有的一切要素，体现了一篇文章所体现的一切构造原则，但是，英汉语在这一点上也体现出较大的差别。汉语的段落只是文章的一个组成部分，是文章整个链条上的一个环节，绝不是文章的缩影。

第七章
跨文化视角下英语教学的特点与原则

当全球一体化趋势日渐逼近，信息的交流与汲取变得空前重要时，英语理所当然地成为现代人必备的交流工具。但是，很多人不会忽视这样一个事实，那就是，学生热切地渴望找到英语与母语的某种联系，然而这样的苦心尝试并没有带他们走进一个豁然开朗的英语世界，大多数学生度过了英语学习的最佳兴趣期，最终被挡于门外。中国是英语学习大国，我国的外语教学在学习者的数量上、学习时间的长度上和教学条件的差异上，在世界上都是绝无仅有的，加之我们又缺少学习英语的环境，所以我国英语教学法的改革势在必行。

第一节　跨文化英语教学一体化框架

一、概念

语言（Language）是人类区别于其他动物的主要标志之一。语言是由各个相关联的成分（音位、词素、词、短语、句子等）按层次组成的一个结构系统。语言的产生与存在是出于社会交际的需要，语言具有交际、认知和承载文化等多种社会功能，但其最基本的功能是社会交际功能。学习语言就是为了在一定的社会背景下成功地进行交际活动。社会背景知识是交际的基础，缺乏社会背景知识，语言是不能完全表达思想、交流感情的，它会造成听话人只明白字面意思，而不明白说话人的潜在含义，以致产生不解或误解，达不到交际的目的，而社会背景知识则是操持这种语言的民族文化。

文化（culture）是人类生活中的现象，它是在特定的自然条件和历史条件下形成的，具有民族性质。关于文化的定义有二百多种，其最古典的定义是英国杰出的人类学家、文化史和人类进化论学派的开创者泰勒的定义：文化或文明，就其广泛的民族学意义来说，乃是包括知识、信仰、艺术、道德、法律、习俗和任何人作为一名社会成员而获得的包括能力和习惯在内的复杂整体。现代有关文化的理论认为，文化有广义和狭义之分。广义的文化包括文学艺术、音乐、建筑、科技和哲学等。狭义的文化指人们的生活方式和习俗，包括如何生活，如何组织社会家庭成员、社会成员之间的关系，人们在不同场合的不同表现，风俗习惯，直到吃什么、如何吃、各种禁忌等等。简言之，文化是人类在社会历史发展过程中所创造的物质财富和精神财富的总和，是任何一个社会的全部生活方式。没有无文化的社会，没有无文化的人。每一个社会，无论多么落后，它都渗透在社会的每一个角落，制约着人们的一切行为。

交际（Socialization）是指在一定历史条件下现实的个人、社会团体、国家之间的互相往来、相互作用、相互联系的活动。也就是说，交际是人与人之间的社会活动，这种社会活动是人们实践活动的需要和必然。一般认为，实践的目的是能动地变革自然，创造财富。人们在实践活动中不仅要与自然发生联系，而且要与人发生联系，因而产生了交际。可以说交际是人们社会实践的产物，是人的社会本质的表现形式，是人们相互作用的结果。

二、语言与文化的关系

语言与文化密不可分。"语言是文化的一部分，并对文化起着重要作用。语言是文化的基石——没有语言就没有文化；从另一方面看语言又受文化的影响，反映文化。"（邓炎昌、刘润清，1989）"学习一种语言，不仅要掌握语音、语法、词汇和习语，而且还要知道说这种语言的人如何看待事物，如何观测世界；要了解他们如何用他们的语言来反映他们的社会思想、习惯、行为；要懂得他们的心灵之语言，了解他们的文化。实际上，学习语言与了解语言所反映的文化是分不开的。"（ibid，1989：160）著名的语言学家古德诺夫（H. Coodenough）在《文化人类学与语言学》一书中写道："一个社会的语言是该社会的文化的一个方面，语言和文化是部分和整体的关系。"语言是文化的载体，任何一种语言都有其应用的文化背景。语言作为文化的组成部分，其特性表现在：它是学习文化的重要工具，人在学习和运用语言的过程中获得文化。语言能反映一个民族的特征，反映该民族的历史和文化，反映该民族的风俗习惯和思维方式。语言不能脱离文化而存在，不能脱离社会的各种约定俗成规范和信念。语言和文化相互作用，相互影响。对于每个社会成员来说，语言和文化都是从社会的交往，即交际活动中学到的知识。对于外语学习者来说，外语学习是在已了解民族语言与文化的基础上去学习属于另一种文化体系的语言，即跨文化学习。

三、语言、文化与交际三位一体的关系

语言作为人类文明发展的成果是人类特有的能力，Brooks（1968）定义语言："一个音义结合的符号系统，由符号与符号之间的关系、符号与其所指的关系和符号与语言使用者之间的关系组成。"语言是用来表达观念的，同时又是一种文化代码，是自成体系的特殊文化，所有的语言表达都围绕文化进行。"文化"一词含义极其广泛，中外学者对其理解与定义各不相同。人类学家 Tylor（1990）指出"文化是一种复杂的整体,包括人们作为社会成员而获得的一切能力和习惯"。Hendon（1980）把文化分为大写的 Culture 即文化知识，包括人类社会文明的各个方面；小写 culture 即文化交流，包括与生活密切相关的具体的生活方式。随着人类和社会的出现，人们开始交流，"交流"（communication）是一个理解他人，进而被他人理解的过程。Samovar（2004）认为"交际是在互相交往中，人类使用符号创造意义和反射意义的系统、动态的过程"。贾玉新（1997）指出，当语

言或非语言符号被赋予含义时就有交际发生,这是一个动态的编码和解码的过程。

在由语言、文化与交际共同构成的人类活动体系中,语言是重要的交际模式,文化是交际依存的环境,交际是信息传递的过程。在交际过程中,环境不仅直接对语言的使用和非语言行为产生效应,而且影响对所传递信息的感知和理解。同时,环境本身还蕴含着丰富的文化内容,不同文化背景的人对其会有不同的理解,可以说文化决定着语言和交际(张红玲,2007)。由此可见,文化是社会成员共同拥有、所思考和所做的一切,语言和交际是文化的一部分,三者是不可分割的整体。

四、培养交际能力的着眼点

语言是交际的工具,文化是交际的内容。培养学生的交际能力应从语言和文化两个方面入手。

1. 语言方面

必须培养学生具有三种能力,即语言能力(熟悉该语言的一整套法则和表达手段)、言语能力(运用该语言进行转述、回答、翻译、记录、拟提纲、写作文等模拟性言语交际活动)和交际能力(熟练运用外语完成一定的口头或书面的交际任务)。语言能力和言语能力的训练必须以培养学生具有交际能力为最终目标,而交际能力的达成必须以语言能力和言语能力为基础。

2. 文化方面

文化多种多样,人们可以根据需要从不同角度或侧面把文化分为包含着不同容量的部分文化,但这丝毫不影响文化的整体性。文化的整体性决定了人类社会拥有一个共同的文化。在两个不同的民族文化中,总有一部分相同、相似或相近,这就是共性。文化共性在人类文化中占主导地位,是不同民族可以开展交流的基础。然而不同的民族文化又具有独特的发展规律。不同的民族由于受自然条件、社会制度等方面的制约,肯定会存在着不同的实际情况,这就是个性,是差异。学习外语的过程也就是遵循共性、适应差异的过程。因此进行两种文化、语言的对比是十分重要的。外语教学必须从对比的角度时刻关注两种语言所载蓄的文化异同点，特别是着重研习语言所载负的文化差异性。

五、交际中语言与文化的差异

中西文化的差异性是普遍存在的。对于科技、哲学、文学、艺术等知识方面的文化差异，学生可以通过所学语言国家的概况、文学艺术史一类的课程获得，但是对于生活习惯、伦理道德、价值观念等习俗文化方面的差异，教师在外语教学过程中，则需要随时随地地指出，以培养学生对文化差异的敏感度，从而使他们能更好地掌握和运用语言进行交际活动。

语言是民族文化的镜子，是民族文化的载体。一个民族的文化特点及其在社会生活方面表现出的民族心理特征必定会反映到该民族的语言中来。与文化联系最紧密的语言因素是词汇，包括单词、固定词组、成语、习惯用语、谚语、俚语等语言单位。在外语教学中，要将这些语言单位置入特定的社会文化中去理解、去使用。民族文化的各种因素不仅反映在词汇上，也表现在典型环境中个人的行为举止上。语言环境和与这种环境相适应的语言加在一起便构成语言情景。在语言情景中不仅要知道怎么说、说什么，还要知道该说什么、该怎么说。语言情景的基本要素便是句型。英语教学中句型的训练要体现文化交际特征。外语教学中，学生对目的语文化知识和语言知识的了解与掌握同等重要，否则，用外语进行的交际活动就会遭遇障碍。

第二节 英语教学在各阶段的特点

在中国的英语教学体系中，学习者在不同的阶段呈现出不同的习得特征。语言学习的目的是应用，是交际。所以，在不同的学习阶段，学习者的语用又表现出了各自的特点。语言的习得为语用提供了条件，而语用过程中出现的问题和不完善又为语言习得提供了方向和动力，促进了语言的学习。所以，从语言习得和语用的角度，对语言习得者不同时期的习得和语用特征做一分析，对英语学习有着极大的帮助。在中国的现行英语教学中,一般来讲,英语学习可以分成三个阶段:第一阶段,语言兴趣时期;第二阶段,语言学习时期;第三阶段,语言提高时期。下面,就英语学习的三个学习时期的习得和语用的特征做一分析。

第一阶段:语言兴趣时期。

语言兴趣时期主要是小学时期。一般的情况是,从小学三年级开始,学生便开始了正式的英语学习。小学时段,是否应该开设英语课程,在学术界有着广泛的争论。但是,作为一门课程,这一时期的英话学习主要是引起学生对英语产生兴趣的学习。课程的主要任务是训练和培养学生的英语习得能力(尤其是听说能力),一般不作(或不多作)语言知识的传授。在教学方法和教学手段上,重点是通过游戏来学习英语,习得日常生活中适时应用的英语。小学英语是入门教学,应把培养学生学习英语的兴趣放在首位,寓教于乐。组织课堂教学时,要注意结合儿童好动、爱说、爱唱、善于模仿等特点,通过说唱、游戏等方式使学生主动、大胆、愉快地参与教学活动。同时,要注意观察学生的学习情绪,不断发展其求知欲,培养学生稳定而持久的英语学习兴趣。《基础阶段英语课程标准》对这一阶段的学习要求分别用了"对英语有好奇心""乐于学习""对于学习表现出兴趣和爱好""对英语学习表现出积极性和初步的自信心"来表述。在语言应用方面,由于学生接受能力强,一般都是将习得的语言材料在适时的环境中再现,以使他们"背出"所学的英语句子和短语。由于习得的语言材料有限,他们的语言变体不复杂,处于"套用期"(formulator)。在日常的交际中,小学生们的常用英语"Good Morning, teacher""My name is Mary, I am eight years old"等带有很强的背诵痕迹。在这一时期,英语的习得和语用之间的关系基本上是习得多少,语用多少;习得的语体就是语用的语体。所以,他们的英语没有太多的变体,语言交际往往显得机械、干瘪、不生动,没有太多的创造性和灵活性。

第二阶段,语言学习时期。

语言学习的主要阶段主要集中在中学时期,这是学生英语学习的关键时期,它影响了英语学习者一生的英语学习成败。《基础阶段英语课程标准》强调为每个学生的充分发展创造条件，为学生的终身学习打下基础。该标准分别对学习者就学习目标、自信心、学习态度、自主学习等方面在不同的级别提出不同的要求。在这一时期，英语学习者既要完成英语听说读写"四会"能力的习得，又要全面地进行语言知识的学习，学习任务十分繁重。英语既是学生应该掌握的语言技能，又是一门基础课程。

在这一时期，英语教学几乎没有和小学英语教学联系起来。在英语学习的过程中，学生的英语学习好坏受到教学环境、教师教学等客观因素和本人对英语认识等主观因素的影响。由于语言知识主要在本阶段学成，繁杂而联系紧密的语言现象使许多学生感到困难，不能很好地学好英语，因而失去了英语学习的兴趣，出现了两极分化。语言的习得是为了应用。中学时期的英语学习主要是在课堂进行并完成的，所学语言材料主要来自课本，而课本语言或多或少与语言的实际运用有一定的差距。这样，学生习得的英语就显得语法正确而交际起来呆板，语言习得和语用之间开始出现了一些距离。有的学生的英语知识还好，但语言运用不行；有的学生阅读能力较强，听说能力较弱。作为一门课程，既要完成语言知识教学，又要完成技能培养，许多学生处理不好这两者之间的关系；加之各类考试的作用，许多学生注重语言知识而忽略了语言技能培养，造成了语言能力不及语言知识的现象。

这一时期的学生英语变体大致处于"套用期"和"连接期"（articulator）。形成英语变体的原因主要由以下三方面构成：（1）学生方言音的影响导致学生的英语语音语调出现变体。如有的汉语方言中没有卷舌音，英语单词 tree 之类的发音就不卷舌；（2）汉语的句法结构引起英语的句子结构变体。如，汉语的副词状语往往在动词之前，一些学生便有了诸如"Very thank you""I very like English"之类的句子；（3）教师的影响。课堂教学中，学生的英语习得主要是通过教师的讲授而得以实现。因此，教师的说话习惯、方式甚至手势都会对学生产生影响。

尽管在英语知识和技能的习得方面存在着许多不足，中学英语教学毕竟给学生们的英语学习打下了坚实的基础。英语变体也开始出现。不断地纠正这些变体，学生的英语水平也就上了新的台阶，英语习得就有了成效。大多数学生毕业后都能运用已学的英语进行日常的语言交流了。

第三阶段，语言提高时期。

第三阶段的英语习得时期主要发生在大学阶段。这一时期的英语学习属于提高期，是学习者感到收获最大的时期。大学里较好的学习条件（网络中心、自主学习中心）和学习氛围（各类英语比赛和活动）给学生进一步学好英语提供了良好的条件。明确的学习目的使学生们在学习上有了源动力，语言学习和语言交流都十分主动、积极。经过中学六年的英语学习，学生们的英语应用能力已经有了相当的水平，基本形成了教程完善的系统。学生们能够通过这个体系基本表达自己的意思，进行一般的英语交际活动了。大学时期的英语学习，一方面，巩固中学所学的英语基础，学生在语言应用的过程中，能够查找自己语言系统的不足，逐步将其补充完整；另一方面，在语用的过程中，学生能够发现自己的语言系统与英语本族人士所说英语之间的一些差异（即语言变体和语用变体），不时地会出现些"中文式"英语句子（Chinglish sentences）或过分书面体的语言形式。在多次的语言交流中，这样的情况都可以得到自我纠正，从而改变语言系统中存在太多的"中文式"英语句子、过分的"书面语体"（written style）或"教育语体"（educated style）的状况，逐步使自己的英语"地道"（idiomatic）一些，知道在适当的时候说适当的英语，接近"当地语体"（native style）。

大学阶段英语习得的主要特征是学生学习积极性高，学生能针对自己的实际需要，形成了一套行之有效的学习策略。学生们自觉地组织起英语学习小组，互相学习、互相督促、共同提高，根据未来进入社会的需要，对语言交际能力有侧重地训练。学生有的收听收看国外的广播电视节目，侧重听说能力的提高；有的加强了阅读能力和写作能力的培训，提高读写能力。他们主要依据教材来学习英语，同时又大量地扩大英语材料来源，结合自己的专业，从课外书籍、网络中获取自己需要的资料。

在语言应用方面，学生们充分利用校园里活跃的英语学习氛围，积极、主动参与各类语言应用实践。大学校园里有着良好的英语学习和交流氛围。学生们十分喜爱参加"英语角"活动，与同学交流自己的英语学习体会；他们也踊跃参加各级各类英语演讲比赛，锻炼自己的语言交际能力和表达能力。同时，在英语交际的过程当中，发现自己的语言不足，从而带动自己的英语学习，提高自己的英语水平。英语学习是一个漫长的过程。在不同的阶段会呈现出不同的特点。在学习的过程中包含了应用，应用的过程又促进了学习。所以，英语的习得和应用是不可全然分开的。作为积极的英语习得者，要根据自己的实际情况，在不同的学习阶段采用不同的学习方法，不断地学习，不断地练习，英语学习才能成功。

第三节　外语教学法的演变

外语教学法经历了以翻译法、直接法、听说法、认知法、交际法为里程碑的五个重要发展阶段。前四种教学法都以传授语言知识和培训语言技能为目的，虽然外语教材和教学过程都充满了影响语言学习的文化因素，但没引起外语教师和研究者的注意。直到语言交际能力理论提出，交际教学法产生，外语教学界学者们的视域豁然开朗，他们很快意识到了语言教学中文化因素的重要性。从此，文化研究、文化差异研究、跨文化外语教学研究很快开展起来。翻译法起初是用于教授拉丁语，有近千年的历史，直接法是完全针对语法翻译法的弊端提出的，它是19世纪下半叶始于西欧的外语教学改革运动的产物。第二次世界大战后，外语教学法已成为一门科学，其发展更是突飞猛进，各种流派不断涌现。听说法的崛起从理论上和实践上抨击了通过翻译、背诵语法规则、孤立地记忆单词来培养阅读能力的语法翻译法，同时也批判了完全不考虑学生母语在外语学习中所起作用的直接法，从而建立起以句型练习为核心、通过反复机械模仿形成自动化习惯的教学法体系。20世纪50年代末，乔姆斯基的转换生成语言学提出了关于语言能力和语言运用的理论，并对以结构主义语言学和行为主义心理学为理论基础的听说法进行了批判。他认为人类具有掌握语言的内在天赋，人脑先天具有一种习得语言的机制和天生的语言能力。语言是人的内心存在的一种潜在结构，它能创造出人们从未接触过的无穷无尽的句子来表达思想，而这么多的句子都由一套语言规则生成。社会语言学家海姆斯在乔姆斯基语言能力和语言运用理论的基础上提出了语言交际能力的概念。从此社会语言学、心理语言学把语言看作是一种交际手段；把言语行为和言语活动看作是满足人们交际的需要；把使用语言的能力看作是一种交际能力；把交际功能看作是语言功能的主要标志；把外语教学的目标确定为在真实情景中使用语言，通过实践掌握外语，从而培养学生的外语交际能力。

社会语言学认为语言是一种社会现象，是人们用以交流思想的交际工具；语言结构和语言使用与社会有关，所以研究掌握语义比掌握语言结构更为重要。皮亚杰（Jean piaget）等认知心理学家强调思维的创造力在学习中的作用，这一切又开始动摇了听说法的理论基础。在外语教学实践中，听说法的弱点就在于它只注重语言形式和句型结构，而忽略言语活动的交际情景或上下文，进行单调、枯燥的机械练习。随着听说法的失势，以转换生成语法、社会语言学、心理语言学、神经心理学等理论为依据的各种教学法流派，像雨后春笋，相继破土而出。诸如，以情景为中心，把语言作为整体结构进行听说活动，声音和形象相结合的视听法；通过认知语言规律创造句子，培养交际能力的认知法；以功能、意念为纲的功能法；利用实物、图片等直观手段，增强学生的言语实践，减少教师讲解活动的沉默法；以学生为中心，重视小组活动，教师当顾问的咨询法；以音乐陶冶的暗示法；听、说、读、写并重，在情景中进行教学的统整法；以身体动作协助听说的全身法；吸取各家所长的所谓折中法；等等。

一、翻译法（Translation method）

在外语教学中运用翻译方法作为教学手段的历史不下千年，但学者们把这种方法提升到理论高度，整理成一种系统、科学的教学法体系只是过去一个世纪的事情。翻译法最早是教授希腊语、拉丁语等语言的教学法。希腊语和拉丁语这两种古老的语言对欧洲文明产生了深远的影响。直到中世纪，欧洲的教会和学校使用拉丁语，国际交流使用拉丁语，文人著书立说使用拉丁语。几百年以后西欧各国新的民族语言逐渐形成，拉丁语不再辉煌，人们学习希腊语和拉丁语只是为了阅读古代文学作品和科学书籍。后来，各学校教授希腊语和拉丁语的方法就是翻译法。到18、19世纪，英、法等国家成为欧洲列强，其语言在欧洲流行起来。其他国家的很多学校和教育机构开设英语和法语课程。但在当时的历史条件下，语言学和应用语言学还不成熟，人们无法找到一套有效的方法教授这些外语，但人们凭直觉认为，不同语言之间有一定的共同教学规律，特别是在培养阅读能力方面。所以作为权宜之计，各学校只好借用教授拉丁语和古希腊语的教学方法——翻译法。

翻译法虽然别名很多，称谓各异，但其内涵一样。在外语教学过程中，翻译法同时使用母语和外语作为课堂语言来教授外语，其基本教学原则是逐词直译课文内容，讲解并巩固语法、词汇知识。翻译法是总的名称，根据其教学侧重点不同，它可具体分为下列四种方法：①语法翻译法；②词汇翻译法；③翻译比较法；④近代翻译法。

（一）语法翻译法（grammar translation method）

以语法知识作为外语教学的内容。章兼中对语法翻译法做了较为权威的描述："这个学派认为学习外语首要的是语法。因为学习语法既有助于理解、翻译外语，又有助于磨炼智慧、培养学生逻辑思维能力。"代表人物是德国语言学家奥朗多弗（Heinrich Ollendorff）。他主张学外语先要背熟语法规则和例句，然后通过翻译练习巩固语法规则。他认为只有在理解语法的基础上才能阅读、翻译外语原文。为了贯彻"语法是外语教学的基础"这项外语教学原则，学校应在学生学完字母的发音和书写之后，开设系统的语法课。学完系统语法之后，进行阅读原文的训练。

（二）词汇翻译法（word translation method）

主张利用内容连贯的课文进行语意分析和翻译的方法教授外语。这个方法同语法翻译法一样，都以培养阅读能力为教学目的。这个方法的主要代表人物是法国的英语教师雅科托（J.Jacotot）、英国的教育家哈米尔顿（James Hamilton）。前者是词汇翻译法的理论家，后者是词汇翻译法的实践家。他们反对孤立地学习抽象语法，主张通过课文的阅读和翻译学习词汇和语法。词汇翻译法要求学生对课文的语言材料进行细致的分析，并进行母语与外语的对比，从而达到对课文的深入理解。词汇翻译法根据从已知到未知的教学原则，把母语看成是教授外语的基础，把翻译看成为讲解和巩固外语的手段。词汇翻译法不仅主张逐词直译，还主张标准翻译。词汇翻译法虽然提出了一些较为先进的外语教学法思想，比语法翻译法前进了一大步，但由于课文语言材料过于庞杂，再加上语法规则的安排很随意，在课文中遇到什么语法规则就讲什么语法规则，学生很难理解所学语言材料，只好死记硬背。这种机械的学习，效率极低，很难提高学生阅读能力。

（三）翻译比较法（translation-comparison method）

翻译比较法是德国著名的外语教学法家马盖尔（K.Mager）最早倡导的。他在翻译法的基础上提出了一些新的外语教学法原则。他认为在外语教学中应该进行母语和目的语的系统对比，然后在此基础上进行翻译。此外，马盖尔还特别重视语法讲授的连贯性和词源知识的讲解。他也非常重视观察、分析、综合、归纳、演绎等思维活动在外语学习中的作用。他认为这些思维活动是学生掌握外语的第一步。

（四）近代翻译法（modern translation method）

翻译法经历了漫长的发展和变化的过程。直到20世纪中叶，翻译法教学实践者们已经积累了丰富的经验并提出了系统的理论。有的国家将近代翻译法称为"译读法"，也有的仍然沿用"语法翻译法"的称呼。我国就是如此。

近代翻译法的教学原则有四项：

（1）语音、语法、词汇教学相结合；

（2）阅读领先，着重培养阅读与翻译能力，兼顾听说训练；

（3）以语法为主，在语法理论指导下读译课文；

（4）依靠母语，把翻译既当成教学手段，又当作教学目的。

翻译法和后来其他教学法流派一样，也经历了一个形成和发展过程。它从古典的语法翻译法和词汇翻译法发展到近代的翻译法。这个发展过程的实质是翻译法从幼稚时期到成熟时期，不断克服缺点并逐渐完善的过程。语法翻译法和词汇翻译法是古典的翻译法，也是外语教学的原始方法。没有古典的翻译法就没有以后各种外语教学法的产生和发展。总体来说，翻译法是现代外语教学法的幼年时期，它的教学思想、教学原则和教学过程还不成熟，其培养的人才外语口头表达差，缺乏跨文化交际能力。

二、直接法（Direct Method）

直接法是继翻译法之后产生的最有影响的外语教学法流派之一。《朗文语言教学及应用语言学辞典》对直接法是这样定义的：直接法是外语或第二语言教学的一种方法，具有以下特点。

①课堂上只使用目的语。

②意思应该通过将语言和动作、物体、模仿、手势及情景结合起来直接表达出来。

③读、写应该在说之后教。

④语法应该只用归纳的方法教，即不应该向学生教语法。

直接法在19世纪末提出，用于反对语法翻译法。

第一次使用"直接法"这一术语的，是法国教育部1901年的一个文件。"直接法"的称谓繁多：如改革法、反语法翻译法、现代法、口授法、自然法、归纳法、心理法等。但比起众多的其他名称，"直接法"更能反映这个流派的特点，所以这一名称得到了广泛的采用。

直接法产生的背景正是19世纪下半叶欧美各国的资本主义蓬勃发展时期。各国之间的商务交流日益频繁，移民现象频繁，已发展成了一种国际现象。这种发展彻底打破了各国封建时代闭关自守的藩篱，使各国之间的关系都变得极为紧密，互相依赖。生产力的快速发展，导致了商品的丰富，促进了跨国商品的交换；其次，各国为了在竞争中处于有利地位，必须优先发展科学技术，并以最快的速度直接吸取别国的一切科技成果。在这种情况下，外语不再是学校一门"锤炼心智、提高素养"的课程，而变成了一种社会实际需要。在各种形式的交际方式中，口语是最常用、最直接、最快捷的交际方式，也是国际交流的第一需要。时代对外语教学提出了新的要求，语法翻译法不能满足国际交流的需要。这种尖锐矛盾是直接法产生的社会原因。

活语言毕竟不同于死文字。现代外语有自己独特的教学规律。而语法翻译法却没有反映这些规律，在某些方面甚至还背道而驰。它暴露的缺点有两个：其一，它强调对繁杂语言规则的死记硬背，使外语学习变得极其困难，学生负担过重。其二，它不能有效地培养口语能力（胡春润，2001：338）。语法翻译法既不把口语训练作为一项主要的教学手段，更没有把掌握口语作为教学的主要目的，所以它不能适应新的社会要求了，它必须进行彻底改革。社会需要大量的口头交际能力很强的外语人才。直接法作为"新式法"的产生，一是为满足社会需要，二是为从根本上克服语法翻译法的弱点。到了19世纪末期，新方法的产生既有客观的必要性，也有了现实的可能性，因为语言学、心理学、教育学的研究成果，为直接法的产生提供了理论基础。

直接法的主要教学原则如下：

1. 直接联系原则

作为教学的输入，课堂上教授的每个外语词语都应当与它所代表的事物或表示的意义直接联系起来。在所教词语与事物或意义之间不应有母语介入，以避免母语干扰。甚至利用翻译作为教学手段也不允许，因为采用翻译这个教学手段来做中介，会助长学生依赖"心译"的不良习惯，影响实际言语交际的速度。直接联系原则是排除母语对掌握外语的干扰的有效手段，同时还有利于培养学生目的语的思维能力。

2. 句本位原则

当时的语言学家从幼儿习得母语过程了解到，语言是整句地来学的，而不是先孤立地学会单音、字母、单词、语法才去拼凑话语的。因此，教外语也应当以句子为单位整句学、整句用。学生学会了一定数量的句子后，就会按"类比""替换"方式构造新的句子，以满足交际的需要。

3. 以模仿为主原则

幼儿学语，是模仿周围的人说话，慢慢习得母语的。语法规则不是教的，而是自己总结归纳出来的。因此，外语教学也应以模仿多练为主，语言知识在教学中应放在次要的地位。

4. 语法归纳教学原则

幼儿学语的顺序是上学前学会说话，上学后学会识字和文法规则。由此得出的教学法结论：首先应让学生广泛接触语言材料，然后再教他们语法规则。幼儿学语，同时也学到了母语的语法结构（而不是书本上的文法规则）。这种结构是语言的基础或骨架。因此，直接法家认为学习外语，就要把相当大的力气用在对外语语法结构的实际掌握上（而不是死记文法规则）。编得好的直接法初级教材中，编者对语法结构的各个项目做了精心安排。不少课本只突出一两个要求学生实际掌握的语法结构重点。

5. 以口语为基础原则

幼儿学语，都是从学说话开始。学习识字和书写，那是入学以后的事。学习口语是学习书面语的基础。由此而得出的教学法结论是：学习外语应从口语开始，而不是从书写和文法入手。直接法家一致认为入门阶段的教学应以口语为主。

6. 以当代通用语言为教材基本内容的原则

幼儿所学语言，都是他那个时代通用的语言，是鲜活的口语而不是晦涩的书面语言，也不是过了时的死语言。因此，直接法家主张教授外语也应当以当代的通用语言，即"活语言"为教材基本内容，而反对语法翻译法以古典文学作品为教材基本内容。幼儿所学语言只是有限的语言材料，例如，有限的音素和语调，常用的单词，成语和语法结构。他只需学会这些有限的东西，就能进行交际。从这一认识出发，直接法家主张外语教材的内容应该是精选的、最常用的单词、句式和篇章结构，而学生的任务就是掌握这些精选的语言材料。

在外语教学法史上，直接法功不可没。直接法的产生使外语教学法科学进入百家争鸣且学术思想空前活跃的新时期。直接法的出现，给古典语法翻译法树立了一个对立面。直接法对古典语法翻译法的弊端的抨击，促使后者不断采取措施来改进自身的弱点，从而推动了语法翻译法的进步和现代化。直接法家在教授活语言，特别是在培养口语能力方面，取得了显著的成绩。直接法家重语音教学，这一事实，是推进理论语音学发展的动力之一。直接法作为改革法，为以后的听说法、视听法、功能法、自觉实践法等改革法流派开了先河。

当然直接法也有其不足之处，一般公认的有六点：

（1）在外语教学中偏重经验、忽略人的自觉性；

（2）消极看待母语在外语教学中的作用；

（3）夸大了幼儿习得母语和成人学习外语之间的相似性，忽略了二者间的差异；

（4）偏重学生的语言掌握，而忽略学生的智力发展；

（5）偏重学生口语提高，忽略了学生的语文学修养；

（6）外语教学忽略文化因素，学生欠缺跨文化交际能力。

三、听说法（Audio-lingual Method）

听说法是20世纪50年代产生于美国，随后流行于欧美的外语或第二语言教学的一种方法。这种教学法：①强调先教听说，后教读写；②重视对话和操练；③反对课堂上使用母语；④常利用对比分析。（Richards，2000：33）听说法和口语法（oral approach）的区别在于前者指教授本国人学习外语的教学方法；而后者则指教授外国人学习本族语的方法。教学法专家们和语言教师还给听说法起了些别名。例如，由于听说法以结构主义语言学为理论基础，它被称为结构法（structural approach）。由于军队采用听说法培训大批派往国外的军人，它又被称为军队教法（army method）。虽然教学法专家和语言教师给听说法起了不同的名称，但他们对外语教学原理和原则的看法基本上是一致的。无论听说法怎么称呼，它都是一种培训口语的教学法体系。采用听说法进行教学，要求从大纲、教材的编写到教学的方法、技巧的运用都必须遵循教学法专家们为其制定的原理和原则，即根据这种教学法理论来指导外语教学的全过程。

（一）听说法的特点

（1）集中时间教学。集中教学具有速成的性质，学习的时间短，小班上课，口语训练强度大，由目的语的"当地人"（informant）担任外语教师。

（2）课堂采用听说教学法。高等学校和外语培训机构按教学法专家们为听说法制定的原理和原则进行外语教学实践，积累了丰富的教学经验和数据，使"听说法"日趋成熟。

（二）听说法的基本教学原则

1. 听说训练优先

语言是由声音和文字组成的系统。听说与声音有关，读写与文字有关。文字是记录声音的符号。由此可见，口语是第一性的，文字是第二性的。听说训练好了，有利于读写能力的培养。因此，外语教学的顺序应当是先听说，后读写。课堂教学的大部分时间应该放在听说练习上。

2. 反复实践直到形成习惯

结构主义语言学家和行为主义心理学家认为，语言的习得过程就是强化人的行为的和培养人的语言习惯的过程。学习一门外语，同习得母语一样，要靠大量的模仿练习，要靠反复实践，养成一套新的语言习惯。

3. 以句型为中心

结构主义语言学家认为语言结构层次虽然复杂，但人们交流时，语言基本的结构还是句型。所以外语教学的内容应该以句型为基础。无论是语言材料的选择，还是语言技能的训练都要以句型为中心。

4. 排斥或限制母语

结构主义语言学家反对外语教学中使用母语表述，特别是借助翻译手段讲解词义。在他们看来，翻译是涉及两种语言的特殊心理活动，在翻译过程中，学生总是和两种语言打交道，母语容易对外语造成干扰。因此他们主张借助上下文用所学外语直接释义，排斥或限制母语。

5. 对比语言结构，确定教学难点

结构主义语言学的特点在于对语言进行系统的描写分析。结构主义语言学家主张外语教学中应该进行两个方面的语言结构的对比分析。外语教师一方面应将母语结构与目的语结构进行对比分析，另一方面应将目的语内部结构进行对比分析。外语学习者容易用母语结构代替目的语的语言结构，造成语言负迁移。因此，对比语言结构，确定教学难点是非常必要的。

6. 及时纠正语言错误，培养正确的语言习惯

结构主义语言学家认为外语学习是一种刺激—反应过程，也就是养成一种新的语言习惯的过程。教师只有对学生进行正确的刺激，才能保证他们作出正确的反应。因此，在指导学生模仿、练习的过程中，对他们出现的任何错误应及时纠正，以使他们养成正确的外语习惯。

7. 广泛利用现代化教育技术手段

在外语教学中广泛利用电影、录音、幻灯等现代技术手段，并根据刺激—反应—强化公式制定完整的电化教学体系。

（三）听说法的教学过程

听说法是一个较为严谨的外语教学法体系，其教学理念和原则总是能够体现在教学过程中。听说法家们从不同角度论述了教学过程。他们对教学过程的看法各不相同。美国布朗大学教授特瓦德尔对教学过程进行了科学的解析和整理，认定教学过程分五个步骤。他的学说已被听说法家和教师所接受。听说法教学过程的五个步骤如下：

1. 认知（recognition）

教师借助实物、模型、图片等辅助手段，向学生发出语言信号，使学生把接

收到的语言信号和实物联系起来,即把言语和它所表示的意思联系起来。

2. 模仿(imitation)

在外语教学的初期,教师的主要作用是反复示范,学生的主要任务是准确模仿。由于在初学阶段学生鉴别能力差,教师对学生出错应保持高度敏感性,发现错误,即时纠正。

3. 重复(repetition)

为了使学生准确地记住所学的语言材料,教师要让学生不断地重复练习,反复模仿,直到能背诵为止。

4. 变换(variation)

做过模仿记忆练习之后,学生可能已记住了所学的语言材料,但不会活用。为了培养学生活用的能力,首先要做变换句子结构的练习。

5. 选择(selection)

让学生从已学过的语言材料中挑选出一些单词、短语和句型,用来描述特定的场面、情景或叙述一个事件。这类练习能培养学生的语言综合运用能力。

当然听说法并非十全十美,它存在四大缺陷:

①过分重视机械性练习和死记硬背,忽视语言能力和交际能力的培养;

②过分重视语言的结构形式,忽视语言的内容与意义;

③过分重视口语,轻视书面语言;

④忽略文化因素,导致学生缺乏社会文化能力和跨文化交际能力。

四、认知法(Cognitive Approach)

认知法是把认知心理学的理论运用于外语教学的一种方法体系。语言教学法专家也将认知法称作认知—符号法(cognitive-code approach)或认知—符号学习理论(cognitive-code learning theory)。认知教学法提倡:在外语教学中教师应设法让学生的智力发挥作用,重视学生对语言规则的理解,培养学生语言综合运用能力。外语教学界称其为"经过改革的现代版语法翻译法"。"认知"这个术语来自学习心理学。要想了解认知法的确切含义,有必要对认知心理学做一些必要的解释。学习理论最初分为两大派。一派是联结说,一派是领悟说或称为格式塔(gestalt)。到了20世纪60年代,前者发展成行为主义,后者发展成认知学习理论。认知学习理论是作为刺激—反应学习理论的对立面出现的。"认知"一词最早是承认父子关系的法律用语,后来又用于哲学,表示"认识"的意思。它用于心理学意义却完全不同,具有独特的含义。心理学的认知概念就是"知道"的意思,而"知道"则有感觉、知觉、记忆、想象,构成概念、判断、推理等意义。认知心理学研究与"知道"有关的系列问题。其中涉及学习的问题主要有三个。

其一,什么是知识的性质;其二,知识是如何获得的;其三,知识是如何用于创造性活动的。对这些问题进行研究的结果和结论就是认知学习理论。认知心理学家重视智力活动在获得知识过程中的积极作用。这些智力活动包括感知、理解、逻辑思维等。当语言教学法专家把认知心理学的理论用于外语教学时,这种外语教学法被称为认知法。

(一)认知法的基本原则

认知法依据的是教育学、心理学、语言学的最新研究成果;关注的是语言思春期(linguistic puberty)以后的成年人在本国的环境中学习外语的过程及其规律;追求的外语教学目的是培养学生综合运用外语的能力,即具有与目的语国家人民一样的语言能力。通过总结外语教学的历史经验,认知法认为达到外语培养目的应遵循下列几项教学原则:

1. 外语教学要以学生为中心

以往的教学法,只管教不管学,充其量只能算得上是教的方法。无论是翻译法、直接法,还是听说法,通病是忽视对教学对象——学生的研究。认知法则一反过去做法,彻底改变了教学理念,将注意力放在学生因素的研究上。认知法主张先研究好"学"的问题再研究"教"的问题,教师在外语教学中应考虑学生的心理因素,最大限度地调动学生的学习积极性。认知法认为教学要以学生为中心,课堂教学活动要以学生的实际练习为主,以培养学生实际运用外语的能力。认知法还认为,外语学习不能局限于课堂,还应该延伸到课外,即学生在教师指导下,进行自主学习。因此教师的另一项任务是培养学生自主学习的能力。

2. 在掌握语言知识和规则的基础上进行有意义的外语学习和练习

认知法认为学习外语是一种创造性的语言活动。学生只有在掌握规则的基础上才能进行言语活动。人类具有高度发达的大脑,学习外语不是刺激—反应这一动物型的学习(animal type learning),而是在理解规则的基础上通过大脑的逻辑推理创造性地活用语言的人类型学习(human type learning)。(章兼中,1983:192)根据这个原理,外语教学首先应使学生理解所学语言的规则;教师提供的语言材料应该易于让学生自己从中发现规则;教师要让学生在一定的交际情景和实际生活中练习语法规则。

3. 听、说、读、写齐头并进

在处理听、说、读、写四项语言技能的关系方面,认知法与听说法有很大的差异。认知法反对听、说领先,主张听、说、读、写全面训练。

4. 利用母语

所有的语言,无论是母语还是外语,在某些方面具有共同性,乔姆斯基称之为语言的普遍现象(linguistic universals)。成年人学习外语一般借助母语实现。母语为他们提供了语言经验,帮助他们掌握了各种知识,形成了各种概念。如果引导得当,这些经验、知识和概念都可转移到外语学习上,使外语学习变得容易。这就是母语的正迁移现象(positive transfer)。因此,外语教学中适当地利用母语是有益的,而排斥母语将是莫大的损失。

5. 对错误进行分析和疏导

按照认知法的观点,语言的习得过程是:假设——验证——纠正。学生在这个过程中犯些语言错误是不可避免的。如果教师采取有错必纠态度,势必打击学生的积极性,在他们心里造成紧张感,不利于外语学习。所以教师要区别对待学生所犯语言错误,严重影响交际的错误要及时纠正,但因疏忽、不熟练而产生的错误则以疏导为宜。只有这样教师才能制造外语学习的轻松感，调动学生学习外语的积极性。

6. 广泛运用直观教具和电化教学手段，使外语教学情景化、交际化

在外语教学过程中采用直观教具和电化教学手段有助于创造外语环境，提高教学效果。

五、交际法（Communicative Language Teaching）

交际法是以语言功能和意念为纲，培养交际能力（communicative competence）为目标的一种教学方法体系。语言教学法家常将交际法称为功能法（Functional Approach）或者功能—意念法（Functional-notional Approach）。围绕交际能力作为外语教学培养目标这一观点，产生了相应的语言观、学习原则及语言教学。交际能力这一核心概念是社会语言学家戴尔·海姆斯于1967年首先提出的。交际法的代表人物有英国剑桥大学语言学系系主任特里姆（J.L.M.Trim），荷兰乌得勒支大学应用语言学院院长范埃克（J.A. Van EK），英国语言学家威尔金斯（D.A.wilkins）、亚历山大（L.G.Alexander）、威多森（H.G.Widdowson）和韩礼德（Halliday）等。威尔金斯的《意念大纲》（*Notional Syllabuses*，1978年）和威多森的《交际法语言教学》（*Teaching Language as Communication*，1978）标志着交际教学法的诞生。

交际法克服了听说法的一些致命弱点，其特点是：

①交际能力是教学所追求的最大目标；

②注重意义，围绕交际功能练习语言；

③语境交际化是教学的基本前提；

④句型练习属辅助训练手段；

⑤根据学生需要解释语法，可用母语进行适当的翻译；

⑥读写可以与听说同时进行；

⑦课堂教学以学生为中心，让学生通过交际活动掌握语言系统；

⑧按交际的需要和学生的兴趣来决定学习顺序。

第四节　跨文化英语教学的原则

一、语言教学与双向文化教学

语言和文化相互渗透的关系使文化在外语学习中成为一种潜在的、非正式的课程，从文化角度进行语言分析能帮助学习者增强文化意识，提高语言的精通程度。Kramsch（1993）注重文化教学"第二外语学习者必须成为第二种文化的学习者。"我国学者顾嘉祖、王斌华（2002）认为，在语言教学实践中，必须时刻注意语言与文化之间内在的联系，以交际为契合点，将文化内容与语言形式结合起来。与此同时，文化的学习涉及目的语文化和本土文化两方面。胡文仲（2004）认为"培养学生对英美文化的洞察力和敏感性的同时，也必须引导学生了解本民族的传统和文化及各种表现形式"。语言学家Krashen（1982）提出"理解输入"理论，即只有较广泛地了解本民族文化知识，才能有效地理解和接受另一种文化。吴庄、文卫平（2005）用大量的研究实证表明母语文化对外来文化既是抵制力，也可以成为推动力，学习者对母语文化内涵的理解能力可以直接应用于学习者对目的语文化的深层理解。这一研究结果与认知教学法的主张不谋而合，认知结构论认为学习过程是认知结构的组织和再组织过程，语言学习过程实质上就是新旧语言知识不断融合的过程。在外语教学中教师引出目的语文化的内容应该在学生已知的本土文化知识基础上，通过对比两种文化之间相似或相异的内容，加深对目的语及其文化的理解和学习。

二、双向文化导入

（一）双向文化导入的原则

（1）平等性原则

文化的形成都有着悠久的历史渊源，带有各自民族的烙印，因此只有在互相尊重的基础上，秉持平等心态，才能更好地去了解和吸收。双向文化导入包括两个层面：一是文化内容导入双向性。在教学过程中，教师可通过对比分析两种文化的共性和特性培养学习者文化敏感性，尤其注意克服母语文化对学习的阻碍，当然还要避免产生其他语言文化优越于本民族文化的思想，以比较客观的、无歧视、无偏见的态度来对待不同民族文化；二是文化导入的过程双向性，教师可在课堂教学中适当融入双向文化的内容，让学生了解所学语言里人们在特定环境中的语言行为规范，以及不同文化的人们与其社会约定俗成的言行准则，同时还要引导学习者运用所学语言向对方表达本族文化信息。

（2）交际性原则

培养学习者运用所掌握的语言文化知识进行有效交际是文化导入的核心，凡是影响跨文化交际成功进行的基本文化知识都应该向学习者明确阐释；对有助于提高语言学习兴趣、熟练运用语言的文化知识，也要及时补充。

（3）适度性原则

在教学过程中，既要明确文化导入对目的语言教学的促进作用，又需避免盲目夸大文化导入因素，忽视学习者对语言基本功的练习；语言仍然是教学的重心和归宿，文化的引入并不意味着教学核心的转移；教师可适度把握文化导入量与语言学习量的比例，促使文化输入利于学生理解语言。

（4）相关性原则

双向文化的导入应与课堂教学内容相关，围绕课程教材组织安排。可紧贴学习者的实际情况，根据他们的语言水平和接受、领悟能力，选择真实、充足、相关、简明的文化知识，合理运用各种方法，适度导入、由浅入深、循序渐进，实现语言知识运用与文化知识学习的相互融通。

（二）双向文化导入的内容

由于学生对社会和自然界的看法类似或比较一致，文化虽在不同环境下形成，但存在着大量共同之处。同时每种文化都局限于特定自然与历史条件，有其独特性，因此文化教学应侧重差异对比，培养双向文化思维习惯。具体可以从以下几个方面入手：

（1）词汇的文化内涵

不同文化背景下词汇的蕴含不是一一应的关系，词汇承载的文化信息、文化差异都需要教师细致阐释、深入分析。

（2）语法的文化影响

文化背景不同，语言的表达方式也各异。例如，汉语语法比较宽泛，结构词经常被省略，主要是通过句子之间的内部逻辑关系表达出来；而英语语法形式和意义高度一致，逻辑术语做结构词，表达明确、严谨。学生如了解这一思维习惯上的差异，可以取得事半功倍的效果。

（3）篇章的文化信息

语篇通常涉及目的语文化的背景知识，包括节日习俗、宗教信仰、价值观念、思维方式等，教师可引导学生挖掘文化信息，拓宽文化视野，文化背景知识越丰富，理解篇章内容能力越强。

（4）习语的文化差异

习语具有强烈的文化特征，是修辞手段的集中体现；教师可指导学生做些习语收集和对比，从而加深对双向文化的了解。

（三）双向文化导入的策略

（1）增加教材文化内容

教材是教学内容的主要载体，对教学效果起决定性作用。教材编写应利于语言教学和文化教育同步发展，首先考虑那些富含文化气息的语言材料作为学习语篇，其次融入母语文化及两种文化的比较，避免学生因缺失母语文化而无法准确运用目的语言表达本族文化的尴尬。

（2）发挥教师课堂引导作用

在外语课堂教学中，教师是主导者，教师应在教学实践中培养自身的文化意识，提高自身的文化修养，适时地向学生传授如何表达。

第八章
跨文化视角下英语知识的教学

跨文化是学生接受英语知识的必然内在需求，也是帮助学生开阔视野和思维的重要基础，对提高学生英语综合运用能力具有推动作用。借助情境活跃跨文化氛围，在渗透课堂中挖掘资源的导学和深化作用，是提高学生英语表达准确性的一个有效手段。

第一节　英语词汇教学策略

进入 21 世纪以来，我国英语专业的全新教材相继问世。与国际领先词汇教学理念相吻合，新教材中对词汇的关注有明显的加强。《现代大学英语——综合英语》《现代大学英语——综合教程》《综合英语教程》（第二版）都提供了大量 sight vocabulary。在这些词汇表中，有些单词只提供纯英语解释，有些提供英汉双语解释，还有些直接用中文解释，这种灵活地根据学生的实际水平提供的 sight vocabulary，将会大大提高学生的学习效率，有助于学生迅速扩大词汇量，真正理解生词及短语在文中的意思，用最少的时间获取最多的知识，从而激发学生学习的积极性，领略阅读的乐趣。甚至在写作教材《体验英语写作》中也随处可见中文注释的 Prompt Golsses。这些新教材不约而同地加强了 explicit learning of vocabulary，可见当前国际上 L2 词汇教学的理念与趋势已经在我国英语专业教材中得到了体现。

一、L2 词汇教学理念的改变与发展

英语 L2 教学中词汇习得的重要性在世界进入 21 世纪的今天已被越来越多的语言学家及英语 L2 教学家所关注。L2 词汇习得的教学方法从传统的 bottom-up approach（从下而上的阅读方法，即单词、短语、句子、篇章由小到大按顺序理解）、explicit instruction（明确直接的以讲解词汇、语法为主的教学）发展到 20 世纪 70 年代至 80 年代的 top-down approach（从上到下的阅读法，即抓住主题、识别中心思想、段落大意，根据上下文推断词义的快速归纳法）、communicative approach（交际法），近年来则越来越倾向于折回"中庸"——不再一味侧重于在语境中推断词义或在交际中自然获得词汇的非刻意学习法，而是主张 implicit learning 与 explicit learning 相结合，帮助学生快速有效地掌握词汇。

20 世纪 70 年代至 80 年代，国外英语词汇教学提倡 top-down approach，communicative approach，强调指导学生通过上下文来推断生词的大致意思，强调使用"英英"字典、避免用中文的对应词来定义，等等。课本侧重于训练学生推断词义的能力，将之视为重要的掌握词汇的手段。诚然，通过在不同的语境中多次复现来认识某一单词的真正含义是极其重要的，但是依靠在阅读中对生词的非刻意接触及自然复现率来掌握词汇仅仅只是词汇习得的一种手段，远不是全部。20 世纪 80 年代后期至 90 年代中期，语言学家及 L2 教育学家进行的许多实验及研究证明，仅仅依靠上下文暗示来加强词汇的获得能力存在多种潜在问题美国华盛顿大学的 Anita J.Sokmen 将这些研究得出的结论进行了归纳。首先，主要靠上下文暗示来认识词汇的过程可能非常缓慢。由于许多外语学习者用来学习词汇的时间有限，而凭借词汇的多次复现来自然习得的方法不可能使外语学习者在有限的时间内掌握尽可能多的词汇，因此这不是最有效地掌握词汇的方法（Sternberg, Carter and McCarthy）。其次，凭上下文来推测词义还可能引起理解错误。研究

表明，学生推断词义的正确率很低（Pressley，Levin，and McDaniel；Kely），尤其是那些目标语言水平较低的学生，用此法常常力不从心，困难重重。而且一旦某些词被误解了意思，由此带来的负面影响很难再消除。第三，即使训练学生用各种技巧根据上下文来推测词义，他们的阅读理解能力仍可能由于词汇量的不足而低下（Haynes and Baker）。第四，在教学中因过分强调词汇推断能力而忽略了这样一个事实，即个体学习者有着不同的学习风格，他们可以用不同的适合自己的方式习得词汇。Hulstijn 对荷兰的英语学习者做过实验，发现善于推断词义的学生掌握生词虽然比不善于推断词义的学生来得容易，但这并不意味着他们的词汇量一定大于那些不善于推断词义的学生，反之，词汇量大的学生并不一定善于推断词义，他们的词汇量是通过其他方法获得的。因此，Hulstijn 建议我们在指导学生根据上下文推断词义的同时，仍然允许他们自行决定是否依靠查字典来认识生词。其五，也是最重要的，通过上下文来推断词义并不能保证对该词的长期记忆。即使学生在有明显暗示的上下文中猜出了词义，也不能保证他以后就能记住。Parry 在对一位学生进行的"阅读时词汇的长久记忆"研究显示，该学生虽然在阅读课文中猜出了某些词的正确意思，但以后的阅读测试显示，他仍未认识该词。Mondria and Wit de-Boer 在对荷兰学习法语的学生进行实验时也发现，当他们将上下文做改进，增加了暗示成分，学生们就能比较正确地猜出词义，但对该词的记忆仍未改善。那么，词义推断的技能是否仍需培养？答案是肯定的。即使诸多研究认为它无助于词汇的记忆，但语言学习的终极目标是"使用"，学习者在使用的过程中必然会一再遇到曾经猜对过的词，进而通过复现加强记忆，尤其是对目标语言已有较高水平的学习者来说帮助更大。

然而，越来越多的研究显示，单一使用上下文推测法来进行词汇教学的局限性以及在使用该法时必须具备的词汇基础必须与 bottom-up approach 相结合的重要性。国际上 L2 的词汇教学理念之钟摆经历了从传统的直接词汇教学法（语法翻译法），到 20 世纪七八十年代偏向于非刻意的自然掌握（incidental/communicative）词汇教学法，终于从 90 年代中期起摆回到了两者优势的结合点——top-down approach 和 bottom-up approach 的结合、词义推断（contextual guessing/implicit）与即识词汇（sight vocabulary/ explicit）的结合（Anita.J.Sokmen）。

既然过于强调根据上下文来推断词义有诸多弊端，近来国外 L2 教学领域的许多研究都指出在指导学生通过上下文推断词义的同时，有必要使用明确的词汇教学法（explicit vocabulary teaching）和建立大量的即识词汇（sight vocabulary）。Sight vocabulary 类似生词表，使学生在阅读时能立即知道词义，即对生词短语或容易引起歧义的词加注，以扫除阅读中的障碍。Sight vocabulary 的建立可以是 Priming glosses，即在读课文前先提供生词短语的注释，也可以是 Prompt Glosses，在课文中生词短语出现的地方即时加注。不过，Widdowson 早在 1978 年就指出 Priming glosses 和 Prompt GLosses 这两种注释法各有弊端：由于尚未接触课文，Priming glosses 可能会使学生以为词汇表中的解释即是该词的唯一意思，当该词语出现在不同的语境中时，可能会引起误解；而 Prompt Glosses 的弊端是剥夺了学生根据上下文推断词义的机会。因此，教师要注意在课堂教学中引导学生避免这两类 sight vocabulary 可能导致的负面影响。

美国的 *Developing Reading Skills and Expanding Reading Skills*，*Intermediate*，*Second Edition*（Markstein，Linda）是词汇教学理念发展的典型。这套再版教材不是第一版的简单修订，而是 "a completely new book"。编者在前言中说，"This thoroughly revised program reflects a different orientation toward reading because our philosophy of the nature of reading and our perception of the real reading needs of students have evolved over the years."（Markstein，Linda）与 20 世纪 80 年代出版的第一版相比，90 年代再版教材中的全新练习，不仅增加了 "vocabulary study"，而且根据上下文推断词义，还增加了 "dictionary study"，以训练学生从字典上的一词多义中选出与上下文吻合的正确定义（笔者认为这个能力比根据上下文推断词义更重要，更实际，即使现在的学生人手一台电子词典，即使有 "金山词霸" 的即时帮助，从一个词语的众多定义中选择最适合上下文的那一个的能力是永远不可或缺的）。此外，在书末还增加了 "Glossary" ——大量的 sight-vocabulary，为课文中的大量生词、短语及习惯用法加注并举例。从 Developing Reading Skills and Expanding Reading Skills，Intermediate，Second Edition 的增设内

容可见,多种词汇习得手段的结合,反映了国际上 L2 词汇教学的新理念、新趋势。

二、词汇教学的历史发展

词汇虽是语言的重要组成部分,但是词汇教和学在各个历史阶段均未受到足够的重视。语法翻译法(Grammar Translation Method)把语法规则和句子对释放在第一重要的位置,教学中老师讲授那些充分展示语法规则的词汇,而词汇教学主要依赖词源和给词汇下定义。学生被要求背诵有译文的词汇表。19 世纪后期直接法(Direct method)开始流行,词汇教学不再借助母语解释,具体词汇强调利用图表、图画、实物、演示身体动作等方式直接与目的语的词汇意义联系,抽象词则采用传统的归类和联想方式教授。由于直接法的缺陷,20 世纪美国出现阅读法(Reading Method),其目的是通过提高词汇水平来促进学生的阅读能力。Michael West 认为,应用词频表作为确定教学材料中词汇选择及其出现顺序的依据。同时期 H.E. palmer 和 A. S Hormby 提出了情景法(Situation language Teaching),他们相信应该在意义的情景化活动中通过练习基本结构来开展语言教学,而词汇学则置于所学的情景之中。在此期间,词汇教学第一次被认为是外语教学的重要部分,但把词汇散写放在了建立一种科学合理的词汇选择方法上。第二次世界大战期间,以结构主义语言学和行为主义心理学为基础,听说法(Audio-lingual Method)得以建立。它强调发音和对基本句型的口头练习。词汇教学是为句型服务的,因此,用于教学的词汇多数较为简单。它认为词汇的价值在于它能展现语法项目,而不在其交际价值。因此,听说法的学生被认为是有"成年人的智力,婴幼儿的词汇量"。

现在词汇教学受到了空前的重视,许多教师认识到词汇教学的重要性,但在实践中却只有很少的教师能运用科学的方法进行词汇教学。

三、词汇教学的几种方法

别利雅也夫认为,从心理学的观点看词就是一个复合刺激(在感知和理解、说和写的过程中),又是人的同等结构复杂的反应(在口头或书面表达思想时)。就是因为词的这些特点,所以在教学中要想方设法调动学生对外语学习的积极性,使学生能最大限度地参与学习，形成教师为主导，学生为主体的教学，使学生能逐步形成积极学习的观念，达到预期的学习效果。根据我们的教学实践提出以下几点词汇教学建议。

（一）以句为单位，词不离句

教新的词汇可以从句子练起，利用旧句型教新词。教师先说英语句子，进而根据学习的情况和需要，再对新词汇进行单讲单练。如已教过的句型"Do you like bananas？"为了教一些动物名称的新词，可以先呈现句子"Do you like dolphins？"然后以新单词替代，用中学英语课本中的句型练习，为在句子中讲练单词提供了有利的条件。

（二）利用直观教学教单词

斯波斯克（B.Spolly）认为，外语学习的动机本身包括三方面的内容：对学习外语的态度，学习这种语言的愿望和为学习这种语言而付出的努力。当教师首先呈现的东西能吸引学生的注意力，使他们产生兴趣，那他们对待外语的学习态度将会是积极的，心中也会渴望学会这种语言。虽然学起来较难，巩固更难，但由于态度积极而且有种强烈的意愿，他们便愿意下功夫去掌握这种语言，以便他日能在同学、教师面前有好的表现，甚至见到外国人也能说上两句。如玩"Polly says"这个游戏时，由教师或学生发出命令，如"Touch your head, touch your nose, touch your eyes…"这个游戏符合学生们好动的特点，但如果他们不会说单词和句子，就无法参与，这样就使他们迫切想学会这些表示身体各部分的单词。也正是因为这样，教师在适当的时候采取直观教学，能够起到催化剂的作用。

直观教学是采用如图片、实物、玩具、幻灯片等一系列辅助教具及手势、动作、表情开展教学的手段。对于一些表示具体事物的名词，表示具体动作的动词，表示情感的动词及形容词，一般可以采用直观教学，例如可用实物或简笔画教学 pear/banana/apple/hamburger 等这些具体名词；可用动作演示 walk/run/dance/sing/stand/sit 等这些具体动词。这样，不但能吸引学生的注意力，还能使他们参与其中，从而活跃了课堂气氛，激励了学生的学习兴趣。

(三)英语定义解释法

抽象不直观的生词也可以用学过的简单词解释或下定义,指出其类属、特点及功能。如:

Parents mean father and mother.

A hospital is a place where doctors and nurses work.

Rich means having much money.

(四)根据词的构词法原则教单词

英语词汇量庞大,但它本身却有其内在规律可循,掌握基本的构词法,能很容易突破记忆单词的难关。词根、前缀、后缀是构成单词三个元素,在构词法上叫词素,词根是主要元素。三者是扩大词汇量的三把钥匙。词缀法是派生词的一种,英语词缀分前缀和后缀,加在词根前的叫前缀,反之叫后缀。一般来说,前者只改变词的意义,但不改变词类,把词缀同它前面的单词或词根联系起来考查,有助于记住单词的词类和词义。后缀不改变词的意义,而且使单词由一种词类转变为另一种词类。学新词可以和词类转换相联系,如:

(1) l am truly happy(adv).

(2) The news must be true(adj).

(3) You must tell the truth.(n.).

那么这里 true 是词根,是形容词,意思为"真实的",由它派生出的 truly、truth 分别是副词和名词。由于已知"true"的词义,根据构词法原则,学生很容易推测出 truly 的意思是"确切地,真实地","truth"是"真理"之意。利用前、后缀方法,如"un"意为"not",学生知道 usual、like、true 的意思,再加上"un-"是否定前缀,很容易就推测出 unusual、unlike、untrue 是"不寻常""不像""不真实"的意思。另外,英语中,有许多词是由几个词合成的,即合成词,根据各个词的意思,可以推测出某个合成词的意思,如 waiting room、homework、bedroom。在日常教学中,教师可以帮助学生或让学生自己归纳总结,扩大他们的词汇量,利用构词法进行词汇教学;可以帮助学生对一些熟知的词有更深刻的了解，得以从许多新词里挑出整个语族，从而使得他们更加清楚词义，更加有效地记忆单词。构词法是扩学生词汇量的一种较科学的方法，引导学生掌握这种方法，可以达到事半功倍的效果。

（五）词汇结构记忆法——词汇的结构联系法

许多英语词汇是由古英语、希腊语及拉丁语的词缀构成的。单词是由词根构成的，词义又是由词根产生的。掌握了词缀的含义，就能猜出该词的意思。英语词汇总量虽上百万，但基本构词成分却是有限的。准确、全面地掌握基本词汇，即词根的含义，在基本词根上附加词缀（前缀、后缀），便派生出新的词汇。只要这样运用构词法去分析词根、词缀的含义，就能够猜出该生词的含义。熟知了一个词根，就认识了一群单词，从而化难为易，突破记忆单词的难点，扩大了词汇量。例如：词根 use，可以派生出 user、useful、useable、useless、uselessly、usage、reuse、abuse、disuse、mon-use 等。另外，值得一提的是，通常来说前缀改变单词的意思，后缀改变单词的词性。如词根 pay 的意思是"支付"，加前缀 re 变成 repay，意思是"偿还"，加后缀 -ment 变成其名词形式。

（六）拼读规则记忆法——词汇的音形联系法

词的读音和拼写形式是词的存在基础，是各个词相互区别的第一要素。正确发音是正确拼写的前提，因此首先要使学生有一个良好的语音面貌，正确掌握语音音素，如各种元音及辅音。在此基础上，掌握词汇的音和形的统一与结合，词汇的音形联系。也就是说，词汇中的每个字母都有其对应的音素，运用好开音节、闭音节、r 音节的读音规则，以及单词的重音，将一定的音同可能对应的形联系起来，又把一定的形同可能对应的音联系起来，并经过反复练习，在大脑高级神经活动系统中建立起牢固的条件联系，这样，学生既能见形而知音，又能听音而知形，从而正确掌握单词的拼读规则，牢记所学词汇。

（七）词性及词义转换记忆法

就所熟悉的单词而言，有的单词其词形不变，但在不同的语境中，其词性或意思却大不相同。这即是词性或词义的转换。根据上下文，正确猜出并领悟新词，是理解句意、段意乃至全篇的保障，也是增加词汇量的又一有效途径。以 bar 为例，看其在以下各句中的不同含义。

（1）People said that this eloquent young man was made for the bar.But he ended up behind bars.

人们说那位能言善辩的年轻人天生就是当律师的材料，但他最终却被卷进监牢。

（2）There he bought a bar of chocolate for his daughter， then he had a couple of beers in the bar not far from the school.

他在那儿为女儿买了一块巧克力，然后又在离不远的一间酒吧里喝了几杯啤酒。

（3）They barred themselves in，playing cards for money，even though we barred doing it.

尽管我们禁止玩纸牌赌钱，他们却还是把自己关在屋里（闩上门）赌。

从以上例句中可以看出，对于单词 bar，我们所熟悉的意思是"酒吧"，但它在不同的语境中却表示不同含义："律师""监牢""块"等，这些词的词性均为名词。并且 bar 的词性还可以转化为动词："闩上门""禁止"等。这样，我们在原来只掌握该单词的一个含义和一个词性的基础上，又掌握了五个新的含义和一个新词性，达到了增大词汇量的目的。因此，在记住一个单词的拼写后，尽量掌握其全部词性和词义，这就是转换记忆法所要解决的问题。它主要包括两种转化：词性的转化和词义的转化。下面分别以例句来演示二者的转化。

（1）词性的转化，即熟知词性→未知词性。词形不变，词性改变。

①动词→名词

I congratulate you on your escape from the escape of poisonous gas.

我祝贺你从那次毒气泄漏中生还。

②名词→动词

She is a woman who is always nosing into other people's affairs.

她是一个常常探察别人事情的女人。

③副词、形容词→动词

The secretary-general of the United Nations has devoted much of his energy to furthering the cause of the world peace.

联合国秘书长为了促进世界和平投入了很大精力。（副→动）

④形容词→名词、副词

Of all the kinds of music, classical music is my favourite.

古典音乐是我的最爱。（形容词→名词）

（2）词义转化，即熟知词义→未知词义。新词义发生很大变化。

The robber did not do anything to hurt me, maybe my big build was not the ideal target for attack.

强盗并没有对我进行什么人身伤害，可能是我这个大块头不是他理想的袭击目标。（建造→体型）

（八）同义、近义替代记忆法

在英语中，存在着大量的表达同一概念的词或词组，它们在形、音和用法上都不相同。用某一个词或词组来代替在概念上相同的另一个词或词组，可以识记大量的同义词和同义词组。将词汇归纳、整理、分门别类，加以适当的词义辨析，注意它们在语义上、用法上的异同处，正确运用，这是迅速扩大词汇量的好方法。如：Investigate 与 look into, love 与 be fond of, demand 与 require 等。

总之，"教无定法"，一切都必须在实践中体会，去研究。从众多语言学家、语言研究者和教师的研究来看，词汇教学的总体趋势是越来越受到重视，正走向系统化。教师和学生更注重通过词汇教学教授和学习词汇；学习者的学习能力和学习策略受到关注。这说明教育工作者有必要加强词汇教学的理论研究和实践研究，促进词汇教学，从而促进英语教学的发展。

第二节 英语听力教学策略

在英语专业基础阶段，学生在学习中的个别差异表现得最明显的可能就是"听"与"说"方面。这是因为学生们来自不同的省、市、地，由于各地的方言不同，学生的口语表达能力和听力水平也就不一样，这给听力教学带来了不小的难度。随着计算机信息处理技术、网络通信技术、多媒体数字化技术的快速发展，社会信息化已经深入到人类生存的各个领域。教育事业的发展要适应信息化、技术化、社会化的要求，必须从教育观念、教育思想、教学内容、教学模式、教学环境、教学方法、教学手段和教学管理等各个方面进行一系列的改革。听力教学改革的关键在于进行课堂教学设计。苏联教育学家巴班斯基认为，要使教学最优化，就必须以系统的方法看待教学全过程，把教学过程的所有成分、内外部条件都看成是相互联系的东西，最优选择教学方法和手段、最优选择教学内容和教学形式，形成最优化的教学结构。听力课堂教学结构设计就是按时间流程，将教学内容、教学媒体、教学方法等课堂教学要素组织起来，形成课堂教学优化结构。只有运用先进教学设计理论，对课堂教学全过程进行系统设计，将视、听、说结合起来，开展多样化的课堂教学活动，才能提高听力教学的效果。

一、设计预听活动

预听活动是听力教学的一个重要环节。教师应该在课前充分、准确地预测到学生在听课文过程中可能遇到的难点，并将这些难点融合在预听活动中加以解决，帮助学生扫除听力过程中的障碍。常见的预听内容有以下几点：

（一）讲授语音知识

语音是交流思想的工具，语言的三要素之一。听力理解的首要任务就是辨音。没有扎实的语音知识，就谈不上对听力语篇进行深层次的理解和推断。因此，语音知识的系统讲授对基础阶段的学生尤为重要。其一，区分容易混淆的发音；其二,让学生熟悉快速语流中的音变现象;其三,比较英美发音的不同;其四,强调重音和语调的重要性。

(二) 输入文化背景知识

语言学专家曾认为,当人们开始学习另一种语言的时候,他们从某种程度上就已经参加到另一种文化中去了。因为语言是一种文化现象。听力理解不仅仅与一个人的语音、语调、词汇、语法等语言基础知识有关,同时也和他对英语国家文化的熟悉程度以及知识面有密切的关系。学生在学英语时不可能全面地了解其语言文化背景,而音频中所含的信息是不全面的,这就给学生的听力造成障碍,因此,教师必须利用预听活动让学生了解与听力材料相关的文化背景方面的信息,给学生一个上下文,使其尽可能熟悉完整的语言背景。多媒体、网络等现代教育技术可以帮我们做到这一点。

(三) 激活知识图式

每个听者都通过各种渠道积累了一些知识、经验,即为"已有图式",这些已有知识以抽象的构架形式有条不紊地储存于人脑的长期记忆中,即为"记忆图式"。图式知识理论认为,人们在理解、吸收输入信息时,需要将所输入的信息与大脑已知的信息联系起来。听力理解的基本任务是对输入的语言信息进行译码,但这并不意味着需要听懂每一个词义,听者只需抓住关键词,调用大脑中的图式知识,根据输入的信息来推断说话人的目的和意图。通过预听活动,学生能根据文章标题或其他信息渠道预测文章的大概内容,将储存于大脑中的相关词汇、术语聚拢起来,以便在听音过程中缩小认知范围,增加目标性,减少盲目性。

二、设计形式多样的听力训练

只有能激发学生进行自我教育的教育,才是真正的教育。英语听力教学的目的是培养学生有效地获取信息的能力,就是不仅要训练学生听辩语句成分的能力,更重要的是培养听和理解语篇以及"真实"语言材料的能力。听力教学必须有计划、有步骤地训练听力的技能技巧,精心设计听力练习和相关的活动,使听力教学有序、有效,彻底改变学习英语的"聋哑"现象。目前,许多教学法理论都以听为主，如"全身反应法"和"自然法"。"沉默法"更是强调学习者应有相当长的一段时间"沉默"的、只用于听的时间，"其间学习者听的时候有一种安全感，如果没有充分准备，就没有必要担心被迫说"。美国语言学家克拉申在谈到他的"输入假设"时说："人们习得语言是先注意意义的，而不是先要学好语言结构。我们设法理解信息，结构也就习得了。"我们教听力也应输入相当量（即+1）的有效信息。输入多了，自然也就学会说了。

（一）"精听"与"泛听"相结合

听力课堂教学中，教师应强化精听，通过大量的正常语速的日常对话，使学生逐步熟悉、掌握语音、语调、停顿、节奏重读形式等，通过安排单句、对话、短文、主题对话等让学生发现和辨别连贯表达中的语音变化，捕捉快速语流中的重要信息。除了精听音、词、句，对语言进行"自下而上"的信息加工外，听力教学不能忽视学生对语篇内容的理解。教师要指导学生利用已有的语言知识进行搜索、猜测意义，预设情节内容的发展，经过一系列假设、思考、判断、修正、证实，对语言进行"自上而下"的信息加工，从整体上创造性地理解语篇，获取信息。泛听内容一般是一段较长的讲座报告、新闻广播、日常谈话等，旨在帮助学生理解语篇的主旨大意。听力课堂教学时间虽然有限，但教师要充分利用有限的时间，从实际出发，补充一些与生活贴近的材料，比如录音、电影、广播电视节目等音像材料，以便学生收听、收看。视听后可以组织学生对所看到的片段进行模拟、总结。

（二）增设影视图文课

在听力教学中，仅使用听力教材是远远不够的，这是因为：

（1）内容局限性大，教材所选题材多是围绕生活话题而展开。虽然生动有趣，贴近生活，能够引起学生的兴趣，但有一定的局限性。生活的内容包罗万象，谈话的内容丰富多样，从政治到科技，从经济到哲学都有可能涉及。因此应尽可能为学生提供不同话题的材料。

（2）与教材配套的音频资料只能由少数的几位外籍老师朗读。学生在听力过程中逐渐熟悉了他们的语调、发音等,而对其他人所读、所讲的英语则有陌生感及不适应感。因此,教师可以选择内容健康、发音纯正、情节生动的原音材料,如《阿甘正传》《罗密欧与朱丽叶》《走出非洲》等,进行有组织的观看。连贯的故事情节,生动有趣的画面,以及说话者的表情、手势等身体语言既能激发学生的兴趣,又能帮助学生更好地理解故事情节。

(3)听与其他技能相结合。听只是一种交际性的语言活动,它总是带着一定的目的,并伴随着其他技能活动,如:说、写、画、读、做、算等。听只有与各种活动相结合才能显示出其交际性的本质特征。

三、听内容,抓大意

训练不见文字的听力理解,培养学生通过关键词和主题句抓住篇章大意。每一篇章都有一个主题,词汇的选择通常是围绕着主题进行的,它们之间存在着语义关联性,从而构成一个语义统一体。篇章中的关键词常常对其语义关联词提供很多潜在的信息。因此当我们获取这一关键词时,我们就会对其下文的语义关联词有所注意。一旦这些词出现在下面的句子中,我们就很容易捕捉住,从而理解全篇的意思。

除了抓关键词外,听力教学还要求学生抓住主题句。通常主题句位于篇章开头,它为全篇提供了主要信息,同时它也为理解其他句子奠定了基础。因此在听一段篇章时,只要让学生抓住关键词和主题句,通过词汇的衔接关系,在语义上把它们联系起来,就会比较容易听懂全篇。抓住关键词和主题句,培养学生分析、理解、归纳和概括的能力,能够为他们创造出说的有利条件。

四、预测在听力理解过程中的作用

预测能力在听力理解过程中占有举足轻重的地位,并且它与其他听力技能相辅相成、不可分割。听力理解过程是一个认知过程。也就是说,人们通过原有的经验来接触、认知新的概念、新的信息。他们把新的内容与头脑中原有的经验进行比较,或者使之与原有的经验相适应并加以吸收,或者使之与原有的经验同化,产生新的经验。这样一个复杂的过程是一个涉及语言学、生理学、心理学的多层次的思维和理解过程，它通常要求听者在听话的瞬间同步完成。人们在听母语时，总是自觉或不自觉地猜测说话者的身份或职业，估计其说话意图、期望及要说的内容，以便迅速正确地理解话语。把英语作为第二语言的中国学生们在听力理解过程中如果能正确地、有效地预测，那么他们的听力理解能力就能迅速地提高。正如美国著名教学法专家 William S-Yang 所指出，"听力理解过程是根据出现在典型环境中的语言形式和各种各样的非语言形式，综合运用'猜测、估计、期望和想象'的积极过程"。他所说的"猜测（guessing）、估计（approximation）、期望（expectation）和想象（idealization）"就是我们所指的"预测（prediction）"。

预测也就是超前认识。听者根据语言环境，根据说话者使用的语言和非语言形式，对照自己原有的经验和知识，预测说话者可能发出的信息内容。预测的作用在于激发人们去回忆自己原有的经验和知识，根据说话者说话时的状态和情况加以判断、推理，从而加速理解过程。例如，学生在上课时听老师用英语讲课，考试时听录音或平时用英语与别人交谈，就可以根据有关的语音、语调、词汇、句法大胆预测，这样有助于辨别和判断音讯的音、形、义，迅速判断句子的结构和意义；对语篇信息知识的预测可以引导听者紧跟说话者的思路发展，判断和归纳大意；对文化、背景、常识和逻辑等方面信息的预测有利于听者推测说者的意图。

预测的另一个作用是帮助听者有目的地集中注意力捕捉要点。预测能力强的学生往往能估计到说话者大概会讲什么。特别是在考试中，预测能力强的学生往往可以猜到哪些是已知信息，哪些是未知信息，哪些信息是主要的，哪些信息是次要的；知道哪些可听可不听，哪些必须全神贯注地听。这样，他们在听的过程中可有选择地把主要精力放在主要信息内容上，既保证了理解的质量，又减轻了记忆负担。此外，预测也可以帮助听者准确地归纳大意和推测内在含义。学生们在听音频时，对音频里要说的内容和意图进行预测，提前判断大意，提前推测内在含义。这种预测会提前在听者头脑中形成一个框架，音频里放出的语言信息如果与该框架吻合，就会立刻被吸收；如果音频中放出的语言信息与预测框架不吻合，听者就会自觉地去伪存真，从而寻找到自己需要的信息。

预测可以发生和作用于听力理解的各个阶段。在听话前，听者可以根据说话者的身份、职业或与听者之间的关系预测说话者的意图和说话的内容，进而推断谈话的主题和语境，估计说话者可能采用的语篇结构和文体，猜想说话者可能使用的句式和用词范围。在听的过程中，预测也在继续进行着。如听者听到 firstly，那么就预测下页还有 secondly 等。总之，预测能够加速听力理解的过程，对其他如识别、选择、归纳、推理、记忆听力技能起重要的辅助作用。实践证明，学生的预测能力越强，判断的准确率就越高。

五、听力理解的检验

听力检查的方法包括：①师生或学生间问答。②让学生记下篇章中的关键词句，从中了解他们听懂的程度。③教师不做任何解释和引导，让不同水平的同学复述听到的内容。有时学生间可能会产生分歧，引起争论。这样做的好处在于能找出学生经过初步实践发现的问题，给予解决。学生带着矛盾和争论的焦点听录音时，加深了对听力难点的印象，得到答案时心里会有一种满足感，觉得学有所获。而教师通过学生的复述和争论，便会了解学生的困难所在以及误解的地方，因此教师指导的针对性将会更强。

另外，在听力训练中有两个问题需要注意：一是听力教材中的语速问题。我们主张语速要着眼中速，因为现在英语专业的学生入学前都有一定的英语基础。要避免经常听那些缓慢而过分清楚、十分正式的英语。开始时可稍加过渡，采用中等语速（每分钟 130 字左右），然后逐渐升级。二是听力教材要注意真实度。真实的教材在实际交际中的作用不可忽视，因为它是目标语的真实面目，这样便能扩学生的听力范围，对真正解决学生在实际交际中的困难大有益处。

六、设计任务明确的课外练习

听力理解能力的培养是日积月累的过程，仅靠课堂教学是不够的。有些老师要求学生课后坚持收听广播、电视英语节目，但任务不明确，学生也就放任自流，教师也就没有达到目的。为了让学生的课后听力训练落到实处，教师应列出视听资料的目录，推荐优秀的参考书、英文广播节目，并进行不定期的经常性的督促检查。

英语听力课堂教学设计的好坏取决于听力教师课堂驾驭能力的强弱。教师应该在有限的课堂教学时间内，教授学生掌握听力理解策略，要善于发现问题，抓住学生的薄弱环节，合理安排教学内容，优化教学设计程序，为学生营造较为真实的语言环境，提供视听合一的语言输入方式，增强内容的真实度、挑战性，使学生能够适应社会，顺利参与形式多样的语言交际活动。

第三节　英语口语教学研究

综合技能课中的口语教学既有集中的一面，又有灵活、分散的一面。外语专业设有专门的口语课。在口语课上，尤其是大学一年级的口语课上，教学或课程内容的安排倾向于分类的独立话题，如专门练习见面时的招呼语、购物时的用语、谈天气的用语，等等。这样在课堂中学生的思维仅限于某一两个方面的内容，并进行反复练习，以达到熟练地运用某些惯用语的目的。而综合技能课中的口语教学就有所不同，它是以综合技能课的课本为中心，融合多方面的内容而进行的。既有其集中的一面，也有其分散、灵活的一面。集中，是指这种口语教学也有对某种语言现象所进行的专门练习。在综合技能课中，这种语言现象更多的是指语法现象。例如：在 College English（Book I）（胡文仲等编著，1992 年外语教学与研究出版社出版）中，每一课都有 Pattern Drills（句型练习），它包括一些生活惯用语，如怎样打招呼，怎样表达生病了去看医生，等等。还包括了分类的语法知识，如时态、语态、使役动词、感官动词的用法等，这些语法知识在句型中表现得非常详细。以时态为例，句型中不仅出现了几种最基本的时态，而且专门列出了现在完成进行时、将来进行时、进行时态的被动语态等，要求学生对它们进行专项的复习、练习。综合技能课中的口语教学又具有灵活、分散的特点，比如对一篇课文，可以采取评论、复述、续尾、比较、假设场景、扮演角色等很多方式，从不同的角度进行口语练习。学生不仅要结合课文本身的内容，还要结合自己亲身的体验，或者感想、联想，或者课外的知识来进行练习，练习方法是灵活的，涉及面也是分散的、多样的。

口语教学的形式要针对课文内容而有所不同。如果句型中主要要求练习生活惯用表达法，就可以设想不同的语言环境进行反复练习。如在 Book I，Lesson One（第一课）的对话中要求掌握介绍别人和自我介绍的方法，就可以设想出许多语言环境：在街上的一次偶遇、在家中、在一次宴会上、在迎接客人的机场；介绍新同学、为演讲人做介绍，等等。为了活跃气氛，培养学生的主动性，还可以假设教室就是一个特定的场所，学生可以四处走动，与每一个人打招呼、做介绍或自我介绍。这样，在轻松自由的氛围中，学生可以基本掌握这部分内容。在 Book I 中，每节课后都有一道口语练习，它给出一个语言环境、时间、地点、人物、事件。具体的过程需要学生通过对话来完成。针对这样的题目，可以采用"即兴练习"的方法。

因为一个学生常常和一个固定的 Partner（伙伴）——同桌进行练习，时间长了，两人就形成固定的思维，或为了完成练习以商议的形式来对话，很难达到用英语来独立思维的目的。为了避免出现上述偏向，提高练习质量，可以让两个平时从未在一起练习过的学生搭档进行即兴练习。在这种情况下，虽然语言环境是已知的，但双方究竟会如何提起话端、继续话题、结束这场会话却是未知的。学生在练习中既要考虑到课本上的语言环境，还要随机应变地应对彼此的提问或回答，既要句子正确，又要符合生活逻辑，还要反应快速。在练习过程中也许会出现句法、语法错误，或不符合文化背景、生活习惯等问题。练习后，教师为其一一指出。这样，学生的印象将是相当深刻的。有时学生也会在练习中运用一些恰如其分的词汇，教师可专门提出，对全班学生讲解。这种练习方法有一定的难度，但其效果却往往很好，学生也很感兴趣。

在对待专项的语法练习中，可以进行句子的口头翻译练习。一个学生必须翻译一个或几个中文句子，所有的句子都针对同一语法。练习了这几十个千变万化的句子，学生可以很快掌握这一时态或语态，甚至它的变形。如 Book I.Lesson Fourteen（第十四课）的句型是练习比较级和最高级。在口头翻译中就曾出现了这样几个句子：

（1）尽力多练。

（2）他们要我们多干活少拿钱；

（3）他出的错误比你少。

这几个句子很简单，但学生却似乎遇到了难题，容易出错。如第一句，有的同学过分侧重"尽力"二字，误译作"Try your best to practice"，认为这就是最高级；对第二句子的"多干活少拿钱"也束手无策，不知从何着手；把第三个句子译得冗长——The mistakes that he made were fewer than those you made. 实际上，第一个句子是同级比较，第二句要将汉语中的副词转化为形容词，第三句要将汉语中的动词转化为形容词再比较。这三句应分别译为：

（1）Practice as much as you can.

（2）They want us to do more work for less money.

（3）He made fewer mistakes than you.

这样的译句既简洁又清楚。这种句子的口译练习，可以改变学生对句意过分的理解，启发他们灵活地运用语言。在练习中还要注意三个要求，就是"迅速、准确、流利"（quick, correct and fluent）。如果没有这三个要求的约束，这种句子的口译练习作用也不大。当综合技能课进行到课文的时候，口语练习的题材更加广泛。Lesson eight（第八课）中，课文讲的是 Spring Festival（春节），教师可以让学生讲述自己的家或家乡是如何过春节，南方和北方过春节有什么不同，或讨论东西方过春节和圣诞节的异同。Lesson Twelve（第十二课）的课文讲的是 Kino and his Pearl（齐诺和他的珍珠）。口语练习中可以让学生分小组编出课文的结局，或让一位学生扮演 Kino，另一位扮演他的妻子、邻居或财主进行关于珍珠的对话，还可以让大家一起来讨论课文本身给予他们的对人性、对生活的启发。一篇课文可以引发出许多不同的题目供学生练习，如此，既复习了课文内容，又拓宽了学生的思维，这样的课堂教学将是生动活泼的，学生也是积极主动的。

口语教学切忌呆板，教师要善于发掘能引起学生兴趣的题目。Book I, Lesson fourteen 的课文讲述的是伊利运河的形成。看起来好像没什么可说的，可是课本上的一幅伊利运河形势地图就起到了意想不到的作用：可以让学生根据地图，背着课文，用自己的话讲述为什么要修建运河，以及修建运河的好处。推而广之，还可以谈谈巴拿马运河的形成，等等。口语要提高，全靠多练习。除了在教学过程中尽量让学生多说以外，还可以做一做课堂的"duty report"（值日报告），这是一种有效的练习方式。但值得注意的是，除了讲一讲每天生活学习中的趣事以外，还要谈一谈主要的国内国际新闻，以使学生的词汇与当今社会生活联系起来。综合技能课中的口语教学所花费的时间并不多，一般三四十分钟就可以了。只要教师肯下功夫组织教学内容，改善教学方式，定会使口语教学收到事半功倍的效果。

一、综合技能课口语教学遵循的基本原则

（一）以学生为中心进行教学

显然，口头交际能力只能通过大量的实践练习才能获得，因此教师这时只能起导演、组织者的作用，保证交际顺利进行，大部分说的活动应由学生来做。语言学家 J. L Roberts 说过："All Communicative Teaching is learner-centered in the sense that it accepts the imperatives learner's communicative needs." 也就是说，教师应考虑到学生的交际需求，一味以教代学将使学生失去兴趣，什么都学不到。

（二）主要以综合技能课每单元课文的内容为素材

每学期的综合技能课都必须完成一定的教学任务，而综合技能课的课时又很有限，所以，每节课口语训练的时间不能过长，而且必须尽量同综合技能课文的内容联系起来，从句法结构到语篇分析概括，从文学鉴赏到文学修辞，从理解性问题到总结性问题，灵活使用，做到一箭双雕。当然，也可布置学生课前预习泛读、快速阅读材料，上课用其内容练习口语；另外，教师可以利用可获得的英文报刊，如 *China daily*、*Beiing Review*、*The World of English* 等，选择一些学生感兴趣的文章，锻炼他们的听说能力。

（三）以鼓励为主，激发学生的兴趣和积极性

学生在中学时代学的基本上是"哑巴英语"，进入大学后脑子里有内容却说不出来，勉强开口后往往结结巴巴、错误百出。教师这时不宜多做纠正，更不能因学生错误过多而嘲笑或批评他们，使其更加不敢、不愿开口；而应面带微笑，认真聆听，及时给出鼓励性反应，如不时点头以示赞许，最后用 good、well-said、excellent 等给予正面评价，这样其他学生就会产生跃跃欲试的念头，提高了积极性。当然，并不是绝对不能纠正学生口语中的错误，有时，某个学生所犯的错误具有相当的普遍意义，教师就应提醒他，并引起全班学生的注意。例如：在问答题中常会用到间接引语句，学生一般在中学里就直接引语变为间接引语句型做了大量书面习题，对其规则可以逐条背出，但一到口头表达，大部分学生就注意不到应有的变化了。除了间接引语中的主谓位置问题外，常见的错误还包括不能将代词做相应的调整而造成人称混乱；时间地点状语的变化更是被学生忽视，因为听到的单词还不能像书面的单词那样引起他们的"警觉"。在这种情况下，教师可以将这个问题提出来，多用相应句型让更多的同学口头练习、加深印象。

二、综合技能课的口语训练过程和方法

（一）课堂模拟练习

口语训练的课堂活动要以学生为中心。教师要确保学生达到最大的实践量，不断地给学生提供交际题目，要认识到真正的口语能力只有在逼真的情景中才能获得。因此要尽可能地给学生创造一个心情舒畅、充满乐趣、便于诱发想象的情景，使学生能够自然地把自己置身于想象的真实情景中，有兴趣地进入运用语言的各种角色中，采用情景对话、问答游戏、短句等形式进行语言交际活动。这不仅能培养学生的语言表达能力，而且也能使他们获得英语国家的文化知识，把学习外语与扩大知识面紧密结合起来，使学生把外语作为吸收知识的工具来掌握。

（二）讨论会、辩论会

结合所学内容，采取集体活动的形式，组织学生开讨论会、辩论会是口语训

练不可缺少的好方法。教师要充分调动学生的积极性，使他们始终思维活跃，兴致勃勃，结合实际展开想象，畅所欲言，阐述自己的观点。教师必须头脑灵活，思维敏捷，具有迅速获取信息并及时进行反馈的能力，从而根据实际情况对学生的讨论起到催化作用，并确定下一步的教学计划。这种练习的好处在于，它不是让学生把注意力集中在孤立的单词上，而是放在学生能够直接表达自己的感受和思想的句子上。这样就建立了一个自然的、积极的行为方式，从而诱使学生去思考表达的内容，而不只是去思考语言的形式，学生有一种为交际而学习、运用语言的自由感。除了以上两项交际活动外，还可以组织学生就所学的课文进行复述。要求学生复述时要忠实于原文，保留重要情节，除去非实质性的细节，根据自己思维重新组织语言，用自己的语言表达。具体做法如下：

（1）抓住短文中的关键词句或重要情节，让学生解释。

（2）把主要细节放在开头，原来是正叙的改为倒叙，给人以深刻印象。

（3）抓住起始段，启发学生从不同角度以不同身份叙述。

（4）按座次每人讲一句，句与句之间必须衔接。教师也要参与其中，根据发展情况不时地增加难度。这种叙述可使课堂气氛活跃。

口语训练过程中有两个问题值得注意：一是如何对待学生说话时出现的错误。学生复述短文出现错误时，因为此时流利性是教学的主要要求，所以教师不要把注意力放在学生造句方面，而忽视其所表达的意思。一见错误就纠正，不但会打断学生的思路，破坏流利度，导致学生在说话时不断顾及自己的语言形式，而忽视意思的流利表达，而且还会使学生不敢开口，从而难以突破语言运用这一关。当然，这并不代表不纠正错误。如果学生在进行机械或半机械的语言训练时出现错误，教师应及时纠正，或启发学生互相纠正，以避免错误泛滥。二是要引导学生在交际过程中的语言得体性——根据身份、场合的不同选择不同的表达方式。因为语言是文化的一种表现形式，口语训练不能忽视语言在实际场合中的运用。要防止学生把语言能力和交际能力割裂开来，忽视文化因素，而以母语或自己已形成的语言取而代之。要引导学生注意了解英语国家的文化，这样才能真正学好、用好英语。

三、口语训练过程具体分为四个阶段

（1）训练学生的模仿能力，注意在语音、语调、轻重音、停顿等方面存在的问题。例如，要求学生不看材料（主要是课文），仔细听老师或录音中说一个句子然后复述出原句，尽量模仿听到的发音、语调等要素。这是让学生从不敢开口到敢于尝试的好方法，但因为对象已是学生，使用不宜也不必过多。再如，可利用综合技能课本中每单元后附的 Reading Aloud 部分，指导学生按其中标出的重音、意群、停顿、升降调等符号朗读、背诵，加强他们的语感，为能逐渐说出自然流畅的英语打好基础。

（2）训练学生口头译句造句的能力。选择每单元中的某些重要词汇和句型，让学生翻译或造句。这既能锻炼学生说的能力，又复习了课文里的重点，可谓一举两得。其实，这正是综合技能课上的常规练习，例子举不胜举。

（3）训练学生用英语进行提问和回答的能力。让学生课前预习综合技能课文，或阅读快速阅读教材、泛读教材中的文章，上课时由老师给出提示或要求，学生一人问另一人答。训练中要求学生使用多种类型的疑问句提问，包括 Yes-No questions、Wh-Questions、"Or" questions、Indirect questions、"What if…" question 等。

（4）训练学生用英语进行连续表达的能力，具体方法有：复述所预习或已学过的综合技能课文的内容，或就课文的内容、观点、写作特点、寓意等进行总结、评述，这不仅能锻炼口语，也符合综合技能教学；除了讲解语言本身，还要从语篇水平上分析、欣赏，从整体上把握语篇的要求，描述身边的人物、事件，就国内、国际上发生的事进行简单的讨论等。这一阶段要求较高，实行起来有一定困难，但仍要鼓励学生克服畏惧心理，多说多练。值得注意的是，教师还可利用这一阶段的教学弘扬人文精神，即引导学生思考一些关于人生价值、意义等问题，在课堂交流中倡导真、善、美、自由、平等、正义、尊严、爱心、勇气等。

以上四个阶段由易到难，教师必须根据本班学生的整体口语水平选择、穿插使用，或从一年级新生开始第一阶段，再慢慢过渡到第二、三、四阶段，循序渐进。用英语交际和用中文一样，是一个双方相互不断交流的过程，不但要掌握进行一

般阐述的能力，还要有认真聆听、作出反应、进行评论、提出问题的能力，这才是真正意义上的会话（Conversation），才能实现语言的交际功能。可惜的是，综合技能课上没有足够的时间来进行角色对话练习（Role play），要依靠学生自觉参加"英语角"等有组织的活动，或自发地在同学、朋友间用英语进行交流，创造一种活学活用的语境和氛围，让学生体会其中的乐趣。当然，教师有时需要给予学生一定理论上的指导，如向学生简单介绍20世纪70年代开始形成的语用学（Pragmatics），指出言语行为要受各种社会规范的制约，即在特定语境中要运用合适的语句，在会话交流中应遵循合作原则（Cooperative principle）和礼貌原则（Polite principle）等，以促使他们尽量学会使用规范、恰当、得体的英语语句。

在综合技能课的教学过程中，在完成规定教学任务的同时应尽可能利用机会锻炼学生的口头表达能力，并不断总结经验教训、改进方法。

四、因材施教，帮助学生获得进步

虽然新的专业英语教学大纲中要求学生能用英语进行口头、书面的双向交流，但目前绝大部分非英语专业的院系没有设立任何英语口语水平测试，对学生的口头表达能力没有任何定量的要求，如语速（每分钟说多少单词）、用词（使用多少三级以上词汇）、正确率（每百字错误不超过多少）等，因此有许多学生仍然很不重视口语方面的练习，上课总以"不会"为由不肯开口说，更谈不上课后自觉的训练了。这部分学生往往让老师很头疼。再者，综合技能课时间有限，几次不配合，老师就不愿再让他们回答问题。对这样的学生，得区别对待，如果是由于口语基础差，或胆小、不好意思开口，就从一些较容易的练习入手，比如请他们读课文，做一些简单的口头译句练习等，并随时启发提醒他们，最后给予鼓励、表扬，让他们慢慢胆大起来，树立起信心；而有的学生其实能说，但因为这种或那种原因不愿和教师配合，上课时可以暂时不再叫他们，课后再从正面或侧面了解清楚他们这种表现的原因，然后动之以情，晓之以理，对症下药。还有相当一部分同学意识到了口语的重要性，也能积极、主动地多说多练，教师应对他们提高要求，既加强练习的难度，如复述、分析课文，叙述、评论事件等，又要求一定的速度和正确率。总之，不同的学生应区别对待，根据各人的实际情况采取不同的态度和方法，提出不同的要求。实践证明，只有因材施教，每个学生才能在自己原有的基础上获得进步。

五、综合技能课口语教学的原则和方法

综合技能课上的口语教学的原则和方法基本上是每位英语教师或多或少有所了解并实施的。一方面，综合技能课本上的每单元词汇、课文、练习的内容丰富，完成这些材料的教学是综合技能课的基本任务，因此教师有时会觉得教学时间有限，不能用那么多时间在双向交流上，不自觉地开始以灌输为主进行授课。另一方面，有时不配合学生的人数多一点，教师就会有点丧失信心，更"浪费"不起时间，从而放弃了这方面的尝试和努力。但是，应该意识到，教师对学生某项知识或技能的要求不能仅说说就算了，还应身体力行，并经常用练习来督促学生，这样他们才能真正意识到其重要性。所以，一定要用英语上课，特别是课堂用语、日常用语、分析课文等，并利用基础较好的学生的配合在课堂上营造一种说英语的气氛，慢慢使基础较差的学生也受到吸引、产生兴趣。所以说，教师在课堂上最主要的职责是"导演"，使每个学生都乐意参加"演出"，并演好自己的"角色"。

六、从学生立场出发，寻找有兴趣的材料

教师须从学生的立场出发，寻找能引起他们兴趣的材料。除了课本，还要充分利用图书馆的英文报刊，广泛浏览，将其中有关时事政治、新闻人物、社会问题、校园生活、科技动态等方面的文章复印后发给学生，布置他们自学，课上作为口语训练的材料灵活运用。由于这些内容是学生在日常生活中常常听说或谈论的，一般来说即使用英语也能进行表达，而且从中可以活学活用相当部分书本中学不到的词汇和惯用表达。

七、掌握学生提高口语水平的动态

及时了解学生在提高口语水平方面取得的进步和存在的不足，注意他们遇到的问题和对老师的要求。教师要利用课间找两三位学生聊聊，偶尔请全班学生就

口语训练的心得回答几个问题，以了解他们的思想、兴趣状况。一旦学生能意识到自己的不足并主动寻求提高的方法，就开始引导他们进行课后的练习。毕竟受时间限制，不可能在每节综合技能课上让每个学生都得到口语锻炼的机会，特别是要求较高的复述、评论等练习。因此，有时在课上将口语训练的时间用于将学生分组，布置论题，讨论的结果在下次上课时由小组派代表向全班同学汇报。久而久之，部分学生就开始在课余时间自觉用英语思考，参加定期的英语角之类的活动。一旦产生了浓厚的兴趣，养成了良好的习惯，口语表达能力的提高也就不是难事了。一般而言，口语练习和综合技能学习是相辅相成的，每节课进行一定时间的有声有色的口头交流可能比整节课由老师讲解词汇、语法、课文，学生被动听、记笔记更能激发学生的兴趣。另一方面，这不是单纯的口语课，每课时中的口语练习只有几分钟、十几分钟时间，教师必须掌握好"度"。

第四节　英语语法教学策略

我国的英语语法教学一直是以句型练习和常规练习为主，其着眼点放在培养学生掌握语言知识上。因此，在教学上，教师强调"教"，而忽略了学生的"学"。科德指出这样教出的学生只懂得语言的"语法规则"，不知道"说话规则"。这里的前一种能力就是我们常说的语言能力，而后一种能力才是外语学习的最终目的，即我们所需要的一种交际能力。也就是说，语法教学过于抽象，脱离实际，培养出来的学生不能应付自然的语言交际，同时在教学中，教师忽视了口语和听力训练，学生得不到听说训练，口头交际能力差；过于追求语法的精确性，忽视了学生的语言创造能力，不能充分发挥语言学习者语言学习的主观能动性。这既不符合现代教育思想，也不适应现代社会对外语教育的要求。那么，如何把英语语法教学从单纯的语法知识传授和孤立的句子练习，转到培养学生的认知能力、创新能力和交际能力上来，是摆在我们外语教育工作者面前的一项有待解决的问题和还需探索的课题。

语言是一个符号系统，那么，对一个句子的组成和对一个句子的解释就应该是编码和解码两个不同的过程。在语法教学中，对一个句子进行语法分析，都必须从句法、语义和语用三个角度来进行阐明。虽然对其中任何一个方面的语法分析都有其价值，但也都有其不足的一面。因为，一个实现了交际目的的句子应该是句法、语义和语用三者有机结合、共同作用的结果。说话人在表达一句话时，首先想到的是要说什么，这里包含了一个交际意图。为了表达这一意图，句子内部词语与词语之间必定包含着某种语义关系，而这种语义关系应通过某一特定的句法并在某一特定的语言环境中体现出来。对一个句子的理解，首先是从句子的语音或结构入手，分析词与词之间的各种意义关系，然后分析形式因素，建立命题，从而达到理解的目的。这一理解过程属于一个解码过程。

编码过程是从意义到形式的结合，而解码过程则是从形式到意义的结合。语法教学是从编码进入还是从解码入手，是培养掌握语法知识，考试过关、过级人才，还是培养既懂得语法知识，又有交际能力的人才，形成一个新的教学模式，这是当前我们外语教学改革的一项重要课题。

所以，应用语言学家和外语教师们开始寻求语法规则和交际能力相结合的教学方式，并把培养学生的交际能力作为外语教学的主要目标。目前的大多数英语语法教学还是从形式到意义这一解码分析思路，以句法为基础，分析句子的词语与词语之间按什么方式组合起来，彼此间有什么关系，根据这些特点和关系，再进行语义分析。因此，教师的教学就是把英语当作进行法分析的"支离"的语言结构，学生的学习也就是满足于对英语句子结构的掌握和对句子意义的理解。语法教学不应是狭隘的语言知识的传授和语言技能的训练，而应该是更广义的把语言作为工具来发展学生的认知能力、创新能力和交际能力。要达到这目的，语法教学更适合从编码过程入手，立足于语言表达和语言交际。从语言学习的最终目的来看，这一思路更符合社会对外语教学的需要和以学生为主体的教学思想。

一、国内传统的研究法教学与国外语法的实用性教学

我国传统的语法教学主要采用研究法教学的方式，并非对语法进行情景教学。

教师让学生把语法规则倒背如流，且不断地分析句子里的词汇形式是否符合所学的语法规则，培养出学生研究语法的习惯。就英语人称代词与be动词的一般时态搭配为例，在《许国璋（英语）1》的Lesson Five里，简短的课文呈现了英语人称代词you、I、he和be动词are、am、is的搭配后，教材对该用法进行了列表分类，清晰地反映出人称代词单复数与be动词的搭配关系，巩固性的练习就是抄写几个这样的句子：

I am a student.

You are a teacher.

He is a peasant.

She is a doctor.

We are students.

They are doctors⋯

通过这样的练习，学习者一般都能够正确地讲出这些人称代词与be动词的搭配，但在使用中却错漏百出。纵观国内各类语法教材、语法大全，通常以语法规则为先，结合文章里的句子或是罗列一些跟生活毫不相关的例子，再加以零散的句子做练习。这只能起到机械练习和研究语法规则的作用，而真正能掌握并运用的少之又少。国外的语法教材和教学是围绕着实用这一主题进行系统编排和施教的。通常在外国的语法教材中，语法教学贴近生活、平易近人，在简易的规则说明后有大量的生活实例作巩固。这些例句与生活息息相关，任何学习者都可能有相似的经历，比较熟悉易懂。再加上类似的练习，使学习者容易记忆，随学随用，既记住了语法规则，也学会了相应的表达。例如学习be动词一般时态的形式，教材在列出am、is、are跟主语的正确搭配及否定形式的同时，还用很多跟生活接近的例子说明，包括自己或亲戚朋友的年龄、职业、兴趣等。在补充的练习中有很多涉及家人或朋友的问题供学习者训练回答。这样学生在学会am、is、are使用规则的同时，又真正掌握了它们的用法，并且能够表达出与他们息息相关的生活用语。这样的编排和施教与建构主义理论不谋而合，使学习者在与现实相类似的情景中学习和掌握了所学的基本内容。国外语法教材在编排上也充分体现了其实用性。如按时间把时态分为过去、现在、将来三大类，再按说话者的意图把它们分为一般、进行、完成三种状态然后贯以动作由谁发出分成主动和被动。在学生学习过去时态的时候，听、说、读、写都围绕这一主题，通过四方面的接触训练，使学生真正用上过去的时态来描述过去发生的事情。

二、国内语法教学的枯燥与国外语法教学的趣味性

按照建构主义理论所倡导的教学模式，语言教师的任务就是为学生创设运用语言的情景，培养学生的学习兴趣，激发学生的学习潜能。而学习的趣味性正是激发学生兴趣和潜能的主要途径。国内传统语法教学的主线是判别研究，当然谈不上趣味了。通过老师的传授，练习巩固，学习者对规则掌握得很牢固，可是一听到"语法"二字，第一反应就是"枯燥"。要学的规则很乏味，死记硬背，罗列的例子与自己的生活毫无相关。即便是教师要求学生以自己的例子来说明，学生也是生搬硬套，难以激发学习兴趣。

相对国内传统语法教学的平淡乏味，国外的方法显得新奇。除了可以利用大众化的教材进行规则学习外，外国教学者还通过不同的游戏，让学生在趣味中体会语法的规律，真正帮助学生形成学习的动机。如在学习 when、while、as soon as、after 等状语引导词的用法后，老师会找出一篇有相应词汇的故事，裁剪成零碎的小片段，让学生分成相应数量的小组，然后每人拿着其中的一个片段，通过朗读的形式把故事拼出来。这样，学生在竞赛游戏中熟悉了这些状语词的用法，课堂气氛热烈，学生在玩的同时又能学会词语的区别和用法。

三、提高语法教学的途径

教师的一切组织活动都应朝着这个方向努力，使所教的每一个语法项目自然纳入特定的言语情境中，摆脱以前那种围绕语法进行无意义的句型练习的模式。要想使整个课堂活动从语法分析转变为交际活动形式，实现以表达为主的可能性，应从以下几个方面考虑。

（一）新的语法结构在特定语境中提出

教师在设计一堂课时首先应该考虑新的语法结构的运用与产生这一语言的环境之间的关系，明确表示教学的出发点是在这些语言环境中对于这一句型的运用，以及句型功能的体现，给学生以该句型结构的感性认识，因为语境可以给予任何一种语言形式的表现力。语境的存在不仅能帮助学生更好地理解新的语言现象，而且能使学生在练习时运用准确得体、合乎语境的语言表达。

（二）从编码入手帮助学生理解句型结构

理解是表达的基础，只有理解的东西，才能表达出来。每个句型都具有自己独特的结构和功能。有了感性知识，有了表达意图，学生就会思考：选择哪种表达方式？怎样把要说的话按语义关系进行编码组合？也就是把一种非语言的语码编成一种有语言结构的消息。此时，结合学生的思考，教师把新的语法知识引导出来，分析和讲解新句型的语言特征和结构，因为要使学生理解和运用新的知识，让他们了解和熟悉其特点和运用规律是必要的。

（三）有意义的练习

如果说教学的根本目的在于培养学生的语言交际能力，那么教学应以意义为中心。传统的语法教学，大多是对所学句型进行孤立、机械性练习，这种重复、转换练习，学生在不理解的前提下也能进行。而有意义的练习则是学生必须在理解练习的语义和语法形式下才能表现出来的练习，并且对了解语言的运用规则有着积极的意义，也是下一步骤的准备活动。在这一练习中，教师作为课堂活动的组织者，其主要任务是设立一个有效的交际情境，让学生体会到句子在某一特定的语言环境里所产生的意义，了解使用语言进行交际离不开这些语言外的因素。

（四）交际性练习

教学进入言语实践活动。根据 Chomsky 的语言能力的观点，它应该是知识和能力两个方面的结合。交际性练习是以表达为主，要求学生把所学的语法知识自如地转换到恰当的语言运用中来，结合设定的语境，教师与学生、学生与学生进行自由交际。同时，教师应随时把握交际中话题的语境，以提高语言交际的有效性。学生应积极投入到这一语言交际之中，即使他们的目的语知识还不完善，但交际的欲望与所学知识相结合，足以使他们努力去表达自己，使自己在交际中学会交际。

（五）巩固与总结

通过言语实践，学生对所学语法知识的运用有了更进一步的体会和了解。但在这一活动过程中，学生可能由于注意表达意义而忽略语言的准确性。这时，教师首先应肯定学生交际活动积极的一面，同时也应指出活动中存在的问题，尤其是学生在新学知识运用中所出现的问题，归纳和总结课堂所学的语法知识，并布置相应的书面练习，以使学生巩固所学知识。这实际上是一种语言材料的再创造过程，教师的归纳总结不仅有助于培养学生的语言理解技能和表达技能，同时也为学生运用语言准备了特定的表达机制。语言的语法手段本身并不是学习的最终目的，真正的目的是表达意义的能力。

英语语法教学应该采取特殊的教学方法与之相适应。从表达出发，进行语言结构分析，实现语义与语境的结合。这种假想是建立在为了更好地运用这一目的之上的。摆脱为学而学，为考试而学的束缚。要使学生能把在课堂上所学的语法知识有效地运用到语言交际中去，还必须靠学生在不同的语境中去多方揣摩，才能理解其用法。为了提高学生的交际意识和培养学生的交际能力、认知能力和创新能力，在教学中应采取与学生运用语言进行交际的思路相一致的教学途径，在用中学，学中用。与传统语法教学相比，从编码入手，建立以语法分析与语义、表达相结合的立体教学，摆脱了以前语法分析只停留在句子表面上的教学模式；它遵循了认知原则，开发和利用了学生的主观能动性，把学生从死记硬背的学习方法中解脱出来，充分调动学生的积极性和创造性，使学生能在有限的语言环境中掌握语言知识，获得一定程度的语言交际能力。

四、语法教学与交际教学

语法教学是一整套运用语言的法则，它是获得语言运用能力进而形成交际能力的基础和条件。因此,语法教学在交际性教学中依然存在。在交际性教学中,教师要让语法教学服务于交际的总目的,并渗透于交际的过程中。自20世纪80年代以来,以Krashen等人为代表的语言研究专家提出了"交际法教学"的新概念。交际法教学认为学生学习外语的目的是交际,因此外语教学应该以学习者的学习需要为导向,以培养学习者的交际能力为目标。交际教学法是外语教学法研究领域的一次飞跃。它第一次明确提出了学习者的需要及学习者运用所学语言的能力是外语教学中不可忽视的重要因素。传统语法教学的一个通常误区是,以为把语法的应用规则及其结构解释清楚了,再举几个单句为例,学生就掌握了语法。须知,语法并非一切,唯有组织学生在大量语境中反复运用语法规则并不断地练习,语法规则才能内化为真实的交际能力。

学生能否运用语法规则来进行口头、书面交际才是鉴定语法教学成功与否的标准。脱离语境的单句运用,充其量也只能是教学的一个小小环节,而不应该是其终点。从理论的角度去理解语法规则的意义及其结构特点,到能够运用英语去表达思想、进行交流,这两者之间还有着"遥远的距离"。而从"理解"通向"交际"这一成功彼岸的唯一桥梁就是"运用"。"运用"就是一个将语法规则内化为语言技能的过程,而素质教育重视的也就是学习的过程。只有在运用的过程中,学生们才可能深切地体会到语法规则多样的交际功能,才可能展示创新思维的个性,才可能习得交际的真正本领。"运用"之所以不等于进行机械性的单句练习,就在于单句运用时,语言没有完整的语篇意义,语法规则成了公式,套用时强调的是语言的准确性,而忽视的正是语言的交际意义。真正的运用须是表达有意义的内容,须组织学生在模拟的或真实的语境中运用所教语法,让学生们去表达真情实感,这样的语法教学才具有交际性。当然,在水到渠成时,选择恰当的时机从理论上归纳总体所学语法项目的规则也是必需的。生活是英语教师组织交际性教学取之不尽的源泉,从班级里的趣事到国内外的大事,如中国加入WTO,从现代科学家Einstein到当代的电脑界的Bill Gates,等等,这些都可以迁移进课堂,成为丰富的交际内容。让生活走进课堂,把语法规则用于表达这些真实的生活内容,就犹如赋予了语法教学以血肉,课堂教学也将因此而生机勃勃,这将比任何空洞的语法理论的说教都更为有效。例如，学习虚拟语气时，可以从班级学生的实际情况出发组织交际活动。

交际的真情赋予课堂教学以生命，学生也因此获得更多的学习乐趣和信心。坚持交际性教学，师生之间便会进入心有灵犀一点通的默契状态，教师本人也会体验到更多的教学乐趣。在交际化的英语课堂中，英语既是教学目标，也是教学手段。格式塔心理学家认为，为了培养创造性思维，学生不仅要把学习情景看作一个整体呈现出来，教师也应当把学习情景作为一个整体呈现给学生。

教师备课时既要进行整体的全方位的设计，又要对细节缜密思考，使之能承上启下，环环相扣，遥相呼应，让学生的思维在其间流畅地向前发展，使他们勇于参与课堂交际活动。我们不妨抛弃那些程序化的教学语言，诸如 Now we are going to study grammar./ Now let's use this word to make a sentence. 等等。这些对学生来说纯认识性的老生常谈时常会将交际的连贯性击得支离破碎，让学生产生学而生厌的不良情绪，使课堂顿失韵味，毫无交际的和谐之美可言。在交际性的课堂中，教师不妨尽量删去那些让学生头疼的套话，代之以与交谈话题相关的、富有情感的、互动式交际性语言，诸如 let's imagine./ in that case, what do you think…? / Put yourself in the position of…让交际流畅地不断进行，将一节课组织为"环环相扣、整体和谐"的交际活动，而不要将零星的语言知识项目生硬堆砌。毫无交际意义的部分相加不等于整体，而和谐的整体作用远大于支离破碎的部分的总和。

应该在教授语法知识的同时扩展学生思维的自由度，培养他们具有广阔的方法和习惯、自主参与的意识、创新思维的品质、健康的心态以及良好的人文修养。他们不再只去看那一片片单个的语言的树叶，而是展翅飞翔起来，以交际的目光去鸟瞰整个语言的森林。最为重要的是，要好好培养学生的"主体意识"，这在英语课中体现为交际"参与意识"。以学生为主体的交际性课堂并不意味着把学生推向任其自我发展的陷阱里。应注意协调好学生的"主体性"与教师的"指导性"的统一和谐，让学生不仅能参与课堂交际活动，而且因为有着教师的帮助，还能体验到使用英语交际的乐趣、创新的兴奋和成功的喜悦，最终获得学习英语的信心和方法。作为学习主体的学生们踊跃参与课堂交际活动，在不断发展变化的语境中创造性地运用语言知识，传达不同的信息，直到具备良好的交际能力，使知识的储备转化为能力的提升。和谐、简洁这两个词蕴含着极为丰富的内容，在英语中，"Harmony"的定义是"Pleasing combinations of related things"。和谐教学作为一种教学策略指的是，力求在教学活动中，使教学过程诸要素之间以及教学过程与教学环境之间终始处于一种协调、平衡的状态，从而提高教学质量，减轻学生的负担。在交际化的英语课堂里，刻意进行语法教学的痕迹淡化了，真实地交流思想情感的氛围浓郁了。交际性教学充满着自然交际的和谐、真实之美。就像一位高超的美容师一样，要淡化妆容的痕迹使色彩和谐地交融起来，令其似有若无，美丽而自然，而一个房间里其他涂满化妆色彩的面孔就会丑得令人咋舌。化妆的最高境界是看不出化过妆，课堂语法教学的奥妙也是如此，要不显山不露水地进入交际的美妙境界，令语言形式恰到好处地镶嵌在语篇中，准确而自然地进行交际，使学生得到全面和谐的发展。

第五节　英语阅读教学策略

阅读能力就是认识文章的能力。准确、全面、深刻地认识课文的过程，实际上就是综合技能教学的过程。这个过程可分为三个动态的层次。

一、抓准确感知

在综合技能教学实践中，应该让课文以整体的形式在学生的头脑中呈现出来。在综合技能教学的感知阶段，就是要让学生通过视觉，准确、全面地感知课文所输出的文字信息。完形心理学理论对于整体十分重视。这一理论认为阅读应从整体入手，从而使学生获得一个整体的印象。在这一阶段中，学生对整篇课文的把握往往是肤浅而朦胧的，但他们所进行的感受活动却是生动而形象的。如当学生读完"Your Key to a Better life"一文，他们就会从心底里产生一种奋发向上的激情、树立良好自我形象的决心以及对未来前景的美好憧憬。这就是"感知"对文章整体把握的一种优化效应。这一阶段中，教师如果对课文的主要内容避而不谈，只注重字、词、句、段的讲解，那么课文就会被肢解为一些松散的、片面的且失去逻辑联系的概念，就会影响学生对课文内容的整体把握，从而影响教学进程的深入。

抓学生的感知须注意全面性与准确性。为此在教学中笔者常采用在学生初感之前提出几个能全面反映整体内容的问题，让学生带着问题读课文。如教授"Daydream a Little"一文时，提出以下几个问题：

（1）How was daydreaming generally looked upon until recently?

（2）What advantage is there in daydreaming?

（3）How can one use purposeful daydreaming to shape one's future?

（4）What difference can daydreaming make if combined with hard work?

学生带着这些问题阅读课文，就能较好地把握住文章的整体性。

另外须强调的一点是，在这一过程中，学生必须准确地理解课文输出的文字信息才能把握课文的内容。为此，如果采用集中教生词的办法，则不利于提高学生的阅读能力。应鼓励学生运用工具书，查词典、选义项等，只有这样，学生准确了解文章的能力才会逐渐提高。

二、抓分析理解

理解是阅读心理过程的第二阶段，它是整体感知后的深化。综合技能中的理解是学生在感知课文主要意思的同时，利用自身已有的语言知识、生活体验和头脑中各种知识相互作用的结果。对文章内容和思想含义的理解是一种复杂的思维过程，这一过程只有通过深入分析、悉心体会，使学生认识课文整体与部分、部分与部分、部分与整体之间的内在关系，从内容和形式上悉心体会出课文是怎样为表现中心而谋篇布局、遣词造句的。国外阅读专家认为："理解"是多层次的。一般要将这复杂的过程分为两个层次——表层理解和深层理解。表层理解指读者仅仅理解文章的字面意义，即字面理解（Literal comprehension），它主要依靠学生的语言知识完成。要理解词语的意义,必须重视其出现的语境。不仅要考虑它在句中的作用,同时还须看它与段、篇之间的关系。因此,表层理解并非单薄肤浅,而需要教师启发学生去联系语境、选择义项、疏通语意、揣摩语旨。只有抓好表层理解这一环,才能为深层理解打好基础。深层理解是启发学生根据文章的结构,分析作者的观点,并运用已知知识,从字里行间推断作者要表达的隐含意义,即推断性理解(Inferential comprehension),它要通过学生的语言能力、背景知识、推断能力来完成。深层理解是对文章进行具体化的品味和对文章内涵的捕捉。在这个过程中,引导学生以主动的创造性想象的方式分析文章的结构,以把握文章所表达的中心思想,这是一个由部分到整体、由具体到概括,不断深化的过程。如学习"Scien and the Scientific Attitude"一文时,因其是一篇英语五级水平的议论文,篇幅长、语言难,学生觉得难以理解。教师可通过引导学生分析,使该文层次分明地呈现在学生面前。学生从对 the body of knowledge, the opposition from church, the scientific method, the scientific attitude Honesty 的作者写作思路的理解中,把握了全文的中心思想:Honesty is so important to the progress of science thus becomes a matter of self-interest to scientists.

三、探究课文写作原因

在感知、理解的基础上,教师要注意启迪学生深悟课文作者为什么要如此为文的原因所在。这是一种高层次的理解,是不可或缺的,它直接关系到阅读的质量。从妙悟的本质看,它必须以理解为前提,但与理解又有区别。理解是对文章内容的认识,是主观认识与客观实际逐步吻合的思维过程,而妙悟则是客观存在接受主观认识检验的思维过程。因而在进行综合技能教学时,必须引导学生对文章的内容、形式进行认真分辨,去其糟粕,取其精华。从这个意义上讲,深刻领悟的能力是高水平的阅读能力。同时它又是一种高质量的创造性阅读,在这过程中,学生必须对课文的谋篇布局、艺术性进行评价。对课文纵横比较、鉴赏的能力表现在扫描审视"怎样写"的同时,应着力探讨"为什么这样写",只有对这个问题有了令人满意的回答,才可以说是达到了高水平的阅读境界,否则只是深而不悟。因此在教学中，教师必须从两个方面下功夫：一是欣赏文章的佳妙之处，以体会作者创造艺术形象和进行艺术构思的匠心所在；二是评价文章的思想性、艺术性及其社会意义。如学生读到"Jim Thorpe"一文时，"Thorpe breezed through both events, his dark hair flopping, his smile flashing, his muscled body gliding along the track."从这一连串的排列整齐的独立结构中，我们似乎看到了那个当年驰名半世纪的著名运动员的矫健身影。

从语音上看，作者使用了"breezed""flopping""flashing""gliding"这一连串的爆破音，朗读时给人以短促快速的感觉，学生进而体会到Thorpe奔跑的速度之快。"dark""smile""muscled"这几个形容词，形象地在读者面前展示出Thorpe英姿勃发、充满青春活力的特点。这样学生不仅知道了文章怎样写，而且知道了作者为表现Thorpe这个人物形象而"为什么要这样写"。这样经常启迪妙悟，学生自然会形成良好的深层思维的习惯。这不仅可以促进学生阅读能力的提高，而且可以潜移默化地促进学生鉴赏和写作能力的提高。

阅读教学的关键和目标应该放在语篇方面。词汇教学要服从和服务于语篇教学，在词汇教学上应当花费少量时间、选择最佳技法，力争达到较好效果。英语语篇按文体（genre）分为记叙文（narrative）、描述文（description）、政论文（argumentation）、释义文（exposition）等。这些文体又分别应用于新闻报道、广告、法律、文书、学术论文等。因此，对于阅读文语篇的教学来说，根据文体特点来组织、设计教学，优化教学方案，是较好的切入口。目前文献中常见的阅读理论模式，是从上至下模式、反应—补偿模式。这两种模式和框架显得太宽泛，在教学中不易把握，笔者在教学中结合学生心理特点、文体特点，以及"文化"内涵，将上述模式灵活运用，进行了几种教学法的探索，效果良好。语篇教学法的基本教学原则在于阅读文教学应是在课内外创设条件，让学生自我进行语言习得和教师主导有机结合，而非传统的紧扣教材教什么内容的问题。阅读文中创设条件主要应是课堂训练要有信息差（information gap），消除学生对课文理解的不确定性训练要准确，又要流畅，难易适度，由易到难激发兴趣；对让学生出错的问题进行重点讲评，而非每错必纠。

整体教学法：文章的主旨大意就是对文章中心思想的理解。文章的取材要依据文章中心。因此，我们可以抓中心、析标题进行阅读教学，让学生从整体上纵观全文结构和内容。同时，也可以让学生的思维发散，做到在阅读教学中既能放开又能收拢，既抓大又放小。

线索教学法：记叙文（narrative）以记人叙事为主，包括个人经历、文学传记、新闻信息、历史文献及讲述故事的小短文、小说之类。阅读时应抓住几个要素——5W + H(Who、When、Where、Why、What、How)，以时间顺序(chronological order) 展开阅读。

速记教学法：让学生做 NOTE-MAKING，抓细节，深入理解全文内容。

背景知识介绍法：教材涉及的题材比较广泛，反映了英语国家的历史、地理风土人情、名人传记、新闻出版、体态语言、戏剧、文学、音乐、卫生、禁烟、自然灾害、环境保护、航天技术、残疾人事业、集邮爱好、体育运动、计算机、食物、文物货币、国际大型会议简况、妇女、儿童、黑人问题等，题材的广泛性增加了学生思维的开放性。利用背景知识教学，不仅有利于学生掌握阅读文的梗概，而且在教学内容中渗透了思想教育的因素，可以培养学生良好的道德情感，提高其文化素养。教材中的选材体现了时代性、思想性、知识性，对背景知识的介绍加深了学生对材料的领悟，从而有益于启迪他们正确认识世界，激发他们对人类社会发展的责任感与使命感。背景知识是英语文化的一部分。挖掘英语文化，并将这种文化融入外语教学中，是将英语作为一门活脱脱的语言进行教学的体现。如果老师的视野局限于课堂和教材，则会与学生思维的活跃性、开放性形成强烈的矛盾，因此，介绍背景知识显得尤为重要。教师通过对背景知识的介绍，能让学生更加明确中英两种语言的差异，也能真正让学生逐渐摆脱汉语思维的习惯，达到基本上能自由灵活地阅读和使用英语的目的。

段落提问教学法：即是将整体教学法细化到段落和章节中。

（1）关于主旨题的提问形式常见的有：

① The main idea of this text may be…

② This article is mainly about…

③ The author's purpose in writing this text is…

④ Which of the following is the best title for the passage？

⑤ Which statement best expresses the main idea of the paragraph？

（2）关于细节

① who、where、when、what、why、how

② According to the passage which of the following is NOT a statement？

③ In the first/ second… paragraph the word "they"（it，which，oneself）refers to…

（3）推断型

① The author implies that…

② Implied but not stated…

③ The tone of this article is…

（4）作者的观点类型的提问形式

① The author believes that…

② The author thinks that…

③ According to the author…

④ The author agrees with…

（5）归类型

① We can summarize the main idea that…

② The conclusion of the text is…

讨论教学法：运用讨论教学法的关键在于设疑并正确引导，让学生分成小组，各自站在不同的立场上，把握观点。这样有利于培养学生的辩证观及自由大胆运用英语表达自己的看法的能力。同时，又把教学放在英语语言环境中，创设交际表达的情景，从而充分调动学生的参与性、主动性、创造性。

翻译法和结构分析法：由于学生认识水平和知识层次有限，语言表达仍未成熟，书面语言的运用有待加强。将翻译法和结构分析法结合，有利于提高学生的理解力。翻译教学中教会学生掌握翻译技巧是关键。事实上，在研究生考试中，专设阅读语篇翻译题，这应该是一种正确的导向。翻译是一门艺术，更能充分体现学生的水平和综合素养。当然，在英语学习的初级阶段，英语教学应尽可能少用翻译法。对于结构复杂、生词多、难度大的应适当翻译。在英语中正确使用翻译法，有助于学生感悟汉语和英语的韵味。

意译法（Paraphrase）：将复杂的英语句子用简单英语意译，让学生明白新句的内涵。这种方法应大量使用到教学中。

阅读文教学中的许多相关问题在教学中亦应引起教师的足够重视。阅读文教学侧重于阅读理解能力和英语文化素养的培养与提高。但我们并不能排斥分析难句、解析新语法现象、精练语法知识和语言点，并不排斥略读（skim）、扫读（scan）或跳读（skip）、细读、总结单元和篇章、惯用法、成语、习语、口语表达法等常规教学步骤和方法；另一方面，阅读教学需要加强学生听、读课文的能力，培养其语感，并且使其根据综合英语材料，用自己所学的英语语言进行总结、归类、分析。目前，随着专业英语阅读教学的不断正规化，客观上要求在我国部分重点学校范围内为专业英语阅读教学提供一种测试手段。

高级英语阅读能力测试（AERT）的长远目标：通过设计一个有理论基础的高效度、高信度的高级英语阅读考试来推动全国的大学专业英语阅读的教学，以期最终真正地、彻底地实现专业英语教学大纲所规定的目标，使我国学生真正具备"以英语为工具获取专业所需的信息的能力"，更好地为我国的现代化建设服务。在基础阶段，英语阅读教学与测试（如CET的reading comprehension test）仍以提高学生的英语语言能力为目标，而在高级英语阅读阶段，教学与测试的重点应转向阅读的各种技能和策略的培养。

AERT项目的近期目标：

（1）设计一个高效度、高信度的高级英语阅读考试，使之能最大限度地体现专业英语阅读阶段的教学目标。

（2）不断完善AERT考试，使之能最有效地测量学生专业英语阅读的能力。

（3）通过AERT考试的反拨作用来推动大学三、四年级的专业英语阅读教学。

目前AERT研究已经完成，已经建立了一套完整的、有理论依据的、有数据支持的、高效度的、高信度的检查专业英语阅读教学效果的、衡量学生专业英语阅读能力的考试体系，包括考试的实施细则，命题及选材的要求和原则，阅卷标准，分数调整，数据分析，成绩报道等诸多的标准化考试必备的因素。在此基础上已经完成了 AERT 范型卷的设计和命题。由于对专业英语阅读教学与测试的逐步重视，随着这方面的理论研究的不断深入和实践经验的不断积累，专业英语阅读的教学与测试将会与基础阶段的分级教学和测试一样逐步走上正规化的道路。

第六节 英语写作教学策略

一、英语写作应该遵循的原则

从心理学和教育学的研究角度出发，可以说，基础阶段的写作教学在实践中应该以"控制论""认知发现论""认知同化论"等教育理论为指导原则。

（一）控制论

"控制论"（control theory）是 1962 年由苏联心理学家提出的，其核心是主张运用控制论的基本原理和方法，分析研究教学问题，结合实际教学的特点改革传统的教学过程，从而建立起进行全面控制的教学系统，实施控制式教学。根据控制论，我们认为写作教学首先必须程序化，实施程序教学；其次，在教学过程中，必须建立良好的反馈联系，以便及时发现和纠正一切背离正常控制的种种倾向。具体地讲，以"控制论"为指导，写作教学应侧重于学生的写作成果。教师规定写作主题与目标，注重反馈机制，要求学生按一定的目的最大化、优化地完成写作任务。教师再根据学生的写作成果来设计下一轮要控制的内容，要求学生去完成某项任务。这样，通过学生的反馈加以控制，从而实现写作的具体目的。

（二）认知发现论

认知发现论（theory of discovery learning）是美国著名教育心理学家、哈佛大学教授布鲁纳（J.Bruner）于 20 世纪 60 年代创立的，并在 90 年代广泛用于外语教学的一种指导理论。根据认知发现论的观点，基础阶段的外语写作教学在学生主动形成有关外语学习的认知结构过程中起着重要作用。学生外语写作能力的获得是在原有认知结构的基础上产生的，不管采取什么样的形式，学生的外语学习都是通过把新获得的信息和原有的认知结构联系起来，去积极地建构新的认知结构。根据这一观点，我们认为写作教学务必要使学生理解各种书面表达的基本结构，即概括化了的基本原理或思想。在教学当中，教师的任务就是为学生提供最好的编码系统，这种编码系统可以通过经典范文以及各种体裁与题材的写作模式反映出来，以保证写作教学具有最大的概括性和可复制性。这就要求教师在教学中必须使学生能在某种程度上获得一套概括了的写作基本思想或原理。

值得指出的是，基础阶段写作教学的认知发现论的特点是关心学生学习写作的过程，而绝不是写作结果。教师选定教学内容，推荐学习材料，进行有针对性的示范，然后让学生自己去探索，这样学生便会积极主动地参加到学习过程中去，通过独立思考，独立完成写作任务。

（三）认知同化论

认知同化论（subsumption theory）是美国教育心理学家奥苏伯尔（D.Ausubel）创建的教育理论。外语课堂教学就要重视原有认知结构（知识经验系统）的作用，同时还要重视学习材料本身的内在逻辑关系。学生在学习过程中变化的实质在于新旧知识在其头脑中的相互作用，有内在逻辑关系的新的学习材料与学生原有的认知结构发生关系，进行同化或改组，在学生头脑中产生新的意义。

根据认知同化论，我们可以说，要使基础阶段的写作教学成为学生写作的一个有意义的学习过程，写作教学就必须满足下列条件：

第一，写作教材和教师提供的课堂指导本身应具有逻辑意义，具体地讲，教学应该以帮助学生建立新的认知结构为目的，帮助学生建立起同化新材料的适当知识基础（固定点）。

第二，教学内容还应有助于激发学生进行有意义学习的倾向，即要让学生具有积极地、主动地将新旧知识关联起来的倾向。

第三，学生还必须在写作实践中积极主动地使具有潜在意义的新知识与认识结构中的旧知识发生相互作用，完成内化，从而提高写作能力。

应该指出的是，对于这些原则的遵循应该是有选择性和针对性的，那就是要根据具体的教学对象、教学阶段和教学任务，选用不同的指导原则，从而制定不同的教学方法。

二、英语写作教学法简介

（一）成果教学法

成果教学法的指导原则是"控制论"，而从理论上可以追溯到心理学的行为主义。写作教学就是一个"刺激→反应→再刺激→再反应"的过程。这种方法围绕控制和学生的反馈这一中心，把重点放在写作的成果上。这种教学方法的步骤为：教师拟定任务（作为控制的项目）→分析范文（指出学生应注意的项目）→学生模仿范文写作→批改作文→讲评作文（肯定学生已掌握的东西，分析学生尚未掌握的东西，包括炼字、措辞、语法、文章结构、内容等）。

成果教学法的优点在于教师能帮助学生识别和运用各种文体，能帮助学生在写作前就对文章的组织结构有一个比较清楚的概念，使他们下笔时不会感到无从下手。而成果教学法的缺点是学生写作的局限性，表现为内容贫乏、表达不灵活；在教学活动中，学生非常被动，学生的思路因教师的要求而受到限制。在反馈方面，学生对教师的批改往往不加重视，有的学生会感到从教师的批改评语中得不到实质性的帮助。这样，成果教学法往往表现为，每篇作文的教学就是一个封闭体系，作文完稿的时刻也就是一个写作阶段的终结。教学双方都容易停留在"刺激"的阶段上，在"反馈"上花的工夫不够，从而影响教学效果。因此，我们认为，写作教学不能总是把重点放在写作的最终结果上。要让学生在写作中有所收获，就务必重视写作过程。

（二）过程教学法

过程教学法侧重点是在写作的过程上。教师按照"认知发现论"的观点，一步一步地落实教学任务，即教师要在学生写作的全过程中加以控制，重点放在对学生谋篇布局的指导上。教学步骤分为：教师布置任务→学生做写作准备（构思、写提纲等）→写初稿→学生自己修改→教师修改→重写→教师批改、评论。过程教学法遵循的是循序渐进的原理，优点在于：一方面有利于学生了解自己的写作过程，自己去探索、总结、归纳写作原理、结构；另一方面，由于这种方法以学生为中心，在课堂上学生比较主动，有时间进行起草或重写，这就有利于学生思维能力的发展，有利于教师及时发现学生写作过程中存在的问题。过程教学法的缺点在于：第一，由于在写作前没有得到足够的指导和范文参考，学生常常对写作文体的多样性、系统性缺乏清楚知识，在写作时常常拘泥于单一的模式；第二，这种方法相对而言比较费时间，教学上不利于培养学生限时写作的能力；第三，由于受这种教学法强调谋篇布局的影响，学生可能会在谋篇布局的外部机制，即写作形式上花工夫，而对形成篇章整体性的内部机制，即写作内容缺乏重视，或者说挖掘得不够。因此，为了完善学生写作的认知结构，写作教学更应该加强内容教学。

（三）内容教学法

内容教学法的指导理论是"认知同化论"，主要注重学生的自主性和创造性，提倡学生对不同渠道获得的素材进行综合和分析。教师常常采用专题讨论的方法，指导和帮助学生获取某一情境或某一主题方面的信息表达方式。在教学实践中，常常以某写作内容为中心，强调学生在写作前的准备工作。内容教学法的教学步骤为：确定专题→教师组织讨论→写作前准备（要求学生通过回忆或听讲座或相互讨论获取有关专题的素材）→提炼用于表达的关键句子→写初稿→修改初稿→写成作文。内容教学法的优点为：可以帮助学生扩大知识面，获取新的表达方式，丰富写作内容；有利于学生在提高写作能力的同时，在阅读、听力等方面取得进步。缺点在于对教学双方要求都很高：一方面要求教师具有广博的知识，另一方面要求学生具有较高的语言能力，即要求学生具有较为理想的、属于英语思维的既有认知结构（旧知识），从而确保新旧知识的交互作用；另外一个缺点是对于水平偏低的学生来说，由于旧知识结构不太完善，在做写作准备时难以找到可以用来"同化新材料"的认知基础,写作实效不太明显。

从上文可以看出,成果教学法、过程教学法和内容教学法都各有优点和缺点。在实际教学中,应针对学生的实际情况采用不同的方法,对于英语专业初级阶段的写作教学而言,三种方法都应采用,只有把它们有机地结合起来,不拘泥于单一一种方法,才能确保用科学的方法来解决教学中常见的问题。

三、常见问题及解决途径

从理论上讲,写作是语言能力的一种表现形式,而人的语言能力空间是习得的还是学得的呢?这一点,教育学家和心理学家有不同的看法,但是大致上可以说母语基本上是习得的,而成人的外语能力既是学得的,又是习得的。值得注意的是,这里的"学"是指有意识的行为,而"习得"应是无意识的行为,是潜移默化的一个过程。因此,我们可以说,外语写作能力的培养首先需要学生有意识地学,根据教师的指导去体验、去模仿、去研究、去提高,让学生养成良好的写作习惯,然后从习惯中发展出良好的写作能力。那种认为写作课不能提高学生写作能力的观念是错误的;反过来,那种把提高写作能力的全部希望都寄托在课堂教学上的观念更是荒谬的。为此,教与学双方均应认识到这一点。基于这一知识就不难解决写作课应该教什么的问题。

写作课到底应该教什么?总体上讲,课堂上,教师应在不同阶段根据不同学生做好"示范"(以成果教学法为主要手段)、"引导"(以内容教学法为中心)和"监控"(以过程教学法为重点)等工作。具体地说,按写作目标而论,初级阶段写作教学可以分为短期教学和长期教学。短期教学目标常常应定位在应付像TEM4、TOEFL这样的考试上,为了节省时间,为了培养学生限时写作的能力,课堂教学可以以写作技巧为中心,教师不妨把教学内容程序化、模式化,尽快给学生树立写作上的规矩。写作课到底应该怎么教,具体方法有以下几种。

(一)抓好语言基础知识的教学

写作是一种书面交际,语法能力是交际能力的一部分。语法能力是包括词汇、语法等在内的语言知识。不少学生由于没有扎实的语言基础,无法用英语明白地把自己的思想表达出来。因此，我们在进行写作教学时，要从词汇、语法抓起，从句子水平着手。这就要求我们在教学中要注意帮助学生巩固语法知识，使学生明确不同词汇的用法，通过大量句型练习，使学生对语法规律有全面、深入的了解，从而可以在写作中正确地运用语言。总之，没有坚实的语言基础为后盾，学生的作文是不可能达到表达清楚、意思连贯的要求的。因此，我们必须重视学生语言基础知识的巩固和提高。

（二）注重写作过程的指导

用过程法取代传统的结果教学法。传统上，我国英语写作教学多采用以行为主义理论为基础的结果教学法。这种传统的写作教学方法主要表现为"学生写作，教师单独评阅"的一种单项交流的模式，学生把写作看作一次性行为，把初稿当作成品，学生不能从教师的评改中获取有益的启示。与传统的写作教学方法相比，过程写作法以写作过程为出发点，将写作过程视为教学的中心，使学生充分投入到写作的各个过程中，最终获得较好的成稿。根据过程写作法，整个写作教学过程可以通过写前准备、写初稿、反馈、修改、重写五个阶段展开。在写前准备阶段，教师可根据写作的要求，让学生集体讨论，集思广益，使学生明确写作的要求，加深对写作主题的理解，并拟定写作提纲。在写初稿阶段，教师应鼓励学生尽可能把自己的想法写下来，而不必过多地担心语言形式的正确与否。在反馈阶段，即在初稿完成之后，教师应以读者的身份审视初稿，主要在内容和结构方面指出学生初稿中的优点和存在的不足，对文章提出建设性的意见。在修改阶段，学生应根据教师提出的意见和建议对自己的初稿进行修改，不断完善文章内容，寻求最佳表达方式。最后，学生在对自己的初稿进行修改、润色的基础上进行重写，教师对重写的文章再进一步作出反馈。必要时，学生再修改和重写，如此反复，直到形成较好的成品。

（三）运用计算机、网络辅助写作教学

计算机和网络的发展对英语教学也产生了巨大的影响。作为一种教学手段，计算机和网络辅助教学已经显示出其独特的优势。教师可以根据学生的特点和要

求设计各种教学活动，通过多媒体，生动地向学生呈现写作内容，讲授写作方法，对学生进行各种写作训练。学生还可以在课外通过互联网收集资料，通过电子邮件等方式与老师和同学用英语进行交流，探讨写作，活跃思维，及时解决写作中存在的问题。将计算机和网络引入写作教学，改变了传统的写作教学比较枯燥的局面，写作课变得形象生动，学生学习写作的积极性得到了很大的提高，写作教学的效率也大大提升。

（四）改进作文评改方法

教师对文章的评改是写作教学中一个很重要的环节，因为它往往是学生衡量自己写作成败的一个重要标准。有调查表明，90%的学生希望文章的错误能得到指正。所以评改有助于学生写作。这要求教师在评改过程中必须既考虑文章的思想内容、组织结构等方面的错误，又注重那些语法形式方面的错误。当然，这样的要求必然给教师带来更大的工作量，使他们不胜重负。我们可采用以下一些方法来缓解这个矛盾：第一，样本批改。老师每次只抽查部分学生的作文，进行详细批改，并在写作课上讲评有代表性的优缺点，这不仅可以节约时间，还可以起到以点带面的作用。第二，设计批改符号。"授人以鱼，不如授人以渔。"为了提高学生自我纠错的能力，教师可设计一套批改符号，并晓之于众，让学生根据教师的批改符号修改重写。这样既可以加快批改速度，又可以让学生在批改中承担一些责任，取得进步。第三，充分利用学生本身的力量。可以让学生互改、互评。往往有这种情形：学生检查自己的作文时，常常不易发现错误，而当读别人的文章时，就会发现不少错误。这些方法都有助于提高学生的写作能力。总之，英语写作课的目标就是培养学生运用语言的能力。从教学法上来看，能力只有在学生这个教学主体的活动中才能发展，具有不可传授性。但这并不意味着教师可以袖手旁观。恰恰相反，如果我们加强教学内容，重视教学过程，尊重教学规律，使教学科学化、合理化、规范化，就能帮助学生提高英文写作能力和水平。我们要不断在实践中摸索，总结出各种各样日趋完善的、适合学生的写作教学方法。

第九章
跨文化视角下的英语教学方法

每个国家历史背景、文化起源都有所不同,文化差异较大,必然给语言文化的形成造成影响。因此,英语教学中应加强对学生跨文化意识的培养,构建科学教学模式。

第一节 互动教学模式

英语综合技能课是一门基础语言综合课,其课程性质决定了它应该是一门语言实践性很强的课程。但由于种种原因,目前其教学模式往往不能很好地反映出"语言实践"这一教学特点。比如说,由于教学内容多、教学时数少、教学班级大、学生英语程度参差不齐、教师投入教学的精力和时间不足等原因,致使英语综合技能课教学往往只注重课文理解、语言点学习这一知识层面的教学,较少重视或顾及学生的语用技能训练。这正是学生学了多年英语后还不敢大胆开口讲英语、不能动手写英语的原因所在。学习知识固然重要,但会用知识更重要。就目前来说,专业英语教学中语言技能训练应该是课堂教学的主要任务。语言知识学习与语言技能训练在课堂教学中并不矛盾,二者由于教学重点不同、教学时数比重分配不同、教学方法不同，因而产生出了不同的结果。课堂教学中二者可以同时进行，通过技能训练方式来强化语言知识的理解与记忆，在学习语言的过程中提高语用能力。就结果而言，通过专业英语教学培养出来的学生应当不仅仅具有一定的语言知识，而且还要具有一定的语言应用能力。

一、互动教学模式的可行性和适用性

互动教学模式的基本框架结构是，课堂教学始终围绕着教材提供的特定内容，以学生为主体，在教师有意识地精心策划、组织、指导下，让学生在有意识或无意识的学习状态中动脑想、动口说、动手写。互动教学模式的本质在于"活动"，其目的是在"活动"过程中实践语言、训练语用技能、提高语用能力，其作用在于让学生变被动学习为主动学习，迫使和诱导学生动脑、动口、动手，从而激活课堂学习气氛，提高学生的学习兴趣。课堂教学活动是构成互动教学模式的具体行为，比如辩论（Debate）、小组讨论（Group Discussion）、对话（Pair Work）、问答（Asking and Answering Questions）、听写（Dictation）、听力的理解（Listening Comprehension）、写阅读报告（Writing Reading Report）等形式多样的活动。它涉及面很广，例如，阅读教学中的主题讨论、段落主题句与例证查找、观点与事实辨认、语句引申意义的推断、词义判断、对某一观点的归纳或评论、中心思想总结、人物特征和事物细节描述、作者语气态度的评判、写作目的的思考等等，有关阅读技能训练都可以通过课堂教学活动来进行。这些活动是在教师指导下以学生为主体进行的，课堂大部分时间应用于学生活动。

理清这一道理的意义在于，从原理上理清课堂教学中知识学习和技能训练这二者的不同概念和轻重关系，明确课堂教学的目的不仅仅是关注词义、句意、课文意思、语法、文章结构、作者的观点态度、写作目的等诸如此类的知识层面的理解，而更应该关注获取这些知识过程中各种能力的培养，尤其是语言表达能力的培养。

另外，互动教学模式也反映出教师与学生、学生与学生、学生与教师互牵互动这一相互作用关系。在这一关系中，教师起着主导和牵动作用。教师根据教学内容提出讨论话题和方式，营造语言实践环境，并对学生活动作出反应，不断调整活动方式，对学生与学生之间的互动起一个帮助和促进的作用。相互之间的交流既可以进行知识层面的学习，又可以在知识层面学习的过程中大量使用所学词语；既有机会倾听别人的陈述，又有机会表达自己的观点，在倾听和表达过程中锻炼了听说能力，在有意识地学习知识的过程中无意识锻炼了语用技能。这样，久而久之就会提高语用能力。学生在活动中的主动积极学习行为反过来又会感染教师，促进教师的教学积极性。一般来说，这三个点的互动作用力越大、越协调，课堂气氛就会越活跃，学生的学习兴趣就会越浓厚。而且，学生的这种求知欲和表现欲会自然而然地延伸到课堂之外。课外学习兴趣的大小往往与课堂气氛活跃成正比，课堂气氛越活跃，学生课外学习兴趣就会越大，反之亦然。互动教学模式要求教师必须具备较高的综合素质。要成功地开展课堂教学活动，教师首先要有足够的激情。无论是课堂活动的设计还是组织，教师都需要认真投入。只停留在知识理解层面的教学与在知识理解层面之上进行各种技能训练的教学所需要投入的备课时间是不一样的。前者比较单一，所需要花费的精力和时间比后者少。课堂教学中要导入某一话题，教师的激情往往会感染学生，使他们在讨论中情绪高涨，积极发言。其次，教师要有驾驭课堂的能力。这一能力涉及教师的语言表达能力、协调能力、应变能力和决策能力。口语流畅，语音语调好，例句具有生活气息，简朴易懂，对学生提出的问题反应敏捷，能及时处理讨论中出现的各种问题，善于与学生沟通，把握好讨论的话题、方式和时间等等，诸如此类的能力是决定互动教学是否成功的关键因素。

互动教学模式要求学生做一定的课前预习工作，比如背记单词、查阅词典或有关的学习资料、预习课文及相关练习、标出疑难问题和自己的看法，这样，学生在讨论学习中会表达自如、积极发言。因此，教师也就可以较少进行知识理解层面上的讲解，把较多时间用在知识层面理解之上的话题讨论和各种技能训练上。一旦形成这种学习模式，学生对所学内容的接触就是反复多次的，这是一个熟悉所学语言的过程，这种学习过程完全符合语言学习规律。

二、互动教学模式的基本特点

互动教学模式是集交际教学法、听说教学法、认知教学法、阅读教学法等教学方法为一体而形成的一种课堂教学模式。这种教学模式是在有关语言学习、语言习得理论指导下从教学实践中总结出来的。英语教学中的互动教学模式的形成原因有以下几点。

（一）英语是一门基础语言课

《大学英语教学大纲》（修订本）明确指出"英语（一至二年级）为基础阶段教学"。学生入学时，领会式单词只掌握了1800个，复用式单词为1200个。而大学两年学习期间要求学生掌握领会式单词4200个，复用式单词2500个（包括中学所掌握的单词和词组）。这只是较低要求，即四级要求。较高要求（六级要求）则是：掌握领会式单词5500个，复用式单词为3000个（包括中学所掌握的单词和词组）。就词汇量而言，中学阶段平均每年要求学生掌握300个单词，而大学阶段平均每年要求学生掌握1200个单词（较低要求）。就学习词汇而言，可以说学生学习英语与我国小学生学习汉语没有什么区别，还脱离不了背记单词这一关。不光词汇量少，学生入校时的语用能力也很差，尤其是听说能力和写作能力。要达到教学大纲对学生的语用能力的要求，就必须在课堂教学中老老实实地遵从基础语言课的教学规律，在教学活动中突出学生这一主体地位，加强学生语用技能训练，有效利用单位教学课时，因此，互动教学模式更符合基础语言所要求的学习规律。

（二）专业英语综合技能课是一门综合课

综合技能课教学不仅涉及阅读和写作教学，它还涉及词汇、语法和听说教学。如何把主体时间用于知识层面教学和在知识理解层面之上的语用技能训练，这便是互动教学模式力图要解决的主要问题。

听力课程专门训练学生"听"的能力，大部分课堂教学时间用于让学生听录音。"听说"课也一样，课堂大部分时间用于学生的听说练习。那么，"综合技能课"尽管涉及的知识面较广，教师需要花一定的时间对这些知识进行必要的解释,但解释或讲解不应该占用课堂的大部分时间。通过某种训练方式,学生会自己理解有些概念性知识,从而自然而然地记住。有些教师由于过分担心学生的知识理解多少或深浅,往往把课堂的大部分时间用于语言点讲解,在理论上没有弄清楚"综合技能课"(或"读写课""综合课")也应该像"听力课"和"听说课"一样,学生需要一定量的时间来锻炼获取知识的技能。不管进行哪方面的技能训练,保证学生练习的"时间量"非常重要。从这个意义上说,确定"综合技能课"的性质很有必要。如果说它不是一门纯理论或纯知识课,而是像"听力课"或"听说课"一样,是一门含有广泛知识的综合技能训练课,那么教师就应该在课堂教学中给学生留出大量的时间让他们进行活动,进行有关语言技能的练习。

综合技能课应该是一门综合语言课,它所承载的知识非常广泛,涉及天文地理、各地的风土人情、古往今来的文化与历史、各个学科的知识与研究成果等。它所要求学习者掌握的语言技能也不是单一的,其中包括听、说、读、写、译等各种技能。互动教学模式正是在此意义上形成的一种教学模式,它既强调知识理解层面的教学,更强调在知识理解层面之上技能训练的教学。

(三)互动教学模式符合"准习得"论说

自从 Krashen 提出第二语言"习得"(acquisition)理论以来,我国一些语言学家对这一理论在外语教学中的实际意义做了大量的深入探讨和研究。在研究"学习"与"习得"理论如何指导我国外语教学的基础上,有的学者提出了外语教学中的"准习得"(quasi- acquisition)论说。这一论说分析了"纯无意识性习得"(subconscious-acquisition proper)和"准无意识性习得"(quasi-subconscious acquisition)之间的共同点与不同点,强调了"准无意识性习得"通过人造语言环境(artificial language environment)来达到习得的目的。这一论说有力地支持了互动教学模式。

前面讲过,互动教学模式强调要给学生留有足够量的时间让他们进行课堂活动,在互动中通过动脑想、动口讲、动手写等语言实践行为来训练他们的语用技能,帮助他们提高语用能力。事实上,这些课堂活动正是营造语言环境的积极行为，这一行为是在教师有意识地策划、组织和指导下与学生有意识或无意识地进行语言练习而共同完成的。练习者或学生的学习目的和学习行为在活动中有时是有意识的，有时则是无意识的。可以说，学生在接受活动指令时是有意识的。他们明白要进行什么活动和活动中要完成什么任务，但在活动过程中的大部分时间，他们相互之间的交谈是随意的、即兴的，他们在互动中获取的语言技能是"准习得"的结果。

综上所述，互动教学模式主要体现了以下这几个特征：

（1）给学生营造语言实践环境；

（2）给学生留有足够的时间让他们进行语言活动；

（3）语言活动是在教师的策划、组织、指导下与学生共同完成的。

三、互动教学模式的运用

目前专业英语综合技能课（读写课或综合课）教学，都不同程度地体现出了互动教学模式。但从总体上看，大部分教师在课堂教学中用于讲解知识的时间比用于组织学生进行课堂活动的时间要多。也就是说，教师的言语行为比学生的多，课堂教学中主体角色大都是教师而不是学生。这种教学模式在很大程度上还是沿用着传统的教学模式。教师看重的是知识传授，忽略了基础课中语言技能训练这一教学环节，教学方法违背了语言学习的基本规律：语言是学会的而不是教会的。综合技能课教学中互动教学模式有没有通用性？比如说，单词表中的生词讲不讲？课文结构、文化背景、语言要点、句子结构等诸如此类的知识讲不讲？互动教学模式并不排除知识要点的讲解，但并不认同把课堂上大量的时间用于讲解知识。在涉及的所有知识中，教师必须理清哪些是知识要点，哪些是影响课文理解的知识难点。

互动教学模式同样强调给学生留有足够量的时间和足够量的内容让学生去实践语言。背记单词不是课堂教学任务但却是学生基础语言学习中的主要任务之一，所以在课堂教学中教师有必要帮助学生学习并掌握单词。

综上所述，互动教学模式应该是目前课堂教学的一种比较理想的教学模式。

课堂上组织学生进行的种种活动是互动教学模式的具体行为，但目前就普通学校而言，综合技能课课堂教学活动的开展并不十分理想。大部分教师把大部分的课堂教学时间用于知识层面的讲解，有的教师甚至还是"满堂灌"，把时间全用于讲解。因此，目前影响开展课堂教学活动的主要原因有以下几个方面。

首先是教师对课堂教学持有的价值观。有的教师认为课堂教学的目的就是给学生传授知识，认为知识比技能重要，教知识比进行技能训练要高级；认为技能训练花费不少时间，学生却学不到多少知识。有的教师认为技能训练应该是中学阶段的教学任务，英语教学的主要任务是让学生学习教材中罗列的各种知识，他们由于担心完不成规定的教学任务或担心完不成传授知识这一任务而放弃了课堂教学活动。

另一个原因是教师的综合素质问题。有的教师投入教学的精力和时间相对不足。除了责任心不强外，另一个综合素质差的问题则表现在驾驭课堂的能力方面。比如，语言表达能力、组织能力、沟通能力、应变能力等等，诸如此类的能力是互动教学模式能否顺利进行下去的主要因素。

还有一个原因是来自学生方面的。有些学生学习英语的动机是为了应付各种过关考试。由于目前英语方面的各种测试题偏重于知识性测试，所以有些学生只习惯于知识学习，认为能把一些知识理解了就足以应付各种英语考试，觉得技能训练太浪费时间。还有一部分学生口语表达十分困难，面对专业英语教材中出现的大量生词更是无法适应，在课堂活动中不敢开口讲英语。这部分学生的学习习惯、态度和心态非常不利于课堂教学活动的持续开展。

除了上述三个问题外，当然还有教学设施、教材的适用性、教学管理与教育体制等方面的问题。以上种种问题尽管对顺利实施专业英语教学中的互动教学模式有一定的影响，但有相当大的一部分教师已经开始重视课堂教学活动，在他们的课堂教学中已经不同程度地运用着互动教学模式。

第二节　英语课堂提问技巧

根据《全国高等英语专业基础阶段教学大纲》的要求，英语专业基础阶段的综合技能课旨在为学生打好坚实的语言基础的同时，也要培养学生用英语进行交际的能力。

多年来，我国传统的英语专业综合技能课教学，一直采用以教师讲授为主的基本模式。课堂教学活动的主角是教师，学生处于被动的配角地位。这种教师上课"一言堂""满堂灌"的教学模式，往往导致教师把重点放在学生是否弄懂了词义、句法上，使综合技能课教学停留在讲解词汇、语法，解释句子和课文的层面上，而忽略了对学生语言实际运用能力的培养，使得学生上课时多半忙于记笔记，很少开口参与课堂活动，缺乏动脑思考所学内容的机会，只是被动接受教师传授的语言知识。久而久之，这种教学模式客观上剥夺了学生亲自体验语言习得的学习过程，使学生在语言学习中产生了"惰性"心理，抵制了学生学习主体意识的发挥，致使英语综合技能课成了一门死记硬背，缺乏灵活性、生动性和趣味性的课程。结果，在综合技能课上，教师教得辛苦，学生学得疲惫，收效往往不尽如人意。

近年来，越来越多的教师意识到了综合技能课教学应把重点放在培养和提高学生的交际能力上。那么，如何挖掘综合技能课堂活动所拥有的交际潜能，使它更适用于学生的英语学习呢？肯尼思·H.胡佛说："整个教学的最终目标是培养学生正确提出问题和回答问题的能力，任何时候都应鼓励学生提问。"提问是英语专业综合技能课课堂教学可以常用的有效方法之一，它是教师启发学生运用所学的语言知识进行交际的过程，体现了英语课堂教学的交际性。课堂问题的设置直接影响课堂提问的数量和质量，而课堂提问的数量多少和质量好坏直接关系到一堂英语专业综合技能课成功与否。

一、英语综合技能课问题的设置

综合技能课问题的设置直接影响课堂交际的质量。教师在设计问题时应由浅入深、由表及里，由思考型向总结型、评论型过渡，多问概括性、个性化和开放性的问题，提问的问题要有特色，要能打开学生的思维，让学生充分发挥想象力、创造力，从不同角度寻找多种答案。

（一）导入型问题

导入型问题的问答类似于著名电视节目主持人崔永元所说的"热场子"。成功的节目主持人往往善于通过相关话题"热场子"，自然而然地把观众的注意力带入特定的节目氛围中。其实，教师在开始讲授新课之前，所要做的工作又何尝不是如此呢？在导入新课过程中，教师以提问的方式或以话题讨论的方式，让学生预测即将学习的内容，做好学习的心理准备。提供与新授内容有关的背景知识和语言信息，可以使学生对所学内容充满期待，使课堂教学引人入胜。

游戏是学生们关注和喜爱的话题，他们自然会踊跃发言，答案当然也丰富多彩、生动有趣，这时他们的注意焦点就会自然而然地集中到 game 上。在师生充分讨论的基础上，教师再提出新授内容并布置学习任务，既顺理成章又科学合理。

（二）浅层面问题

浅层面问题即细节型问题，旨在帮助学生在学习过程中获取相关的详细信息，如：事件发生的背景、过程和结果等，包括以下四种类型。

（1）重复信息问题。这类问题要求学生模仿、重复所听到的教师所讲的内容或录音材料，可以采取从词到句到段落的循序渐进的办法。它们可以锻炼学生的瞬时记忆力及快速反应能力，同时可以使学生更加集中注意力听讲并注意自己的语音语调。

（2）判断正误问题。这类问题要求学生对所听和所读的材料中的事实、数据、情节等进行合理分析，正确判断。它们可以锻炼学生的记忆力及快速判断能力。

（3）特殊疑问词问题。这类问题一般可以从所学材料中直接找到答案一般用 what、when、where、who、whom、why、how 等特殊疑问词来进行提问，也就是说，要求学生注意话语或语篇的时间、地点、人物、原因、方式、结果等。它们可以帮助学生理清课文的脉络，提高阅读和学习效率。

（4）完形填空问题。这类问题考查学生对所学知识的理解和掌握情况。教师可将所教对话或课文改写或缩写，留下空格让学生口头补充或书面填写相关内容。这是学生进行信息处理和加工的过程，也是复习巩固知识的过程。

（三）深层面的问题

（1）思考型问题。这类问题一般不能直接找到答案，往往需要学生综合所获取的信息，经过思考、加工、整理后，才能得出深刻的见解和合理的答案。例如大学英语教程》第三册第二课 "The Nightingale and the Rose"（夜莺与玫瑰）一文的讲授。这是一篇童话故事，作者通过丰富的想象、夸张和拟人化手法塑造超自然的或想象的人物、动物以及无生命的客体，反映了社会生活，也倾吐了自己的心声。故事中的夜莺用歌声和鲜血，为"学生"培育了一朵表达爱情的"红色玫瑰"，可是"学生"并不真正懂得什么是爱。作者王尔德为了人类的爱而辛勤地写作，结果受到评论家的谴责，被认为是"为艺术而艺术"的作家。因此，我们可以提问以下问题：The Rose obviously serves as an important symbol in this story, But what symbol？ Why does the author make it so difficult to obtain？学生对课文提供的多个信息进行分析、推理后，才能得出恰如其分的答案。

（2）总结型问题。总结型问题旨在培养学生从整体上把握语篇的能力，要求学生通过阅读、学习和思考，对文章的每个段落和整篇文章的中心思想加以概括、总结，并运用自己的语言流利地表达出来。例如：讲授《大学英语教程》第四册第三课 "Solve that Problem- with Humor"（用幽默解决那个问题）后，我们可以提问以下问题：Do you agree with the author that humor is a most effective means of handling the difficult situation in our lives？ List some of the problems that can be best solved by humor？ Do you agree that humor can be the best olution for people in despair？ Why or why not？ What's the main idea of this article？ Would you please summarize the whole text？这类问题，可以使学生抓住所学内容的重点，锻炼他们的概括总结能力和语言表达能力，并对"幽默是生活中解决各种难题的有效方法，是生活的润滑剂"这一主题有更深刻的认识。

（3）评论型问题。评论型问题旨在培养学生阅读学习后的语言输出能力，要求学生结合自己的社会实践和经验对所提出的问题进行分析、判断，而后得出自己的观点或结论。这是学生利用已有知识进行梳理和创新的过程。例如：讲授《大学英语教程》第三册第二课"The Nightingale and the Rose"一文时，我们可以提出这样的问题：Would you call the ending of the story anti-climatic？ What kind of effect？这样的问题，一方面可以加深学生对课文的理解，另一方面可以拓展学生思维的深度和宽度。尤其可贵的是，学生们并不因为王尔德是著名作家而把他对故事结尾的处理看作是权威性的、唯一的、毋庸置疑的。我们要通过提问启发他们敢于提出自己的看法，而这种质疑和创新精神正是当代高等教育所大力提倡和孜孜以求的。

二、综合技能课课堂提问的方式

（一）鼓励启发引导式——教师提问，学生回答

这是一种传统的提问方式，由教师提出问题，引发学生思考，学生回答，但也可以"旧瓶装新酒"，问出特色、创出新意。自上课伊始，师生互致问候就启动了师生间的交际活动。教师就所复习内容或所学内容，设计难易不同的问题，选择相应水平的学生来回答，让每个学生都有尝试成功的机会，这是师生间成功地以提问促交际的活动。也就是说，问题应有针对性，既考虑到全体学生的水平，又要照顾个别学生，考虑到可能出现的错误答案以及如何纠正。方式可以灵活多样，切忌一成不变，千篇一律。例如：在进行复习，做浅层面题的问答时，不妨将全班分成四至六个组，进行比赛，激烈活跃的比赛气氛可以使复习活动变得妙趣横生。值得一提的是，教师提出问题时应表现出对问题的兴趣和对答案的期待，语调、表情应亲切自然。对回答正确的同学应适当表扬，多说 Very good！/ Great！/Interesting！/A good idea！/I'm glad to hear that！/A clear answer！/

Wonderful！/ Excellent！等鼓励性语言。对一时回答不出问题的学生，应给予适当的暗示，或通过类似于电视节目"开心辞典"启动求助热线的方式，鼓励组内其他同学给该学生大声"打电话"，帮助其回答问题，这样既可以活跃课堂气氛，又可以使该同学及全班都将所提问题的答案牢记在心。对回答错误的同学也要顾及其自尊心，不要武断地批评或嘲笑，不妨说：I'm afraid that your answer is not right. /Please sit down and think it over. /OK. You can have your own idea./ I hope you can give us a correct answer next time. 等。或者转而问可以使学生们有勇气积极参与课堂活动、踊跃回答的问题，并使他们在回答问题的过程中既能看到自己的长处、进步以及自己的能力，又能正视自己的不足、差距，找到努力的方向，从而增强学习的自觉性和自信心。

（二）结对练习巩固式——同桌之间，互问互答

在教学活动中，教师就某一内容或某一话题让同桌学生结成"对子"，发现、提出问题并寻找答案，可以让学生坐在自己座位上进行练习，也可以有选择性地找一些"对子"到讲台上进行练习表演。这一活动充分体现了课堂教学以学生为中心，充分发挥其主体性和主动性的原则。学生们非常积极地参与，有些学生只发现了低层面、表象性的问题，而有些学生则发现了一些深层面、实质性的问题。这样，学生在互问互答中，得到较多的练习机会，可以使他们加深对所学内容的理解，提高语言表达能力，可以激发他们的学习动力，调动他们的学习积极性，而且也可以培养他们的创新意识，激发其创造性思维。

（三）鼓励质疑创新式——学生提问，教师回答

这种提问一般安排在刚刚讲授完内容之后，给学生一定的时间，让他们对所学的内容提出质疑。这一活动有利于敦促学生及时复习所学知识，因为只有先复习，才有可能发现问题，有利于培养学生的质疑精神，使他们敢于向权威挑战，这时教师的应答显得尤为重要。如果学生对语言点有疑问，教师应耐心讲解，多举与现实生活密切相关的例子，并启发学生思考运用。如果学生对学习材料中的某个观点、作者的写作意图、名人名言甚至教师本人的讲解等提出质疑，教师应

以宽容的态度"洗耳恭听",只要想法合理就应表示赞许,即使是不合理甚至是错误的想法,教师也应多加鼓励,肯定其质疑精神。因为有质疑才可能有创新。正如爱因斯坦所说"提出一个问题往往比解决一个问题更重要"。因为解决问题也许只是一个数学上或实验上的技能而已,而提出新的问题、新的可能性,从新的角度去看旧的问题,却需要有创造性的想象力,而且标志着科学的真正进步。

(四)多种角度思维式——组内讨论,班上汇报

《大学英语教程》第一、二册教材的编写以语言的交际功能为主线,语言知识和交际用语交叉出现。学生在话题营造的氛围下,学习语言并用英语进行交际。每个句型和话题,每篇课文都与现实生活有关,因此教师可以设计一些既与学习材料相关又与学生实际生活关系密切的问题让学生进行组内讨论。在讨论中,学生们可以互相交流,进行学习。而且,学生在小组里比在全班更敢于表达自己,在轻松的气氛中,学生更易发挥主动性及创造性。教师则应当好"导演",组织、控制整个讨论的节奏,不时地给学生以指导和建议,使活动顺利进行下去,有时教师也可直接参与学生的讨论活动,最后教师应在班上做总结性点评发言。这一形式可以使学生从各种不同的角度考虑同一个问题,发挥想象力,寻找各种答案,有利于培养学生的发散性思维和求异精神,有利于激发学生的创新意识,有利于培养其合作精神。

综上所述,在英语综合技能课课堂上提问应讲究策略和艺术,教师应考虑问题设置的合理性、针对性和可操作性,提高提问的效果。教师还应注意提问的技巧。优秀的教师不会自始至终由自己发问,也不会面无表情、目光低垂,而会采取多种多样的提问方式,以生动的面部表情和善解人意的眼神与学生进行心灵的交流与沟通。教师要尽量用生动、形象的语言提出开放式、个性化和多答案的问题,给学生提供修正的机会,并放手让学生自己提问,相互讨论,打开全体学生的思维,培养其想象力和创造力。

只有这样,才能有效地组织英语综合技能课教学,变教师与学生之间的主动—被动关系为教师与学生之间的良性互动关系,真正做到"教学相长",从而

提高英语专业学生学习综合技能课的兴趣，增强学生学习的主体意识，进而提高其听、说、读、写、译诸方面实际运用英语的交际能力。

第三节 交际教学法

交际法（Communicative Approach）出现于 20 世纪 70 年代，其理论主要来自社会语言学、心理语言学和乔姆斯基的转换生成语法。交际法所倡导的宗旨是在理论上把学生的交际能力视为教学目的，即强调对学生实际运用语言的能力的培养；在实践上承认不同的语言交际需要采取不同的教学方法来达到教学目的，即正确处理语言知识与语言实际运用的能力。语言学家认为，语言的社会交际功能是语言的最本质的功能。交际法十分重视这一功能，主张在交际活动中表达意念，掌握运用语言对意念的表达方式，即交际不仅是语言教学的目的，而且也是掌握语言最主要的手段，是外语学习的中心环节。同时交际法强调语言学习者学习外语的主动性和积极性，鼓励学习者运用所学语言进行交际。并且交际法也符合语言的教学原则，提倡师生互动活动。综合技能课的教学采用这种方法切实可行，因为交际法所倡导的教学宗旨正是职业英语专业教学大纲对综合技能课所提出的要求。

一、交际能力

众所周知，语言是重要的交际工具之一，课堂教学或其他任何形式的语言学习，无论其内容和方法如何，其最终目的都是能以所学语言为工具进行必要的口头和书面交际，即培养学习者具有一定的交际能力。

（一）交际能力的含义和对学生的要求

交际能力这一概念源于语言学，20 世纪 50 年代中期至 60 年代，美国语言学家乔姆斯基首次提出了语言是受规则支配的行为这一观点，认为语言行为有规则可循，有限的规则可以生成无限的句子；他又探讨了"语言能力"和"语言行为"

的区分，认为前者是说话人对语言的全部知识，是内在的、先天的，而后者则是前者的具体体现，是外在的。乔姆斯基的理论对近30年来国际范围内语言学的迅猛发展产生了极其深远的影响。但20世纪70年代初，美国人类学家海姆斯等人却对乔姆斯基的"语言能力"和"语言行为"一说提出了异议，指出乔姆斯基所说的"语言能力"指的是说话者头脑里固有的语法规则，学会语言意味着学会把声音与意义以一定方式联系起来的规则系统，但他忽视了最重要的一种能力，即说话者能说出并听懂不那么符合语法规则，但符合情景的话语，社会情景中的选择规则同语法规则一样重要，也是说话者语言能力中不可缺少的部分。为此，他提出了一个含义更为深广的概念——交际能力。海姆斯将这种能力归结为4个方面：语法知识和运用能力；心理语言知识和运用能力；社会文化知识和运用能力；语言的实际发生能力和知识能力。

（二）培养交际能力的必要性和可行性

提高交际能力，从小的方面讲是教学大纲的要求，是教学活动中必须做到的，否则便意味着我们没有尽职尽责，只完成了一半任务。从大的方面来说，这也是我国改革开放形势所迫切需要的。我们的学生将来的任务不是去参加各种各样的外语测试，而是在各种各样的场合下运用英语。从语言教学过程本身来讲，交际能力的提高是增强语言能力和语言知识最有效的途径。只有通过不断的读、听、写、说的实践，才能接触各种语域的词汇和语法规则，并加以理解和记忆，从而在更多的实践中学会应用并最终掌握。

二、交际法在实际教学中的应用

交际法在实际英语教学的很多环节中都有用武之地，比如听说教学和课文教学等。以课文教学为例：英语教学的原则是师生互动的活动，运用交际法讲授课文，就是把学生作为课堂中的主体，把课文作为课堂讨论材料，把整个课堂过程交际化。教师是个循循善诱的"导演"，他实际上扮演心理学家的角色。教师发挥的是课堂活动的组织者，学生学习语言的鼓舞者的作用。教师要采用最佳的教学组织形式，给学生创造一个"下意识"的学习环境，引导学生去主动学习；通过恰当的启发性讲授，引导学生积极地参与实际活动；运用交际法分析课文，把重点放在培养学生正确地阅读的能力上；从篇章入手，引导学生抓住文章的主题和谋篇布局的特点。

用交际法讲授课文的好处在于：有利于发动学生开动脑筋，培养其逻辑思维能力，同时使学生主动学习，独立获取知识，有助于提高学生分析问题和解决问题的能力。

（1）避免了教师逐词逐句地讲，但所讲内容不一定为学生所需的现象，有利于提高课堂效率。

（2）从整体出发，侧重语篇分析。使学生对课文整体感知，整体理解，有利于语言信息的整体输入，克服了综合技能课传统的教学太慢、太细，"见树不见林"的缺点。

（3）坚持了英语教学原则，课堂上以教师为主导，学生为主体，开展积极的双向活动。因此，学生活动得以最大幅度增加，学生有更多的即兴发言的机会。有利于英语教学宗旨的实现。

第四节　逆向教学法

目前英语界主要流行着两大教学法：即以语法加词汇为主线的传统教学法和近年来兴起的交际教学法。传统的语法加词汇的教学法过多地强调语法在阅读中的运用，其目的不是为了让学生从阅读中获得尽可能多的信息，掌握阅读技巧，而是为了让他们更多地获取语言知识。获取语言知识固然很重要，但这不是我们主要的教学目标。用传统的教学法培养出来的学生在语法上占有优势，但不足之处是，学生不能形成行之有效的语言思维结构，在语篇理解和写作能力上有所欠缺。而交际教学法能较快地培养学生的听说能力和快速阅读的能力。交际分为书面交际和口头交际两种。阅读是书面交际的一部分，而与口头交际相比，阅读是更重要的交际形式。该方法的不足之处是只强调交际功能，而忽视了语法理论的指导意义。高等教育的改革和发展对英语教学提出了更高的要求。英语的教学目标应该放在培养学生独立的阅读理解能力上，也就是语言技能上。

大纲指出，要重视培养运用语言进行交际的能力。英国著名的语言学家罗宾斯说：通过词汇形成和句子结构的规则，语言才得以起到交际工具的作用。由此可见，语言知识和交际能力是相互促进的，语言知识是交际的基础，但不进行交际技能的训练，也不能变语言知识为实际运用语言的能力。因此，教学过程中，不能完全按照传统的英语教学法由部分到整体，以语法为主线的教学模式，即：单词——词组——句子——段落——篇章，也不能完全按照以听说领先的教学模式。而应该教会学生通过已经掌握的语言知识捕捉重要的语言线索，获得一个总体印象（main idea），再把一些长句和难句以及重点词汇和结构放在一定的语言环境中进行重点语法分析、讲授和训练，进而要求学生掌握处在一定语境中的灵活语言表达方式以及词组和词汇的用法。同时利用课本中非常优秀的典型例文具体分析，帮助学生理解并掌握语篇知识学习的综合技能，起到以点带面的作用。教师需要做到课上有重点讲解，课下要求学生有针对性地做大量泛读练习，才能促进英语教学的水平提高。

另外，讲授课文要使学生首先对整篇课文的内容有大致的了解和印象，再用一定时间帮助他们分析各段之间的联系，各大段落的主要意思，段落内部的意义上的发展和联系以及所使用的联系手段，在掌握了一定的重要信息后，归纳出中心思想。另外，在分析、归纳总结的同时，把重点的词汇结构放在一定的语言环境中进行讲授、分析和训练。众所周知，背诵一个个孤立的单词，固然对扩大词汇量有所帮助，但学生往往会这样的问题，即背过某个单词，也知道是什么意思，但放在句中就不知何意了，或者说不能真正理解其含义了，从而影响对全篇课文的理解，更达不到提高语言技能的目的。当然，在精讲过程中，贯穿一些阅读技巧，也是必不可少的。综合技能课每单元课后的 Reading practice 也给我们介绍了阅读的方法，很多方法是可以借鉴的。其中浏览（skimming）和扫读（scanning）对提高学生快速阅读的速度和准确性很有帮助。浏览的目的是找出文章的中心思想，而扫读的目的是从文章中找出重要的细节，找到关键词和关键句子。

经过几年来的教学实践，认识到逆向教学法在综合技能课上的尝试各有其有利和不利的方面。

1. 有利方面

（1）在加深和提高学生们词汇结构的实际应用能力，为写作打下一定基础的同时，也提高了学生们对语篇理解的能力。

（2）既防止了只讲语言点而忽略全篇内容缺失，又避免了只注意文章内容而忽视语言基础训练的弊端。

（3）调动了学生的积极性和自觉性，课堂气氛活跃，教师不再全盘灌输，学生们积极自觉配合，从而做到真正地理解全篇内容。

（4）从篇章入手，了解文章的结构、各段落的特征、段落的主题句（topic sentence）等，无异于把握了整篇文章的大动脉，形成了阅读中的正确预见，从而提高了阅读的效率。

2. 不利方面

对于基础不好的学生来讲，如果课前不预习，课下不及时归纳、总结，还是达不到理想的效果。还有必要针对部分差生就如何充分地调动其主动性，弥补其基础不好的弱点等问题，做进一步的探索和研究，找出适合他们的更好的教学方法，从而使教学水平和教学质量不断提高。

语言是一种交际工具。语言教学的最终目标是培养学生以书面或口头方式进行交际的能力。因此，在教学过程中，既要传授必要的语言知识，也要引导学生运用所学的语言知识和技能进行广泛的阅读和其他的语言交际活动，以达到大纲所要求我们的：教学活动不但要有利于语言能力的训练，也要有利于交际能力的培养；不仅要重视句子水平的语言训练，还要逐步发展在语篇水平上进行交际的能力。

第五节　启发式教学法

启发式教学法应用到语篇教学当中，就成了语篇教学和启发式教学相结合的新方法，这种教学法打破了传统的以句法、词汇和翻译进行教学的框架，改变了过去"填鸭式"的教学方法，使学生由被动学习变为主动参与。

一、语篇教学

语篇教学的目的在于引导学生了解作者的观点、意图，使学生具有通览、驾驭全篇的能力，并将其注意力转向"篇"，而不是文章的"句"；转向文章的"意"，而不是文章的"语言点"。传统式综合技能课教学的重点往往偏重于语音、语法和句法，把一篇完整的文章当成分散的语言点进行讲解，多停留在单句的表层，很少引导学生深入全段、全篇中去。往往一篇文章讲完后，学生讲不出文章的基本内容和要点，更谈不出作者的主导思想。使用语篇教学法就成为解决这一问题的新的行之有效的方法。那么怎样进行语篇教学呢？

（一）教师认真备课，引导学生全面地理解课文

进行语篇教学，在备课方面对教师提出了更高的要求。它要求教师挖掘课文思想深度，了解作者的意图，对整篇文章从宏观结构上进行分析，帮助学生扫清语言障碍；了解文化背景知识，以便使学生能够全面领会整个语篇的层次结构、逻辑关系、主题思想和作者的立场观点，并从语言技巧和思想内容两方面加以评论。更重要的是，采用语篇教学，能够使学生从自然的课堂教学而不是生硬的思想灌输中提高艺术鉴赏能力。传统的教学方法是从单词开始，逐字、逐句向前推进学习，而语篇教学则是采用分段讲解的手法，注意段与段之间的衔接，进行词句讲解，分析人物性格或事件缘由，总结段落大意、中心思想及写作技巧。在进行语篇教学中，教师要力求做到既不排斥词汇、语法结构的讲授，又要把文章作为一个整体来讲，既重视语言功能，又不忽视语言形式。由此可见，采用语篇教

学法并不是将一篇文章笼统地介绍给学生，放弃对有碍学生正确理解全文的语言难点的讲解。必要的语言点的讲解仍是培养学生掌握语言基本技能的重要组成部分。

（二）督促学生认真预习，提高他们的理解与实践能力

语篇教学同样对学生提出了更高的要求。它要求学生课前对所学文章通篇认真预习，了解文章的梗概，这样，学生就可在教师讲解时做到胸中有数，在课堂上积极配合教师。由于新的教学法在课堂上为学生提供了大量的语言实践机会，学生的语言表达能力会不断地展现出来。他们爱面子、怕当众出丑的旧习惯会使他们产生紧张感，加之自尊心的驱使，他们就会积极地进行思考，配合教师表达自己对文章中出现的人物、事件和作者意图的看法。

语篇教学在培养学生的思想品德修养方面也起到了积极的作用。例如：在《约翰·梅斯菲尔德》一文中，作者通过日常生活中的琐事，突出了桂冠诗人谦恭的个性。教师在讲解时，应以整个语篇为基础，让学生找出每段的主题句（topic sentence），然后以该句为主线，引导学生通过具体事例，加深对主题句的理解。如第三段的开头就是该段的主题句，"This quality of his can best be illustrated by his behavior that night."（他那夜的举止完全体现了他的这个特性。）

具体表现如下：当轮到他读诗时，他不愿站在显眼的地方，而是躺在沙发后，边读边用表情询问听众对自己作品的看法。别人在大厅里高谈阔论，提高嗓门讨论他的作品时，他却独处一隅，津津有味地读起一位不知名的年轻诗人的诗来。主人公谦恭的个性通过言谈举止明确地表现了出来。讲解时，教师引导学生对这种个性加以评价。学生们各抒己见，有的还发表了独到的见解，也有的学生将诗人恪守诺言、珍视友情、热爱生活等美德加以总结。最后，大家一致认为，这样一位声名显赫的诗人却拥有如此谦逊、质朴的个性，与一些头脑空空，却喜欢露才扬己的人相比，主人公的这一个性就更让人敬佩了。教师通过语篇教学，使学生学到了主人公谦和的美德。

除了描写人物的文章，议论文采取语篇教学法也有较好的效果。例如：教师

在讲解"Modern examination"一文时,一开始就用几句准确的话总结了现代考试采取的主要方法:客观试题(objective test)和论述试题(essay test)两种。紧接着启发学生用自己的话说出每种考试方法的优点和不足之处。通过发言、讨论,大部分学生已对这两种考试的长处和弊端有所了解,并对作者的意图和表达手法了如指掌。最后,大家的看法与作者一致,总结出当代考试的最佳方法就是同时使用客观试题和主观试题,只有这样,才能真正考查出学生的真实水平,才能避免有人靠运气得高分,有人得人情分的不合理现象。

使用语篇教学使这一读来平淡无味的议论文独具吸引力,学生的赞同之情溢于言表。实践证明,语篇教学把课文当作整体来处理,符合语言的实践性和交际性原则,整个教学过程都交替着师生间的听说活动,强化了对学生听说能力的培养。另外,由于语篇教学强调课前预习,学生运用自己掌握的知识,借助工具书和参考资料解决阅读中遇到的问题,从而获得了新知识,提高了理解能力。语篇教学有别于过去那种以教师为中心的教学方法,给呆板的课堂注入了活力,拓宽了学生的知识面,扩大了学生的视野,使学生由过去的被动学习转变为目前的主动表达。

二、启发式教学

启发式教学与语篇教学不可分割,二者相辅相成,缺其一就很难达到教学的目的。启发式教学可以引导学生积极思考,主动地去探求和掌握知识。能否启发学生配合教师的教学活动,课堂气氛是否活跃是语篇教学成败的关键,也是检验启发式教学效果的重要标准。我们知道,人对信息刺激的反应和接受是多种感官协调活动的结果。心理学告诉我们,运用的感官越多,大脑皮层上建立的联系点越多,知识的掌握就越牢固。外语教学应该调动学生听、说、读、写能力,启发学生运用形象思维和逻辑思维,使学生在理解的基础上,通过大量的语言实践,发展他们的创造性,培养学生的自学能力和独立解决问题的能力。针对一些枯燥的科学性文章,采用启发式教学,就能取得良好的教学效果。

以"Food"一课为例,选用简洁易懂的英语启发学生总结出食物的三大主要种类：碳水化合物、脂肪和蛋白质，然后通过提问，启发学生主动思考，答总结出三大食物的主要用途。接着，根据文章顺序，又向学生提出哪些食物提供热量，脑力劳动者最需要补充哪些食物等等，由于学生进行了充分的预习，启发式教学就会取得良好的教学效果。

综上所述，采用启发式教学，配合语篇教学法，把学生推入一个具体的语言环境和社会环境中，让他们通过连贯的语言表达来提高运用语言的能力。坚持启发式教学，能激发他们的学习兴趣，开拓其思路，体现了以教师为主导，学生为主体的"精讲多练"的原则。采用启发式教学，还增加了学生自我表现的机会，符合学生的心理需求，使他们感到自己有能力学好英语，提高了他们的主动性，增强了他们的自信心。启发式教学还使学生摆脱了对教师和教材的依赖，改变了以往在课堂上"只听不问，只记不说"的习惯，使他们从词汇和句子中走出来，把语言学活，有利于培养创造型人才。

诚然，采用新的教学方法，其效果着实让人振奋，但新的教学方法对教师的知识面、语言表达能力和综合能力也是一个检验。教师备课需付出几倍的心血，稍有疏忽，就会影响效果。因此，教师还要根据课文的不同体裁，设计出合理的课堂教学方案，要想使这些教学方法结出更丰硕的果实，还需不断提高自身的业务素质，掌握学生的实际水平，最大限度地调动学生的学习积极性。

第六节　多元化教学法

学校英语专业英语教学大纲明确提出其培养目标，即培养具有扎实的英语语言基础和广博的文化知识并能熟练地运用英语在外事、教育等部门从事翻译教学、管理、研究等工作的复合型英语人才。具体针对综合技能课的要求是：培养和提高学生综合运用英语的能力。综合技能课是一门综合英语技能课，它应既重视交际能力的培养，也应注意语言能力的培养。因为前者是教学的最终目的，后者是达到这一目的的必要手段。为此，英语教学需通过语言基础训练与篇章的讲解分析，使学生逐步提高语篇阅读理解的能力，了解英语各种文体的表达方式和特点，扩大词汇量和具备基本的口头与书面表达能力，以达到大纲所规定的听、说、读、写、译等要求。语言学习的实质就是获得语言能力和交际能力，为达到此目的，与之适应的教学手段尤为重要。单一的教学方法不足以胜此重任，教学实践证明，多元化的综合教学模式是一种行之有效的教学途径。这种教学模式是根据不同的教学环节，将语法翻译法、听说法、交际法以及语篇教学法、启发式教学法、逆向教学法等应用到教学实践中，其理论依据为兼收并蓄，博采众长，因材施教，为我所用。

整个英语教学过程，是一个多样、复杂的过程，具体可分为三个阶段：起点、中点和终点。教师要根据学生的具体要求、情况和各个不同阶段的不同的教学内容，考虑到现有的条件和可以创造的条件，采用相应流派的教学手段，将各具特色的教学方法运用到各个相应的教学环节中去，使其互相弥补、相互渗透，从而达到教学目的。以下主要以交际法和语法翻译法为例。

在前些年的教学实践中，教师对交际法教学比较注重。它和听说法实际上都是从直接法演变过来的。它所倡导的宗旨是在理论上把学生的交际能力视为教学目的，即强调对学生实际运用语言的能力的培养；在实践上它注重以实现课程目标为导向的师生协调发展。在许多教学环节中，交际法都起着非常重要的作用。比如在专业英语教程的第一、二册中，每课都有对话。在教学过程中，大量采用这种方法作为教学手段，把学生作为课堂中的主体，把对话作为课堂语言交际和讨论的材料，将整个教学交际化，充分调动学生的积极性，让学生在类似真实的情景中扮演角色。学生的语言交际能力得到了提高，取得了一定的教学效果。但是无论在教学的哪一个环节，都以此法为重点是不妥的。因为它的适用性是相对的，有一定的局限性。交际法教学手段的全面实施受到学生的素质、学习的动机与其英语语言的实际水平以及学生的学习时间和语言使用范围的制约。学生获得的语言能力相对受到限制，这就使得教师要更新教学观念，积极探索更加有效的教学模式，以更好地达到教学目的。将交际法与语法翻译法等有机结合起来，就能更好地促进教学宗旨的实现。

语法翻译法也称传统法，即注重语言形式，尤其是语法结构。其特点是省时，学生只需记忆和运用已总结出来的语法规则即可。基础阶段应侧重语言能力，要借助语法翻译法来培养学生的语言能力，兼顾交际能力。传统的外语教学手段的优点为：它把句子的理解和运用作为重点。这似乎和另外一种教学手段——语篇分析相矛盾。其实并不然，前者是把句子的理解和运用作为重点，后者则是将理解整个语篇的意思作为教学重点。试想，构成语篇的是一个个句子，在理解句子的基础上，才能够理解语篇。那么，在使用外语时，如果能理解每个句子，也就能理解语篇的大意了。这里，两种方法的结合使用使语言能力的获得更加容易。因此，语法翻译法与交际法之间，也有着必然的联系，二者表面上对立，实际上各有所长，在教学中是互补的。专业英语综合技能课的教学往往顺潮而涌，没有多少新的突破，改革的道路艰难而漫长。如何加快综合技能课教学改革的步伐？怎样恰当地利用教材内容，开拓教改的思路，不断探索新的教学方法，从而提高综合技能课教学质量？我们认为，实施多元化教学模式须有以下几个"转向"。

一、由"沉闷"教学转向"兴趣"教学

在目前的综合技能课教学中，有些教师仍然避免不了那种按部就班、循序渐进的教学方式，好像缺了哪一个环节就显得教学步骤没到位似的。教师一旦拟定一节课要讲的内容和固定步骤之后，往往把时间卡得死死的，即使在课堂实际操作中有些安排似乎是多余的，或者说乏味的，也要硬拼着去完成既定任务。这就使整个课堂气氛显得十分沉闷，学生无心思学习，甚至感到厌倦。学生的学习效果和教师的教学效果显得不尽如人意。所以应该提倡不拘泥于教案，不局限于提前设计的课堂形式，要根据学生的情绪及其在课堂上所掌握信息量的程度，采取灵活变通、以兴趣引路的教学手段进行课堂教学，从而打破沉闷，及时扭转劣势。比如，根据教材内容，在讲解语言知识时，教师应抓住课文的中心，充分展示其特点，给学生提供一些相关的背景知识或穿插一些小故事，让学生自己去总结或欣赏，使之从中获得大量的信息和语言乐趣。比如，在讲到马克·吐温的文章时，不能光讲他的大作描述了一些什么或者好在哪里，还要通过一些小故事讲他作为

一位伟大作家的人品和幽默，讲他怎样喜欢与别人开玩笑，喜欢戏弄人，但有时又被别人戏弄的一些趣事。这样才能打破教学中的沉闷，使整个课堂呈现出生动活泼的氛围。

二、由"讲解灌输式"教学转向"启发思维式"教学

讲解灌输式的教学其实就是传统的所谓"填鸭式"教学。在课堂上，对某些内容尤其是语言点的讲解是必要的，但一定要提炼，抓住一些适用的东西和疑难点，讲解力求精辟，而不是从头到尾进行"满堂灌"。讲解的目的是要在很快的时间内突破难点和疑点。当然教师不能一口气把所有疑难问题全解决，应有意识地留给学生一部分，把重点交给学生，让他们自己去思考和发挥。比如，在讲解某些典故或语言知识时，教师可多给学生提供一些相关的语言信息，或者暗示学生，让他们动脑筋、拓展思路去理解、列举和运用。Bell the Cat 是一个众人所熟知的习语，典出《伊索寓言》，表示 hang the bell about the cat's neck forward bravely to face the danger（在危险中挺身而出）。寓言的中心意思是讲一群老鼠在洞里举行会议，讨论如何对付凶狠可怕的猫。其中有只白胡须鼠长提出给猫系铃的办法，以便猫一走动，铃就发出响声，它们好逃跑，从此也就不怕猫了。群鼠个个都同意在猫的脖子上挂上一个铃，并欢呼雀跃，觉得这个主意好极了，可就是没有一个老鼠有胆量去实施。最后老鼠们一只只地溜走了，老鼠会议无果而终。这篇寓言形象生动，寓意深刻，但要启发学生的思维和想象力，不能单从前面的解释中理解其含义，还要从其他方面去联想和思考。老师应提示和指导学生用英语进行口头表达：

（1）它可用来比喻"为了生存而冒险；为救他人而献身；为了团队利益而做危险的事；自告奋勇拔虎须"等。

（2）这个寓言还有更深的内涵："说来容易做来难；空言不能成交易；慎思而后行；动口先动脑；行动是果实，言语只是叶子；说起来是巨人，做起来是侏儒"等。

这样的教学形式对大一学生非常适用，是锻炼他们思维能力和提高其口语水

平的良好手段。

三、由单一的"文字式"教学转向"讨论式"教学

综合技能课中的文字式教学主要是指语法、短语和一些重要生词的板书。一般说来，在碰到课文中的较适用的短语、重点词汇和典型的语法时，教师都很自然地要在黑板上写上一些，然后或者讲解，或者举例，或者让学生造句，或者做一些翻译。这些形式在中学英语教学中也屡见不鲜，不能说毫无必要，相反，能给学生带来很大益处，起到帮助学生掌握知识的重要作用。但作为大学的改革课程，可以适当保留一些综合技能课的这种文字式教学形式，而不是面面俱到，一味地抄写或做呆板的口头练习。更重要的是要把主动权交给学生，以学生为中心进行讨论式的教学。

我们曾尝试把语法项目的讲解变成讨论，通过多次实践，效果明显。学生反馈良好，他们既掌握了语法，又训练了口语。比如，在讲 comparison 这个词的语法时，教师仅花极短的时间提示一下学生在中学就已学过的几种比较级的类型，接着用少量时间讲一些学生容易忽视或者在使用时容易搞错的一些异常的单音节词的比较级用法：

（1）please— more pleased, most pleased; bored—more bored, most bored

（2）glad —more glad, most glad; right—more right, most right

然后，教师给学生出一个或几个讨论话题，让学生分成若干小组，以讨论或辩论两种形式进行。

（1）讨论可先分小组在老师规定的时间内进行，然后各小组选代表或者学生自愿向全班阐述观点。比如：Compare countryside with city，这个题目比较大，学生可以充分利用所学过的词汇和各种比较级，进行广泛的口头表述，将农村与城市进行对比：过去与现在，优劣、利弊，无所不包。

（2）辩论可分成两大组，由甲方和乙方进行专题辩论。例如：在讲 would rather（than）这个短语的用法时，要与 better than、rather、than（口语用法）、prefer to 等联系起来讲。教师在做简要提示之后，规定一个相对立的辩论题，让

甲、乙组双方选择：Choose rather to be the tail of a phoenix than the head of a cock.（宁为凤尾，不做鸡头。）Choose rather to be the head of a cock than the tail of a phoenix.（宁为鸡头，不做凤尾）。在两组经过激烈的辩论之后，教师进行评论和总结。这种讨论式不仅能代替文字式的语法教学，在综合技能课中的其他项目上也很适用。它不仅从形式上加强了老师和学生的双向活动，避免了死板教条的传统语法教学法，从主观上看，学生感到新奇别样，所以兴趣浓厚，激起了他们主动开口和动脑筋的积极性，收到优良效果是无可置疑的。

四、由"讲台前"教学转向"多媒体"教学

随着高科技的发展，目前许多学校的外语教学中的很多科目都采用多媒体教学，这是外语教学改革中的又一成果。根据外语专业的特点，虽然在多媒体教学过程中也存在一些弊病，比如，根据教材，某些内容开展活动不方便；学生与学生、学生与老师面对面地进行口头交流或示范不便等，但多媒体教学无疑对外语教学改革起到了很大的推动作用。多媒体教学能使学生广泛地掌握信息；能使学生通过画面、文字进行想象性的发挥；能使学生动脑又动手，丰富和扩充知识量；能起到直观教学的作用，并达到形象思维和强记的效果。

五、由"室内"教学转向"室外"教学

这种教学形式主要是针对合适的材料内容而言的。在课堂教学中，采取室内与室外相结合的方式，老师仅做指导，把学习的时间、空间和主动权完全交给学生，一节课大部分都在室外进行。具体地说，就是根据课文内容，走出教室，在室外某一个地方进行短剧和游戏式的表演。但这种手段只能偶尔采用，一旦有好的题材，老师布置学生提前做好充分的准备，以便上课时顺利表演而不耽误时间。采用这样的方式大都能获得很好的效果。具体有以下几种形式。

（1）短剧表演。让学生分成很多小组，在课外提前准备，把课文改编成短剧，再进行角色分配。上课时，每组轮流展示其各具特色的表演，最后全班评比，评出所谓的最佳男、女主角奖和最佳配角奖。这样，每位同学都有训练口语和表演的机会，学习形式活泼有趣，有力地促进了学生口头表达能力的提高，效果极好。

（2）英语故事、诗朗诵，小品和滑稽剧等多种项目表演。老师从班上挑出若干学生做评委，其余的学生分成大小不同的小组，让学生自找与课文有关的各种题材，课外准备。上课时，老师只对课文内容进行概括性的讲解，然后各组进行表演比赛，学生评委对每组打分，评出小组一、二、三等奖，最后由学生评委发言，老师总结。这种形式使学生个个积极主动、人人兴趣盎然。

（3）参观校园，自由交谈。老师带领学生在校园内游览，并指导学生进行自由交谈，但所规定的是课文题材内相关一些话题，让学生在有限的时间内完成。完成的质量如何，由老师随时抽查并给分。这种方式既给学生以压力，又激发了他们的热情，使他们触景生情，充分发挥自己丰富的想象力和创造精神。由此可见，室外教学也是一个能培养学生主体意识和创新意识并灵活运用语言的有效手段。

总之，英语综合技能课的教学要体现在使学生全面掌握知识、训练口语和培养技能上。教师的引导作用是保证学生学习效果的关键，一节课的成败主要取决于教师。尤其在新世纪的教学改革浪潮中，教学手段必须不断更新。教师应把教学生"学会"什么变成教学生"会学"什么，使学生的学习从被动转变为主动，摆脱传统的教学模式，提高教学效率。英语专业综合技能课是一门精而深、细而全的课程，讲课时面面俱到不行，舍本逐末更不行，必须抓住重点、难点，力求在合适的时间内，以恰当的手段和形式取得理想的效果。因此，教师应该不断研究，努力探索，每堂课都得动脑子，精心设计，还要随堂应变，灵活机动地完成授课任务。

第七节　多媒体教学法

综合英语课程教学涉及对英语专业低年级学生听、说、读、写等专业基本技能的综合培养，其专业教学地位显得非常重要。由于受到相关语言理论和教学观念的影响，尽管历史经验证明，综合英语课程教学对打好学生语言基础非常有效，但传统英语综合课程教学存在一些弊端。为了克服这些弊端，我们力求在教学内容、教学模式、教学手段和教材等方面对综合英语课堂进行改革，目的是促进学生英语综合运用能力的提高。这其中就包括将现代化多媒体技术运用到综合英语课教学中去。由于英语输入是二语习得的基础，信息输入的特征对学习者的注意和理解都会产生重要影响。信息的输入频率直接影响到理解和记忆，因而重视频率效应在二语习得中的重要地位是毋庸置疑的。多媒体技术由于其本身的特点，能够充分发挥频率效应在综合英语课堂教学中的作用，有助于提高综合英语课程的教学质量。

一、频率效应和二语习得

对于语言习得而言，频率也是一个重要原则。随着心理语言学的发展，儿童语言习得研究的不断深入，二语习得研究进展很快。研究者关于频率效应对语言习得和对于学习的影响的重视程度不断加深。动态语法大量研究证明，频率对语言成分和规则的理解、生成和使用非常重要。从理解的角度来看，人对事物的认识是一种复杂的意识状态，在生理层面表现为存在于大脑里的感官刺激和反应之间的一种联系，大脑对事物的认识就是各种发散的联系路径。正因为这种联系的存在，人才会在受到相同刺激时产生同样的反应；而随着这种联系的不断加强，刺激与反应之间的关系也趋于自动化。因此语言输入是理解的基础，而输入的频率直接影响到语料的输入，输入频率影响到语言的生成和使用。从记忆的角度看，频率是一种较强的联系，新的记忆在新信息和已知信息之间建立联系，而新信息的重复出现会不断增强这种联系，那么对该信息的记忆也会不断得到强化。对语言成分和规则的生成过程，具体上讲是对词的提取过程。在词的提取中，形象性原则和频率效应交互起作用，高频率且形象性强的词是最容易提取和回述的，而低频率且形象性弱的词是最难提取的；词汇发生系统根据候补词和输入词的共享特征之不同以计算出其相对频率，数目高的"胜出"。在语言使用方面，流利使用语言知识的基础不是抽象的规则或结构，而是一个由以前习得过的话语所组成的庞大的、某些内存的记忆组合。因此频率效应与语言习得关系紧密，频率的高低会直接影响语言习得的效能。

在语言学习理论里，频率同样是一个核心问题。如果学习过程首先是个理解和记忆的过程的话，频率效应会影响到这两个方面，影响到学习过程的质量。研究证明，被强化了的输入更易吸引学习者的注意，并且也有助于学习者记忆。心理语言学中句子即时回述的研究表明，句子即时回述之所以准确，是因为短时记忆提供了一个句子的原则表征（这些表征包括声音、语音、文字的表层形式），而在长时记忆里保存的是句子的意义。短时记忆回述和长时记忆回述的差别在于前者有一套激活的词项可供使用。因为在短时记忆回述中，为了要表达句子的意义，受试要选择词项，而最近被激活的词最有可能被选上，所以在句子中出现的词被选上的概率就会很高。因此，出现频率高的词汇往往容易被习得或提取，从而便于语言的理解、记忆和运用。

二、多媒体教学和频率效应

频率效应无疑会影响外语教学的质量和效能。频率高的语言成分无疑是最容易习得的，因此为语言成分提供较高频率的机会是外语教学过程的重要环节。由于现代多媒体技术的特性，在学校英语课堂采用这种教学手段无疑能够实现这个目标。输入信息量大，便于回述是多媒体教学最重要的优势。由于输入的信息包括对听、说、读、写等基本技能的训练，而且操作灵活，多媒体技术的使用能够非常便捷地、有重点地提高单词、句子和语篇的频率，从而提高学习的效能。其次，多媒体技术使授课内容图文并茂，便于创设真实语境，趣味性强。有关研究证明，单词在语境中的出现次数对学习效果有重要影响，被学会的单词在语境中的平均出现次数达到15次才会被习得。中国学习者英语失误表显示，中国英语学习者词形失误（包括拼写、构形和大小写三方面）居首位，占整个失误率的20.57%。通过多媒体便捷的再现方式，提高词形出现的频率，能够很大程度上避免这种失误。最后，多媒体手段便于突出重点，节约时间。心理语言学研究发现，高频词的提取比低频词的提取要快，低频词的固视要比高频词的固视要高。通过将所需教学内容以文本形式进行投射或以 PowerPoint 等形式的媒体进行播放，将强化内容以特殊的字体或以标题等醒目的形式呈现，能够大量节约教师进行讲解和板书的时间，同时提高所需内容的出现频率，提供纯正标准发音的声像素材，便于学生进行自主学习，提高个体的学习效率。

三、频率效应对多媒体教学的启示

Anderson 把技能学习分为获得陈述性知识面、把陈述性知识程序化、使程序化知识自动化三个阶段。而这三个阶段都与语言成分的使用频率有关，因此英语多媒体课堂教学为提高教学成分频率效应，应该从如下方面着手。

（一）要注意信息输入的质量、数量和速度

多媒体英语教学既为英语教学提供了方便，同时也对英语教学提出了更高的要求。相关教学内容的输入必须是经过深思熟虑的，教师在教案设计过程中需精心挑选重点和难点。在此基础上，要注意提示的数量，过于频繁的重复会违背多媒体英语教学的初衷。同时要适当估计回述的时间，回述时间过长或过短都不利于提高知识点频率效应的发挥。

（二）多媒体技术使用要人性化

在人类接受外界信息的诸多途径中，通过听觉获得的信息占 11%，通过视觉获得的信息占 83%，因而提高授课内容的频率主要从这两方面着手。要针对二语习得的特点、技能学习三阶段的不同特点和针对提高不同语言技能而采用的普遍方法适当调整多媒体使用的方式和手段。如中国学生常用的听力策略主要是通过听英文广播、歌曲，看英文读物、电影，做练习等方式，因此在听力训练中主要以多媒体播放为主，教师可以适时提醒学生没有及时反映出来的单词、句子或重要细节。

（三）要注重学生练习的质量

语言在很大程度上是人们对信息的自动处理，因此不容忽视输出练习的重要性；同时练习不仅能使程序自动化，而且能够建立新的程序，重组已有的知识，因此练习要逼真，这样才能有效地克服惰性知识问题；练习也要与课文出现的内容相适应，这样才更有利于发挥频率效应。

四、大班和综合英语课教学

国内外研究证明，班级大小跟教学质量之间无直接的关系。因此英语教师往往对大班教学褒贬不一。

持怀疑甚至反对态度的教师认为大班教学存在一些问题。这些问题主要体现在：（1）学生多，语言练习机会少，同教师的交流少；（2）课堂纪律有时难以控制；（3）教学效果差，四级通过率低；（4）学生水平参差不齐，教师难以把握教学的程度和进度；（5）课堂教学空间小，不便于组织师生的互动活动，难以活跃课堂气氛；（6）教师批改作业负担加大等等。

肯定和支持大班教学的教师认为其有一些好处：（1）课堂环境轻松，气氛活跃，学生没有压力，不用担心点名，班上总有人能够回答老师的问题并大胆发言；（2）能够增加竞争意识，可以博采众长，结交朋友等等。同时我们应该清楚地看到，大班教学不失为缓解当前外语教师严重不足的无奈之举，更何况目前大班教学是否能达到教学效果仍然难以确定。

传统的综合英语课程主要采用语法翻译法，教学特点深入细致地分析课本范本，向学生传授语言知识，练习常用句型，注重语言的正确性。教学步骤以教师讲授生词开始，然后介绍语法，逐句地讲解课文，为巩固新的单词、语法重点和难度句式，教师向学生提出相关问题或是布置作业。毋庸置疑，传统的综合英语课教学存在着一些缺陷，但它对打好学生的外语基本功是非常有帮助的。现代外语教学的最终目的是培养学生运用外语进行交际的能力。新的综合英语课程开设以更有效地培养学生的综合运用英语的能力为最终目标。课程设计以实现这个目标为原则。为更好地实现这个目标，部分教师已经开始着手有关如何提高英语大班综合英语课程教学效果方面的研究。如王建新等人提出四个策略：（1）集体备课，发挥团队优势；（2）提高讲课的主动性，用激情讲课；（3）科学运用多媒体教学，合理控制教学信息量；（4）应用认知心理学研究成果，合理安排讲课和练习。

五、大班综合英语课多媒体教学结构设计现状

将多媒体技术用到外语课堂教学中去也是教育部大力提倡的。为了更好地将现代化多媒体技术应用到外语教学中去，各学校纷纷采用多媒体教学，开展相关调查和研究。研究认为，多媒体技术在大班综合英语课教学中的使用有如下优点：（1）多媒体能够提高学生的口语能力，学生能够学到纯正的发音；（2）多媒体图文并茂，画面动感，学习内容易记难忘；（3）便于提供真实材料，操作灵活，资源共享；（4）加大了授课量，节省了师资；（5）有助于学生自觉性的培养；（6）学生焦虑度降低等等。

同时多媒体技术在课堂中的使用也暴露了一些问题：（1）教学量过大，部分教师采用多媒体手段组织教学，目的是避免在黑板上写板书，电子教案成为手写教案的翻版，授课仍然以教师为中心，学生忙于做笔记，学习非常被动；（2）教学方法单一，部分教师仍然主要采用传统的语法翻译法组织教学；（3）教学材料选择不合理，学生外语交际能力差，上课容易走神；（4）多媒体配套设备不全，功能难以充分发挥；（5）课件形式设计、内容安排、难度等忽略学习实际水平和个体差异等等。

Kenneth 等人认为课堂教学的关键是课堂活动。那么就英语教学而言，课堂教学设计是开展课堂教学活动的前提和基础，它为英语课堂教学的实施提供了可靠的"蓝图"。采用多媒体手段的大班综合英语课程教学设计中的重要一环就是媒体的选择与应用。媒体的选择一般依据教学任务、教学内容、学生的需求和水平、教学条件而取舍。而多媒体的实际运用主要是根据教学结构设计预先安排好的步骤进行。而教学结构的设计要根据教学内容和任务的要求以及教学目标的规定，确定多媒体和教学方法的应用，安排师生活动形式以及活动程度。

六、多媒体课堂教学结构的最优化设计

大班综合英语课堂上采用多媒体技术授课是必要的。发挥多媒体技术授课的关键是设计出合理的课堂教学结构。教学结构设计的最优等，就是根据教学目标和学生的特点，对教学中师生的活动过程、形式涉及的教学媒体和方法等多种要

素进行整体最优化的安排，形成特定的最佳的结构或模式。大班多媒体综合英语课程教学结构的最优化设计就是我们必须在明确的教学目标、具体的学生、特定的教学环境的前提下，依据教学任务、教学内容、学生的需求和水平等教学要素，对多媒体的使用进行最优化的组合，保证能够达到最优教学效果。

多媒体大班综合英语课教学最优化设计的前提是，要明确教学目标、教学任务、教学环境、教学条件和授课对象。最优化的教学活动的目的是将教学目标实现到最佳程度，不同层次学校的教学目标和施行措施不尽相同。大部分的非重点院校和地方院校外语教学的目标是功利性的，教学目标是提高学生的四级通过率，绝大多数学生学习的首要任务乃至唯一任务是通过四级考试。多媒体的选择必须满足完成教学任务的需要。当前部分教师对外语课堂采用多媒体技术产生误解，课堂讲授时展示大量的图片或是播放原声录音、电影，其结果往往是既不能按时完成教学任务，又使学生上课容易走神。现代教学研究认为，课堂教学要以学生为中心，教师主要充当课堂活动的组织者，因此多媒体的选择要考虑教师和学生的特点。

教学方法的最优化选择。有的教师发现，多媒体教学实践活动在学生中产生了强烈的反响。根据学生平时的反应、课堂表现与最后的反馈意见，多媒体教学比传统教学的模式具有更大的优势，但是如果两者结合起来，取长补短，可能将产生更佳的效果。因此在教学法的选择上，应该针对不同的教学活动作出最优的选择。具体来讲：语言结构部分以示范教学法为最佳，对话部分以情景教学法为佳，阅读和写作部分以语法翻译法为佳，互动活动部分以任务型教学为佳。最佳的教学方法要求使用最佳的多媒体组合。比如对话部分以情景教学法为佳，但是情景教学法要求多媒体再现或是创设教学所需的情景。投影仪和媒体播放的声像材料必须是与对话内容最具关联的；在媒体的选择上，媒体播放工具优先于投影仪，因为媒体播放工具能够非常方便地再现情景，使学生在教学过程中达到精神集中和愉悦并存的境界，从而加速对情景的感知和理解。因此英语课堂教学结构设计中，教师必须对教学法及其所需要的多媒体组件作出最佳选择。

对输入和多媒体手段的最佳选择。综合英语课堂教学的直接目的就是帮助学生理解和记忆。多媒体教学中的输入不应该是手写教案的翻版，它必须符合多媒体大班综合英语课教学的特点。输入内容应该主要是能够激发学习兴趣的不可理解的输入，而不是可理解的输入，因为我们坚信，显形教学比隐形教学更有效。认知心理语言学研究成果显示：语境因素是理解的另一关键因素。多媒体技术的运用非常便捷地创设了相关语境。遗忘是造成记忆困难的直接原因，而造成遗忘的原因不是时间因素，而是语料在短时记忆中会互相干扰，即产生前摄和倒摄的作用。通过再现教学内容和设计相关语境，多媒体技术的采用无疑会非常方便地达到克服此类干扰的目的。教学内容的最优取舍同样是非常必要。综合英语课上投射的教学内容必须是在课程结构计划时经过教师精心选择的。重点单词、句型结构和情景的合理再现有助于学生的理解和记忆。教学内容的媒体再现方式应该根据需要作出最优取舍：教师讲解语言结构部分时应该采用图片、幻灯片等形式；对话部分应通过教师文本讲解和媒体播放录音形式讲授；阅读和写作部分多采用投影方式显现重点和难点。

课堂活动的最优化设计。课堂教学的主要弊端是设计的语境大都是虚构的，不利于对学生实际的交际能力的培养。多媒体技术通过播放小电影等形式完全能够为学生提供一些丰富多彩的实况外语节目，能够弥补以上不足；同时能够保证语音的纯正，有利于学生口语的提高。大班课堂教学设计可以采用全班、双人练习等组织形式，同时为了突破空间的限制，我们完全可以将课堂当作英语角，让学生自由寻找训练对象，从而活跃课堂气氛，学生积极性相对较高。同时多媒体课堂教学设计往往包括相关学生自主学习和教学软件的应用，这些软件将非常有利于学生自主学习。

第十章
英语教学中跨文化交际能力的培养

文化是"为与其他文化的人有效交流而必需的一般及特定文化的知识、技巧和态度",是"为能在其他文化中顺利地旅游生活、学习或工作而必须学习的表面文化和深层文化"。跨文化交际能力是"在跨文化场合恰当表现的能力",建立和保持跨文化关系所需的情感和认知能力,及在跨文化间转换却能保持自我身份稳定的能力。伴随着全球化的浪潮,跨文化交际能力日益重要,是成功进行涉外经济活动的重要关键因素之一。随着中国融入全球一体化的步伐进一步加快,社会对外语人才的需求日益强烈。而学生毕业后将会分布于各行各业,社会影响广泛而深入。

第一节 语言能力与跨文化语言交际能力的关系

习得了一种语言,就意味着具备了这种语言的语言能力和语言交际能力。语言学习理论研究的任务之一,就是揭示语言能力和语言交际能力的构成因素及形成过程,因为只有对语言能力和语言交际能力的构成因素和形成过程有了全面认识,才能在语言教学中更加自觉、更加有计划地培养学生的语言能力和语言交际能力。从这个意义出发,本节主要探讨的是语言能力和语言交际能力的界定以及二者之间的相互关系。

一、语言能力判定

(一)语言能力的概念范围

语言能力的概念是美国著名语言学家乔姆斯基(N.Chomsky)20 世纪 60 年代提出来的。他承袭了瑞士语言学家索绪尔的语言界定说,即把语言一分为二,语言能力和语言行为,并且把两者对立起来,强调语言研究的中心是语言能力,这样就把语言和语言使用分隔开来。乔姆斯基所说的语言能力是指人们所具有的语言知识,是一种内化了的包括语音、词汇、语法等的语言规则体系。根据转换生成语言理论,一个人的语言能力主要表现在:能正确组合声音和语素;能区分是否合乎语法的句子;能区分结构相同或相似但意义不同的句子;能区分结构不同但意义相同或相近的句子;能区分同一结构的歧义;能区分句子中的语法关系。而最根本之处则是能运用这一有限规则体系创造出无限的句子,可见乔姆斯基所说"语言能力"包括语言知识和规则及语言的基本技能,他还认为语言能力是人类先天就具有的内在心理机制。根据吕必松先生的看法,语言能力指的是一个人掌握语言要素和语用规则的能力,语言要素和语用规则也可以统称为语言知识。一个人掌握语言知识的能力是一种内在的能力。

(二)语言能力的构成因素

美国语言学家卡纳尔(M.Canale)等在 1983 年概括语言能力时指出,语言能力由语言要素(指语音、词汇、语法和书面表达中的文字等)和语言技能(指听、说、读、写技能)构成。如前所述,所谓"语言能力"是一种"内化"了的语言规则体系,或者说"语言能力"是一种内在的能力,语言能力主要与语言形式结构(指语音、语法、词汇等语言的结构体系)有关。它是一种高度抽象的语法能力(指每个人所具有的句法、语义、语音等方面的语言知识),是一种脱离外部语言环境的人的内部自理机制。

换句话说,语言能力可以看成是大脑内的一套语言规则体系。因此掌握语言

（包括语言知识和语言技能）的过程是使语言知识和语言技能内在化的过程。瑞士语言学家索绪尔区分了"语言"和"言语"，区分了"内部语言"（语言本身的结构）和"外部语言"（语言与社会、民族文化、政治等的关系）。他还指出，语言是符号系统，这一系统由很多小系统组成；符号由"能指"（形式）和"所指"（概念）两部分构成，这两部分的关系开始是任意性的，一旦形成以后又是约定性的，符号系统内部语言单位之间存在"组合关系"和"聚合关系"。根据索绪尔的理论，我们可以说"语言能力"中的"语言"是一种"内部语言"。它是语言存在于个人主观的抽象形式，它不具有外部的实际表现形式，但具有相应的听觉、视觉或感觉形象作为外部表现的对等物，它具有浓缩简略的结构以及零星、不连贯的特点。

那么语用规则是不是语言能力的构成因素？语言技能是否属于语言交际能力？

（1）语用规则是指语言运用的规则，即指"根据一定的语境对谈话内容、言语的语音形式、词、句式以及应对方式等进行选择的规则"。它并不是语言本身的内在知识，而是"外部语言"的规则。一方面它以语言知识为基础并受其支配，另一方面它本身又对交际技能起着制约的作用。这就说明语用规则属于"言语"范畴，而不是属于"语言"范畴。因此它不是语言能力的构成因素，而是语言交际能力的构成因素。

（2）语言基本技能指的是听、说、读、写的基本技能。可以把语言技能训练中的"语言成品"视为一种"经过筛选据以得出语言公式和规则的那部分语言材料"，是排除了实际使用中各种非语言因素影响的产物，是"口语或书面语中可以直接观察得到的各种语言单位及其功能特征或者模式"。一般意义上说，语言技能是由语言知识转化而成的，语言技能的掌握是语言知识在大脑中初步内化的直接反映。因此语言技能是语言交际能力的构成因素。

通过上述的分析，可以对语言能力作出这样的结论：

（1）语言能力的特点：语言能力是一种内在的能力；是一种高度抽象的语法能力；是一种脱离外部环境、人的内部自理机制。它是属于"语言"范畴的。

（2）语言能力的内涵：掌握语言规则系统（包括文字、语音、拼写、词的组成、词汇、句子结构等规则）；掌握听、说、读、写的基本技能，能辨别并造出合乎语法的句子。

（3）语言能力的构成因素包括：语言知识（包括文字、语音、词汇、语法和"书面语言的"文字）及听、说、读、写的基本技能。

由此可见，要获得英语语言能力，除了要学习语言要素以外，还必须同时掌握语言技能。通过教师讲授，学生可以初步掌握有关语言要素，但这并不等于掌握了语言技能，还必须进行反复练习，才能掌握语言技能。

二、语言交际能力界定

（一）语言交际能力的概念

"交际能力"是美国语言学家海姆斯（D. Hymes）在20世纪60年代首次提出的概念，与乔姆斯基（N.Chomsky）提出的"语言能力"是相对的。海姆斯从社会语言学的角度出发认为：一个人的语言能力不仅表现在他是否表达出合乎语法的句子，而且还表现在他能否在一定的场合和情境中使用恰当的语言形式，这就是语言交际能力。交际能力包括四个方面："①语法性（grammaticality），即懂得哪些句子是合乎语法的；②可接受性（feasibility），即懂得哪些句子是可以被人接受的；③得体性（appropriacy），即懂得哪些话是恰当的；④现实性（occurrence），即懂得哪些话是常用的。"可见，海姆斯所理解的一个人的交际能力包括：语法（正确性）、心理（可接受性）、社会化（得体性）和概率（现实性）等方面的判断能力。

很多学者对海姆斯的交际能力理论曾有过进一步的阐述。美国语言学家M. Canale和Swain（1980，1983）也曾指出，语言交际能力是由语言能力（grammatical competence）、社会语言（sociolinguistic competence）、话语能力（discourse competence）和交际策略（strategic competence）等因素构成的。英国J.C. Richards和R.W.Schmidt主编的《语言与交际》（*Language and communication*）收录英国、美国和加拿大等国语言学和教学法研究的学者所写的八篇论文，从不同角度对语言交际活动以及与此有关的问题作了探讨。

中国多数学者都认为交际能力包括语言能力和语用能力两部分。盛炎先生（1990）把交际能力归纳为：①语言学能力，主要是语言结构方面的能力；②社会语言学能力，主要是语言功能方面的能力，主要表现为语言运用的得体性；③话语能力，话语大于句子，有一定语境的语篇结构；④交际策略，或者说交际技巧等。吕必松（1992）认为，语言要素、语用规则、文化知识、言语技能、言语交际能力等五个因素构成语言交际能力。陈贤纯先生（1995）进一步指出，语言能力在第一个层次，交际能力在第二个层次。

（二）语言交际能力的构成因素

语言交际能力包括四个方面的能力，即语言能力、社会语言能力、话语能力、交际策略能力。其中语言能力是交际能力的基础和组成部分。语言交际能力是一个复杂的概念，它除了受语言能力的制约之外，还受其他非语言因素如社会、文化、心理等多方面的影响。

（1）语言能力指掌握语言基础知识和听、说、读、写基本技能。掌握语言基础知识是指掌握汉语本体的语言规则系统，包括语音、词汇、语法等规则；掌握语言基本技能是指全面掌握听、说、读、写基本技能。语言技能以语言知识为基础、为指导，受语言规则的制约，保证言语的正确性。从第二语言教学的角度看，语言能力的培养必须通过语言知识讲授和语言技能练习两种途径来实现。语言知识的讲授是为语言技能训练服务的，语言知识是在练习中转化为语言技能的，语言技能的熟练说明语言知识已在大脑内初步内在化，而不是一些背熟了的规则或者单词。例如在课堂上，教师可以告诉学生一个个具体的字词的发音和声调，一个个具体的词组和句子中的重音、语调，一个个具体的词的概念和用法，一个词组或一个句子的语序以及语义等等。所有这些学生可以背熟，可以记住，但还没能达到语言知识内在化的程度。语言能力要想成为一种内在的能力还要经过专门的训练才能获得。这就是说，在讲授语言知识的同时，老师还要让学生根据所讲授的语言要素反复进行听、说、读、写的基本技能训练。基本技能的掌握是语言能力培养的目的，也是语言能力在大脑内逐步内在化的条件和重要手段。

（2）社会语言能力指掌握语用规则，在真实的社会语境中得体地运用语言的能力。语用规则是指语言使用的规则。语言使用离不开一定的交际场合、交际对象和交际目的。换句话说，语言运用离不开语境。语境不同，对语义和语音、词、句式以及应对方式等的选择也往往不同。语用规则就是根据一定的语境对语义、语音、语言形式以及应对方式进行选择的规则。所谓"语境"是指使用语言时所处的实际环境，包括语言之内和语言之外的，语言之内的环境叫语言环境，语言之外的环境叫言语环境，语境就是语言环境和言语环境的总称。

语言交际跟语言环境有着密切的关系，第二语言学习者必须学会利用语言环境，善于在环境中灵活地使用语言，才能达到交际的目的，完成交际任务。可能有人要问："交际能力有没有一个具体的标准"？我们认为"达意"也许是交际能力的最低要求，那么交际能力的最高标准是什么呢？在第二语言教学中我们一般都使用"得体性"来评价一个第二语言学习者具有较高的语言交际能力。所谓"得体性"是指在言语交际时要适时、适境、适情、适势、适机，一切以适度恰到好处为原则。

总之，社会语言能力是语言交际能力中非常重要的构成因素。要想培养学生的社会语言能力，必须把语义和语用的教学跟文化交际紧密结合起来，着重揭示语言交际中的文化因素，介绍目的语国家的基本国情和文化背景知识。

（3）话语能力指组成连贯性话语的能力。在语言交际活动中所使用的语言单位一般都是由许多连贯的句子组成的语段（也称为话语）。这些话语的意义并不是由所组成句子的意义简单地加起来。因此，要全面理解语言的语用意义和交际功能，仅仅研究句子是远远不够的，还必须研究句子之间、句子与语境之间的关系，研究句子在语段或语篇中的作用。仅仅研究语法也是远远不够的，必须将对语法、语义和语用的分析结合起来，还要研究社会文化因素，研究具体的语境甚至会话双方的关系。这就出现了"话语"能力的概念。语言教学绝不能停留在单句教学上，教师不能满足于学生会说单个句子，必须对其进行成段表达的训练。要着力训练学生积句成章、积章成篇的能力，加强对其话语能力的培养。

（4）交际策略能力指在交际中根据具体的交际目的、任务、语境等，策略地运用语言的能力。这些策略有解释、更正、强调、重复、夸张、迂回、回避、圆场、委婉辩驳、猜测等，也就是交际中的言语应变能力。20 世纪 70 年代后期和 80 年代初，涌现了一大批以交际策略为研究课题的论文和专著，这些研究根据研究者的研究兴趣及视角可分为两个方向。一个方向以 Coredr（1978）、Tarone（1981）、Faerch（1983）和 Kasper（1983）等人为代表，主要从中介语和偏误分析角度探讨交际策略的意义、分类、交际作用等问题；另一个方向以 Rubin 为代表，主要从学习者角度，通过对成功的外语学习者习得行为的观察和分析，描述导致成功的外语习得和交际策略，以便使这些策略也可以为其他学习者参考。交际策略是学习者为顺利进行语言交际活动而有意识地采取的对应措施或方法技巧，是语言使用者交际能力的一部分，同时也是学习者语言习得的认知因素之一。西方学者对语言学习者的交际策略也做了不同的分类，这些分类各有特点。综合各家的看法，大体有以下几种策略：

（1）回避

回避某一话题或有意放弃正面表达某一信息。

（2）简化

对目的语的形式或功能加以简缩。

（3）语言转换

指目的语和母语相互转换。

（4）母语化的目的语

用母语的语言习惯或规则表达目的语，形成母语式的目的语。

（5）母语直译

将母语直接译成目的语。

（6）语义替代

用比较熟悉的同义词做近似表达。

（7）描述

用一般描述和解释表达某一语义。

（8）重复

将对方听不明白的部分不断重复，希望对方听懂或争取时间想出别的表达方式。

（9）使用交际套语

使用已经储存在记忆中的一些固定说法。

（10）利用交际环境

一定的交际环境有助于意义的表达。

（11）等待

一时不知如何应对，在记忆中检索。

（12）体态语

用手势、神态辅助言语表达。

（13）使用其他语言

既不用母语也不用目的语，而是用其他语种。

（14）求助于对方

直接要求对方解释或重复，也可以通过停顿、眼神间接求助对方。

综上所述，语言交际能力既包括语言能力，也包括语用能力；既要求掌握语言本身的规则，也要求掌握语言运用规则；不仅要求学生能将词语组成句子，也要求他们把句子组成连贯性的话语；既要求学生掌握一般的语言表达手段，也要求学生在交际时善于采用必要的交际策略；既要求言语的正确性，也要求言语的得体性。因此，除了语言知识、技能以外，语言交际还涉及社会、文化、心理等多方面的知识，是多元综合性的知识和技能体系。语言能力和交际能力的区别在于：语言能力是大脑对语言内部客观规律的感知，是以语言知识的方式被储存或被提取；而交际能力则是人们对语言交际有关的外部因素的了解和把握，以便灵活有效地进行交际。语言能力和语言交际能力的理论，对外语教学有重要的指导意义。只有真正明确语言能力和语言交际能力的构成因素和它们之间的界定，才能正确地决定教学内容，进行课程设置，确定教学原则和规定教学过程，使外语教学达到培养交际能力的预期效果。

三、语言能力和语言交际能力的关系

（一）交际能力与语言能力的构成因素之间的关系

从交际能力和语言能力的构成因素上看，两者的关系是整体与部分关系。交际能力包括语言能力、社会语言能力、话语能力和交际策略。语言交际能力包括语言能力，换句话说，语言能力只是语言交际能力的组成部分。

（二）在语言交际能力的构成因素中，语言能力是基础

语言能力属于"语言"范畴，语言交际能力属于"言语"范畴。"语言"和"言语"一方面相互区别，另一方面又互相联系。语言能力不仅是语言交际能力的组成部分，而且也是形成和发展语言交际能力的基础。一个人没有扎实的语言能力基础，就达不到言语的正确性，更谈不上言语的得体性。

（三）从语言能力和语言交际能力的获得过程看两者之间关系

一个人习得一种语言，都需要经过反复的内化和外化过程：

（1）通过语言知识的传授和训练，使语言知识转化为语言基本技能。接着是语言技能的内化，转化为语言能力，这样的语言能力是不全面的，也是不巩固的。我们可以把这样的语言能力叫作临时语言能力。

（2）临时语言能力的外化，转化为交际能力。

（3）交际能力的内化，转化为永久的语言能力。这样的语言能力是全面的、巩固的语言能力。

（4）永久的语言能力是永久的语言交际能力的外在形式。

（四）语言交际能力是在语言能力基础上的多种能力的综合运用

（1）获得外语交际能力的基本条件

从以上几个部分的论述可以看到，用外语进行交际的能力的获得需要以下几个基本条件：

①掌握外语的文字、语音、词汇、语法规则系统及语言基本技能并使其内在化。

②懂得在特定的交际环境，如何正确而得体地运用外语。

③具备用外语进行社会交际所必须具备的有关民族的社会文化背景知识。

在以上三项条件中，①项指获得语言能力的条件，②项和③项指在语言能力基础上获得交际能力的条件。

（2）语言交际的过程

语言学习者是怎么样运用语言进行交际并获得交际能力的呢？根据信息论的观点，语言交际的过程简单地说，就是说写者一方通过语言发送信息，听读者一方通过语言媒体接收信息，互相发送，互相接受，达到交流思想，互相理解对方的目的。如果把语言交际的过程加以分解，可以分解出以下几个环节：

第一：编码。说写者为了表达某种意思，必须在语言中寻找适当的词语，并按语法规则把这些词语编排起来，按语音规则表达出来，组成正确的句子或者话语。语言本身并不是话语，它只是为人们表达思想感情提供了可能性，还不具备现实性。要实现用语言进行交际的目的，就必须对语言材料、规则等进行选择。言语表达活动归根到底是一种根据交际任务和语境（交际对象、交际目的、交际双方的社会文化背景等条件）对语言形式的选择过程（这涉及表达者的语用能力即社会语言能力、交际对策能力和话语能力）。语言系统为言语表达提供丰富多样的同义形式，言语表达活动就是对这些同义形式的最积极、有效的选用。对语言形式的选择包括多方面的内容，主要有：对语音形式的选择（例如使用什么样的重音、轻声、语气和语调），对词语的选择（例如使用同义词的中性词还是使用褒义词或贬义词，使用口语词还是使用书面语词），对句式的选择（例如使用一般句式还是使用带有感情色彩的句式，是否要达表示礼貌以及要表达的礼貌的程度等），对语体的选择（例如使用口语体还是书面语体）和对应对方式的选择（例如直接表示还是间接表示，是委婉地表示还是生硬地表示，在什么情况下才可以插话和打断对方的谈话）等。

第二：传送。就是信息从说写者向听读者传送的中间环节。语言形式一旦输出，语义内容就随着语言形式通过媒体传向听读者一方。这个过程需要排除各种干扰，使语言的信息度保证不变，否则听读者将无法辨认。

第三：接收。语言形式通过媒体传送到听读者那里以后，听读者接收器（听觉器官和视觉器官）开始接收。接收器必须具备正常认知语言形式的能力，否则即使编码正确发送，传递无误，信息传递的最终目的仍然不能实现。

第四：译码。听读者经过认知、辨识，把语言形式还原为语义内容，从而理解说写者编发的信息。如果译码失误，必然影响对语义内容的正确理解。听读者的理解是指根据表达者说出的话语和写出的文章理解表达者的思想感情的逆向言语活动，听读者要想领会表达者的思想感情，必须掌握言语成品所使用的语音、文字、词汇、语法、组合规则、修辞手法以及其他语言表达技巧，为了某种特殊需要，他甚至要利用语言所具有的多义性对言语信息进行有意的婉曲表达。在前面已说过，在进行语言交际时所使用的语言单位就是话语，而话语的意义一般可分为语言意义和语用意义。语言意义，即静态的语言表层语义，包括词汇意义（逻辑意义）、语法意义（结构意义）。这种静态的语言意义可以脱离语境和语用主体进行抽象概括，它的意义常常是一般的，它是语用意义的基础。语用意义即语言动态的深层意义。它除了语言的表层意义之外，还必须同语用主体——人的主观意图、情感态度以及语境等外部因素相联系，才能明确其真实的含义。可见，一个人必须具备较扎实的语言能力才能理解静态的语言表层意义，必须具备综合性的语言交际能力才能理解语言动态的深层意义。能不能正确地理解话语的表层意义是语言能力方面的问题，而能不能理解话语的深层意义是交际能力方面的问题。那么毫无疑问，语用意义要以语言意义为基础，语言交际能力也应该以语言能力为基础。

（3）功能—结构—文化

从语用学的角度看，交际系统又可以分为话语实体、语用主体和语境条件三部分。话语实体有结构形式、语义内容、语体、文体的不同。语用主体是交际双方，又分别有生理心理机制、语言能力、语用能力、各种知识、个性等各种条件的差异，而语境条件是千变万化、千差万别的。在交际过程中各个环节的关系是非常复杂的。语言学习者是语言交际的主体，既要以语言能力作为基础，也要掌握语用能力和相关的文化知识。语言既是文化的一部分，又是文化的载体，同时也是文化发展的基础。语言的词汇系统、语法系统和语用系统中都含有一定的文化因素，语言和融合在语言中的文化因素是同时习得的。

基于这样的认识，在外语教学中，要想培养学生的语言交际能力，必须贯彻"功能—结构—文化相结合"的教学原则，必须认识到在三方面的结合中，结构是基础，功能是目的，文化是内涵。这三方面概括了外语教学的内容，而这三者的结合又体现了培养外语交际能力的教学原则。

总之，语言交际能力和语言能力之间的关系是整体与部分的关系。语言交际能力包括语言能力，它是语言能力的外化。语言交际能力是在语言能力基础上的多种能力的综合运用。语言学习者要想有效地掌握语言交际能力，就必须先获得语言能力，然后才能在语言能力的基础上进一步提高自己运用语言的交际能力。运用语言进行交际离不开语境，即特定的场合和所处的社会文化背景条件，必须学习语言交际中的文化因素，了解目的语国家的基本国情和文化背景知识。

第二节　英语教学中的文化教学问题认识

新形势对英语教学提出了新的要求。虽然我们在不断尝试着用各种方法和手段改进教学模式，努力适应新形势的发展要求。但从实际效果上看，依然存在着各种各样的问题：我们的学生在实践中不能把课堂上所学知识有效地转化为交际能力，特别是在一些涉及跨文化交际的场合中，更是难以发挥其应有的英语综合运用水平。

首先，交际者不了解英美家庭文化习俗、礼仪常规。这自然给不同语言文化背景的学习者造成干扰。

其次，交际者不了解外国语言文化所体现的不同的思维方式和价值观。学生的跨文化交际知识的欠缺不仅仅表现在家庭文化礼仪等方面，在很多情况下，还表现在对中西方思考问题的不同方式或不同着眼点的陌生上。

再有，交际者匮乏相关知识，跨文化交际力不从心。学生跨文化交际的另一个突出问题是学生的相关知识的贫乏，表达手段单一。我们知道，跨文化交际涉及政治经济、社会文化、日常生活等方方面面，而学生知识面相对较窄，在跨文化交际时往往就会力不从心。

因此，大学英语教学必须导入相关文化背景知识，使之与语言知识相结合，向学生展示目标语国家独特的社会风貌，揭示与之相关的思维方式与价值观念，使学生能在对异域文明的把握中加深对其语言现象的理解和领悟。

需要强调指出的是，跨文化交际能力的培养并非只重视文化而不重视语言，更非以文化为中心，而是从文化的角度去教语言。作为教学的有机组成部分，跨文化交际能力的培养也是一个长期的系统工程。培养学生获取语言知识的同时，培养其运用目的语恰当交际的能力，这应成为当前大学英语教学的改革趋势和新时期大学英语教学的最终目的。

第三节　英语教学中跨文化交际能力的培养原则

一、英语教学中文化导入的基本原则

（一）实用性原则

要求导入的文化内容与学生所学的语言内容密切相关。文化教学紧密结合语言交际实践，要使学生对语言与文化关系的认知更具体、更实际、更能激发学生学习语言和文化的兴趣，产生较好的良性循环。正如英语应用语言学家 Swain（1985）所说的那样，在英语教学中应首先清楚"哪些是英语学习者已经知道的，哪些是不知道的，然后再确定教学内容和重点"。语言教学也是文化教学，清楚文化在语言各个层面上的不同映射，可在教学实践中做到目标明确，重点突出。

（二）适合性原则

适合性原则指所有文化学习项目都应和教材有关，主要指在教学内容、教学方法上的适度。教学内容的适度指应考虑到该文化项目的代表性，主流文化和广泛性内容的导入，重点应放在当代文化内容的引入。教学方法的适度就是要协调

教师讲解和学生自学的关系，鼓励学生进行大量的课外阅读和实践，增加文化知识积累。

（三）持久性原则

在千变万化、日新月异的国际形势下，与不同文化的人们交往已成了新的生活方式。人们面临新的课题，那就是应该设法成为具有跨文化交际能力的现代人。因此，在英语教学中，目的语文化应持久、系统和循序渐进地导入。通过对比学生母语和目的语语言结构与文化的异同，能使他们获得一种跨文化交际的文化敏感性。再则，通过介绍目的语的文化习俗、词语典故、历史事实等，能够引起学生对所讲解材料本身的极大兴趣，从而达到使学生潜移默化地学习文化知识和语言知识的目的。

总之，社会文化知识的学习应结合语言知识的学习，跨文化交际能力的培养也应和听、说、读、写、译等语言技能的培养结合，把知识文化和交际文化的内容贯穿于听、说、读、写、译等各种技能的培养中。而这些技能的培养又以长期系统地培养学生的跨文化交际能力为最终目的。

二、英语教学中跨文化交际能力的培养原则和方法

学生学习英语的目的是获得交际能力，而交际能力的提高依赖于语言知识和各种非语言知识的逐步积累。教学中，在强调语言知识讲练的同时，应向学生传授与语言知识有关的各种其他知识，包括语境知识、语用知识、文化知识，并特别注意培养学生的跨文化意识。

（一）英语教学的普通原则与特殊原则的关系

培养学生的跨文化交际能力不仅要遵循英语教学的普遍原则，还应当始终贯彻一些特殊的原则。特殊原则与英语教学的普通原则相辅相成，互为促进。所谓的特殊原则可综合为以下几点：

（1）语法原则。把语法知识的讲练放在一定的地位，并突出不同于学生母语语法的难点。

（2）交际原则。把语言结构与语境和功能结合起来，使学生了解语言结构

和语言功能表达的多样性，并得体地运用语言进行交际。

（3）文化原则。采用对比分析方式使学生了解不同民族语言的文化差异，学会不同文化交际模式，增强语言交际的跨文化意识。

我们认为这三条原则能够反映语言交际能力培养的客观规律，有助于处理语言交际能力培养活动中的各种矛盾和关系。

（二）跨文化交际能力的培养原则在教学中的具体体现

1. 正确处理语言能力和交际能力的关系

只有了解并掌握不同文化背景知识，人们才能够在各种交际活动中识别目标语文化所特有的言语和非言语行为，并且能够理解和解释其社会功能，从而在交际中有意识地注意语言的使用环境和场合，自觉地遵守目标语的使用规则，达到有效交际的目的。由此可见，掌握一定的语言知识并不意味着能讲合乎规范的得体的语言。语言能力的提高是交际能力培养的基础，交际能力的具备是语言学习的最终目标和任务。在英语教学中，教师既要注意给学生打下扎实的语言知识基础，使学生掌握正确的语言形式，又要重视学生交际能力的培养，做到两者兼顾，并行不悖，使学生既是语言知识的掌握者又是语言知识的运用者，能够恰当、得体地运用英语进行交际。

2. 注重中西文化异同比较，培养学生跨文化交际的意识和敏感性

语言能力的获得主要在于语言知识的掌握，而语用能力的获得关键是要具有跨文化交际的意识和敏感性。文化差异的敏感性可以分为四个阶段：第一阶段是对于表面的明显的文化特征的识别，人们的反应通常是认为新奇，富有异国情调；第二阶段是对于细微而有意义的，与自己文化迥异的文化特征的识别，反应通常是认为不可置信或难以接受；第三阶段与第二阶段近似，但区别在于通过道理上的分析可以接受；第四阶段是能够从对方的立场出发来感受文化。这四个阶段是循序渐进、不断提高的过程。教师应根据学生的具体情况以及教学内容，有所选择、有所侧重地对中西文化的异同进行比较和分析，通过这些对比和分析，学生能从表面不同的语言现象中找到文化的共性，从表面相似的语言现象之间发

现文化的差异，拓宽自己的文化视野，强烈感受英语语用规则的异同，加深对文化交际得体性原则的认识，从而获得一种跨文化交际的意识和敏感性。

3. 模拟真情实景，加强文化背景知识的教学

在学习过程中，绝大多数学生大不可能到目的语国家，直接接触其文化，直接观察使用语言的各种场合，感受目的语在实际运用过程中的各种使用规则和文化背景。但是，教师可以针对具体的教学内容，通过各种手段来模拟和展示交际的真实情景，把孤立、静止的语言材料或话语材料变成具体可感的、活的语言，使学生了解语言的社会功能，掌握语言在真实情景中的应用。教师可以充分利用现代教学手段如电影、录像等，根据教学要求，有针对性地加入文化内容，展示英语国家的交际场景和过程，让学生间接感受语言在具体环境中的实际使用，增强跨文化交际的感悟能力。

同时，教师还应以学生为中心，以教学内容为基础，开展形式多样、生动活泼的课堂教学活动。有效形式之一是角色扮演，模拟真实的交际活动。在具体的角色扮演中，学生可以通过交际活动，提高实际运用语言的能力和发挥自己的创造性。教师对学生的角色表演或对话应及时进行讲评、总结，指出存在的问题，或者就某些具用代表性的问题引导学生开展讨论，让学生发表自己的看法，在争论中明辨正误，加深理解，增加印象。通过这样有针对性的语言实践活动，学生能在不自觉中习得文化背景知识，获得社会语言学方面的敏感性。

4. 利用文化教学，直观感受文化差异，培养跨文化交际意识

教师可充分利用一切可利用的教学手段，创造一种文化语言环境，使学生自觉或不自觉地体验异国的文化氛围，可以通过收集和利用一些有关英语国家的物品和图片，让学生获得较为直观的文化知识，了解外国艺术、雕刻、建筑风格和风土人情；利用电影和电视引导学生注意观察英语国家的社会文化等各方面的情况；还可以组织英语角、英语知识讲座、英语晚会等。这些做法无疑会给学生提供很大的帮助，增强学生的跨文化交际意识。

(三) 如何处理交际能力培养中的各种关系

（1）语言交际能力培养中的"教"与"学"：在培养语言交际能力的教学活动中，必须认识到学生是学习活动的主体，"教"通过"学"才能起到作用。"教"必须为"学"服务。因此，在培养语言交际能力的教学中，应该贯彻"以学生为中心，以教师为主导"的原则，避免只强调以教师为中心而忽视学生的作用，或只强调以学生为中心而忽视教师作用这两种倾向。教师的主导作用表现在组织激励、示范、参与和指导。教师要了解学生的特点，不断排除学生的心理障碍，激励学生的学习主动性和积极性。总之，课堂是舞台，教师是导演，学生是演员，应该充分发挥学生的主观能动性。

（2）语言能力向语言交际能力的转化：必须把语言当作交际"工具"来教和学，尽可能做到"教学过程交际化"，鼓励学生创造性地运用语言表达自己的思想。为了让学生掌握语言形式并养成习惯，在初级阶段要适当采取听说法所强调的句型练习等机械训练方式，必须重视语言知识的教学。但是，语言知识的教学要为培养语言交际能力服务，通过各种语言的训练把语言知识转化为语言技能和语言交际能力。

（3）语言交际能力培养中的交际功能、语言结构、交际文化相结合：在交际功能、语言结构、交际文化这三者的关系中，语言结构是基础，交际功能是目的，交际文化教学则是重要内容。学生掌握语言，首先要掌握语言结构（包括语法结构和语义结构）。掌握语言结构是获得语言能力的基础。学习语言结构是为了语言交际，因而结构是为交际功能服务的。结构教学必须与功能教学紧密结合，结构教学不能把重点放在结构分析上，按照人类言语活动从意念到言语形式的顺序，必须从交际功能出发进行语言结构教学，而不是按照传统的从形式到意念的顺序，以教授结构为出发点。突出交际功能的教学既要考虑语言结构的系统性，也要注意交际功能的系统性。交际文化教学要为语言交际服务，文化教学是语言教学不可缺少的一部分语义和语用的教学，作为语言交际能力一部分的社会语言能力、话语能力和策略能力的培养，都离不开交际文化教学。交际文化教学要紧密结合语言教学，从交际功能出发揭示语言交际中的文化因素，介绍目的语国家的基本国情和文化背景知识。交际功能、语言结构、交际文化的三结合应贯穿语言交际能力培养的全过程。

（4）语言交际能力培养中的语言知识和技能：第二语言的获得是"规则的学习"与"习惯的养成"两方面相结合的结果，反映在教学中需要正确处理语言知识与技能的关系。适当的语言理论和语言规则介绍必不可少，因为这是语言技能的基础。但是，必须认识到语言课首先是语言技能课，不仅要进行听、说、读、写语言技能训练，而且为了培养语言交际能力，还需要进行有关的语用规则、话语规则和交际策略的语言交际技能训练。

（5）听、说、读、写的关系，口语与书面语的关系：语言交际能力要求各方面协调发展。听、说、读、写四项基本技能和口语与书面语互相促进、互相制约，都是语言交际中不可缺少的。但不同的学习阶段侧重点又有所不同。初级阶段应该突出听、说，或者适当地听说领先，特别强调听力理解，是符合语言学习规范的，但也不能放松读、写。中级阶段听、说、读、写并重。高级阶段侧重读写，但听说训练仍要紧抓不放。在语体上，初级阶段侧重于口语，中级阶段适当从口语转向书面语，从中级阶段后期开始，加强两种语体的区分和转换。高级阶段要特别加强书面语的教学。

（6）课堂的"内"与"外"的关系：语言交际能力不是仅仅靠课堂教学就能培养成的，还要重视学生的语言社会实践，提高社会文化的语用能力，以促进学生语言的自然习得。为此，必须让学生走出课堂，到社会文化的大课堂中去练习，去领会，加大语言输入，提高社会交际能力。加强课外活动和社会语言实践，并把它们与课堂教学结合起来，更多地给学生提供运用英语的机会，形成课上、课下英语言习得活动相结合的教学体系。

（7）言语交际中的句子、话语和语音、语法、词汇、语音、语法、词汇的教学：可以在不同阶段有所侧重，甚至采用分阶段教学的做法。但是语音、语法和词汇只有句子或者话语中，才能较好地发挥交际工具的作用，所以应以句子和话语这两级语言单位为教学重点。句子是语言交际中表达完整意义的最基本的运用单位，是语音、语法、词汇的综合体；话语是语言在使用中的基本单位，它是由两个或两个以上的语段构成的，具有语法上的相似性和交际上的独立性。句子和话语的练习必须在特定的情景中进行。

（8）语言结构、语义和语用：语言教学不是孤立的，要从实际意义出发进行语法教学，在进行句式教学的同时，尽量揭示该句式的语义和语用环境，以便使学生尽快理解所学的知识、正确地表达自己的思想。例如，以一定的话题或功能为中心，组织相关的语法、语义、语用构成一个单元。这样，语法、语义、语用都能为完成一定的交际任务服务。

以上提出了语言交际能力培养中各种关系的处理方法，也从不同的侧面勾画出交际能力培养体系的轮廓。

（四）培养语言交际能力的教学方法

第二语言教学法按其主要教学特点可分为四大派：①强调自觉掌握的认知派，如语法翻译法、自觉对比法和认知法等；②强调习惯养成的经验派，如直接法、情景法、听说法、视听法等；③强调情感因素的人本派，如团体语言学习法、默教法、暗示法等；④强调交际运用的功能派，如交际法等。这些流派各有独到之处，也有不足之处，异彩纷呈，各领风骚，都为第二语言教学理论的发展做出了重大贡献。

任何一种教学法都有一定的侧重点，各有所长。但到目前为止，在英语交际能力培养方面还没有出现任何一种最有效的教学法。越来越多的人认识到，只靠一种方法是不能解决教学中所有问题的。语言交际能力培养不能单用一种教学方法，而要以语言教学的基本原则和语言交际能力培养的特殊性原则为指导，吸取各派教学法的优点，取长补短，形成一种培养语言交际能力的"综合法"。"综合法"既应重视语言功能的教学和交际能力的培养，又要加强语言规则的教学；既要强调以学生为中心、充分调动学习者的主动性、积极性，又要加强教师的指导作用。"综合法"要求根据不同的教学对象、教学阶段和教学条件选择不同的教学法。比如初级阶段宜用听说法，中级阶段宜用情景法、功能法，高级阶段可用交际法，同一阶段也可以交叉使用几种不同的教学法。

三、大学英语跨文化教学结构模式

学生跨文化交际能力的结构模式是意识、知识、实践能力构成的综合性结构框架。意识知识和实践能力相辅相成：意识是前提，知识是基础，实践能力是关键。这三个层面又分别包含不同的要素。

（一）意识层面包含跨文化意识、文化相对意识和现实关注意识

跨文化意识是学生对目的语文化因素和母语文化因素及其差异的敏感性和自觉性。文化相对意识是摒弃民族中心主义、消除文化偏见的文化相对主义态度——文化只有差异而没有好坏和优劣之分。具有文化相对意识也是正确树立跨文化意识和成功进行跨文化交际的首要条件。学生还应具有关注文化现实、体验文化生活的现实关注意识。只有在现实生活中进行跨文化学习和跨文化实践，才能真正体会跨文化知识的价值和跨文化学习的重要性，摆脱大学英语学习枯燥乏味的状态。

（二）知识层面包含跨语言知识、跨文化知识和跨社会知识

知识是静态的，而跨语言、跨文化和跨社会知识可用于跨越障碍，用于语言之间、文化之间和社会之间双向、动态的沟通。跨语言知识和跨文化知识分别涵盖母语和目的语语言知识、文化知识。学习大学英语的学生要比较全面地掌握汉语和英语语言知识以及中国和英语国家的文化知识，避免忽视一方而过于倾向另一方的偏颇。特别要克服强调英语语言文化而边缘化汉语语言文化的倾向。因为"有关本民族的文化知识能帮助人们理解异族文化"（Lustig & Koester1999：71）。社会是语言和文化保持生命活力及发展变迁的大环境，是开展跨语言、跨文化实践活动的舞台。学生需要充分了解中国和西方国家的社会背景，努力缩短英汉两种语言和文化的心理距离，克服国内社会环境相对单一的局限，丰富跨语言知识、跨文化知识和跨社会知识。

（三）实践能力涵盖文化感知能力、文化调适能力、文化比较能力、非语言交际能力、专业结合能力和职业导向能力

文化感知能力的形成需要作为感知主体的跨文化交际者在提高自觉意识的基础上对自己原有的感知方式和习惯进行适度的监控和调整，突破固有感知方式的束缚，逐步发展出适应跨文化交际需要，更加灵活有效的感知素质和技能（任裕海，2004：63）。文化调适能力是跨文化交际者为了适应具体的跨文化环境调节自身文化行为的能力，直接影响跨文化交际的成败。Macionis（1998：319）用"U"形图说明了文化调适的蜜月期、冲突期、恢复期和适应期4个心理阶段。学生要增强文化调适能力、缩短冲突期、尽快进入恢复期和适应期。文化比较能力主要是对文化求同存异和求异存同的能力。系统的文化比较能使学生充分认识到截然不同的两种文化在思维方式、价值观、社会习俗等方面的差异，真正领会母语文化和目的语文化的精髓，也能使教师明确跨文化教学的重点和目标，提高跨文化教学的效率。一切不使用语言进行的交际活动统称为非语言交际（胡文仲）。跨文化非语言交际能力是知觉、理解和运用非语言行为的能力。学生需要提高非语言交际能力，改善交际风格，从而成功实现跨文化交际。丰富的专业知识和正确的职业选择是学生成才的关键。跨文化交际实践能力培养必须密切结合专业知识学习、未来职业选择。大学英语跨文化教学的根本出路应该是结合专业、面向职业、服务人生帮助学生提高认识能力、思维能力和人文修养培养，更多的复合型人才。

意识—知识—实践能力框架内部各因素相互影响、环环相扣，并无顺序、先后和重要性大小之分。大学英语跨文化实践应基于宏观视角形成合力，不可偏废和条块分割。跨文化交际能力与社会发展、教育改革息息相关。结构因素和内部关系必然会变化更新，因此研究者应该具有整体、动态意识，避免孤立、静止的思维方式，不断推进跨文化交际能力的结构研究。

四、大学英语跨文化教学实践模式

结构模式解决了"是什么"的问题，即学生跨文化交际能力的构成要素及其相互关系问题，实践模式则提出了大学英语跨文化教学的基本原则和策略，致力

于解决"怎么做"的问题,即如何提高学生的跨文化交际能力。

(一)基本原则

(1)系统性和综合性原则

文化具有层次性、系统性和综合性,跨文化涉及不同文化的物质实体、价值观念、社会习俗和行为方式。跨文化素质培养的系统性和综合性主要表现为:大学英语教材应系统合理地编排文化内容,增加文化信息的比例,避免残篇断简;文化教学系统地结合语言和文化,使其真正成为英语教学系统不可或缺的组成部分;教师应具有深厚的中西文化涵养,能够系统讲授文化知识,传授哲学理念、宗教思想等深层文化知识,提供完整的跨文化图景;学生在不同的学习阶段由易及难、从微观到宏观了解文化事件、文化背景等浅层文化知识,保证大学四年文化学习不断线。系统性、综合性原则是关系到基础性、根本性和全局性的问题,有利于应对跨文化能力培养的复杂性和艰巨性,避免单打一导致的不平衡性。

(2)动态性和持续性原则

文化是一个动态的社会实践集合体(楼中平,2007:74),社会发展不断赋予文化新的内容和时代精神,学生跨文化交际能力的构成要素和内部关系也相应变化。跨文化教学的动态性和持续性主要表现为:丰富跨文化交际能力的结构研究,适时增加新的构成要素并调整结构内部关系,更新完善学生跨文化交际能力的实践策略(涉及教师跨文化知识的动态更新、学生对现实生活的动态认识和关注、师生之间动态和谐关系的发展、学习过程的动态变化、网络技术的升级改造、文化测试方式的演变等),体现社会动态和跨文化动态的结合,适应社会发展的需求。文化所包含的内容极为广泛,任何形式的跨文化培训都不可能穷尽一个文化的所有内容。因此文化同化和跨文化能力的提高没有终点,应该是一项终生事业(张红玲2007:59),可见跨文化能力提高需要持续努力。大学时期的跨文化学习应该具有明显的阶段性,不同的阶段应该学习不同的跨文化知识,进行不同的跨文化实践,有不同层次的要求和测试标准,持续推进跨文化教学改革。

（3）生活化和现实化原则

生活化和现实化原则指大学英语跨文化教学应联系现实、表达生活、学以致用。社会在发展，语言和文化也随之变迁，大学英语教学应与时俱进，体现时代气息，不断更新发展。大学英语四、六级考试改革已经反映了"生活化和现实化"的趋势，这点在作文题目中表现得尤为突出如"Create a Green Campus"和"How Should Parents Help Children to Be Independent？"。联系生活和现实进行语言文化教学能增强学生对英语的亲近感、认同感，提高他们学习英语的兴趣。

（二）主要策略

（1）实施教师跨文化能力培训工程，提高教师的综合能力。跨文化外语教学的中心是学生、任务和学习。作为引导者、组织者和协调者的教师应该融会中西文化。根据夏纪梅（2002：38）的调查，90%的教师认为自己在大学英语课堂上的主要角色是"语言讲解者"和"语言示范者"，学生的主体地位被大大忽略了。提高教师的跨文化素质是实现跨文化目标的先导因素和基础环节，提高跨文化能力和跨文化教学能力是实施大学英语教师跨文化能力培训工程的中心任务，关系着跨文化教学思想的贯彻、跨文化教学方法的实施、跨文化教学活动的开展和跨文化教学目标的实现。1971年5月在美国芝加哥召开的以"迈向文化多元的教育和师范教育"为主题的会议提出，大学和教育学院应造就具有多元文化知识和能力的教师队伍，积极推进师范教育的多元文化进程。国内教师跨文化研究和实践较少，语言功底仍然是判断大学英语教师水平高低的主要标准，导致教师缺乏系统的跨文化知识、明确的跨文化教学目标和丰富的跨文化教学方法，在教学中偏重外显的文化信息和静态特征，忽视文化的深层内涵和动态特征。美国教育界曾提出完善教师跨文化能力的"学习、发展和参与"三阶段模式，侯瑞君（2003）、李俊芬（2006）和张红玲（2007）等也提出了提高教师跨文化能力的方法和策略。教师跨文化能力培养是渐进的、多渠道的和多元化的。大学英语教学大纲需要明确规定教师的跨文化能力水平，宏观指导教师跨文化综合能力的提高，教育管理部门需要制定科学的、系统的师资跨文化能力评价体系，学校应为教师创造更多的中外文化交流机会，教师自身也需要提高对大学英语跨文化教学的认识，掌握跨文化教材编选、教法应用等方面的技能。

（2）平衡语言和文化，突出导向功能。Fries（1927）指出，讲授有关民族的文化生活情况绝不仅仅是语言课的附加成分，不是与教学总目标全然无关的事情，而是语言学习各个阶段不可缺少的部分，不能因时间有无或方便与否来决定取舍。不懂文化规则和模式就不可能真学会语言。例如英语句子"To offer him money is to carry coals to Neweastle."中"carry coals to Neweastle"的意思是"多此一举"；若不知道纽卡斯尔市是英国著名煤都这一文化背景，就可能将这一词组误解为"送煤去纽卡斯尔"。1996年美国修改了全国性的外语教学大纲，确定了文化的核心地位。目前中国大学英语教学中的语言和文化比例严重失衡：教学大纲缺乏明确系统的跨文化细目，教师授课过程过分强调词汇、语法等纯语言项目。因此大学英语教学大纲需要增补文化因素细目表，指导跨文化教学（刘爱真，2001）；教材应成为语言知识和文化知识的载体，充实跨文化内涵，纠正纯语言性偏向，结合文化背景知识和跨文化交际技巧设计课后习题；教师应该有意识地结合语言和文化讲授课文，用文化阐释语言，解决跨文化交际难教和难学的问题，克服学生单纯学习语音、词汇和语法知识等的不足，促使他们的语言能力和跨文化交际能力同步提高。

（3）比较中西文化，融会贯通。目前大学英语教学过分强调英美文化，忽视母语文化，导致文化比较的缺失（肖龙福等，2010）。英语文化、汉语文化学习和英文化比较同时进行，能够揭示英语文化的深层内涵，进一步理解汉语文化的本质特征。《高等学校英语专业英语教学大纲》对文化素养的教学要求就包括"熟悉中国文化传统"，大学英语教学大纲还缺少相关规定，教材更是缺乏汉语文化信息。教师需要克服教学大纲的局限，寻求文化共性，发现文化差异。学生应该熟悉中西文化的基本差异，另外教师还要结合实例加深学生对中西文化差异的理解。例如，"红"在中国人心目中表示喜庆、幸运等；而英语中的"red"多意味着危险、气愤等。教材的编写应中西方文化并举，适当增加汉语文化知识，这对学生了解目的语文化和母语文化具有直接的推动作用，可使学生的中国文化水平和英语文化平同步提高。跨文化交际的文化制约并不是来自对目的语文化的不了解，而是来自对目的语文化和母语文化之间差异的不了解（杨学云，2010：128）。大学英语教学需要比较中西文化，关注中西文化的联系，克服跨文化障碍。

（4）教材结合英语新闻，与时俱进。现代社会的发展日新月异，凸显出英语教材不可避免的滞后性。英语新闻的来源渠道多样，具有时新性、广泛性、显著性和趣味性等特点，超越了传统文化的视野，有助于已有知识和新知识之间建立联系。学生对新鲜事物具有浓厚的兴趣和较强的敏感性，乐意接受并讨论国际上发生的事情，英语新闻便成为沟通课本和现实、联系课内和课外的良好渠道。英语新闻具有独特的语言风格和文体特点，教师应因材施教，适当选取符合不同阶段学生认识水平的新闻材料，最大限度地反映时代文化。例如采取音频和视频相结合及课堂典型讲解的方式，介绍英语新闻，鼓励学生发表看法，扩大他们的文化视野。例如英语新闻能向学生提供"What Now for al-Qaida after Death of bin Laden？""Europe Economic Recovery Setback"等文化信息。教师应鼓励和引导学生通过英语新闻深入生活、了解社会，缩短英语学习和应用的距离，实现从考试型语言学习模式到应用型语言学习模式的转变。实践证明，教材结合新闻能弥补教材的相对滞后性，使学生既能掌握课内基础知识，又能获得课外语言文化知识。这样英语学习也就能变得新鲜生动。

（5）引入文化测试，形成常规、完善的跨文化评价体系。测试和评价是课程开发和教学组织的发动机（Lange，1999：153）。文化测试是大学英语跨文化教学模式的必要组成部分，大学英语跨文化教学测试能够提高教师和学生对跨文化能力的关注意识，是正确评估教学过程和教学效果的重要环节。文化的复杂性和文化理解的主观性决定了文化测试与评估的艰巨性，因此文化测试的研究和实践是文化教学最为薄弱的环节。文化测试的内容是什么？文化测试的方法是什么？国内外学者对此进行了不懈的探索。语言测试学者 valette 的文化测试模式被认为是迄今为止影响最大、最成熟的文化测试模式（王振亚，2005：264）。张红玲是国内研究跨文化测试的主要代表人物。她系统地研究了文化测试内容及测试方法，认为文化测试内容包括文化知识、情感态度和交际技能3个层面并针对不同的层面提出了相应的测试方法。文化知识测试采用填空、选择、正误判断等客观题形式，全面、系统地体现学习者对文化知识的掌握水平；情感态度测试和评价最难，宜采用社会距离等级法、语义级差法和跨文化发展模式等方式；交际技能（文化行为）采用笔试（设置模拟现实的任务要求，学习者书面回答）或直接观察学习者真实的行为表现进行评价；作品集文化评价法是对学习者文化学习过程中知识、情感和技能发展情况综合的、人性化的评价方法（张红玲，2007：294-313）。跨文化教学的测试和评价必须结合语言测试和评价，必须适应语言和文化教学的动态需要，必须符合学生文化学习的阶段性特点，必须形成常规，避免理论和实践的脱节，并制定符合中国大学英语教学特点的文化测试内容、测试程序、测试标准和测试评价体系。

第四节　英语教学中跨文化交际能力的培养

一、口语教学中跨文化交际能力的培养策略

众所周知，学习英语是为了以英语为媒介参与不同社会文化集团之间的科技、文化、知识、情感等的交流。而加强口语教学实质上是交际教学的一种体现。作为英语教师，应该把课堂变成一个充满交流的场所。因为，英语知识和交际能力的获得只有在具体的语言实践中才能获得，而这种交际必定是一种跨文化交际。因此，在培养学生口语能力的同时，也必须同时培养其文化意识和理解能力，使他们在文化交际中如鱼得水。

因此，教师在英语教学，特别是口语教学中要不断地给学生输入一定量的所学语言的文化知识，营造文化氛围，要求学生不断地学习目的语国家的文化风俗，只有这样，学生才能正确认识跨文化交际中的文化差异，正确理解不同时间、地点、说话人的话语意涵，达到在多元文化中正确运用英语交际的目的。为此，在口语教学中可以采取以下措施来培养学生的跨文化交际能力。

(一) 营造文化氛围,输入文化知识,重视文化实践

(1) 强化背景知识的输入:在口语教学中,通过输入有关国家的风土人情、社会习俗、交际礼节、传统节日等知识,使学生对有关文化背景有所了解。教师可在此基础上对目的语国家的文化与本国文化进行比较,从而进行有效的交际。

(2) 掌握一定量的习语:习语是一个社会语言和文化的重要组成部分。习语不仅难于理解,更难于运用。能否正确使用习语往往是一个人语言水平高低的标志。在口语教学中,不仅要教学生背诵一些教科书上的习语,还应该让学生多接触外文原著、电影、电视节目中的口语,并将这些习语跟汉语习语有相针对性地比较,以加强这些习语在学生心目中的印象。同时,让他们了解有些习语因文化背景的不同而具有不可译性;有些习语因中西文化的思维差异,所指事物喻体不同,联想不一样而产生字面意思相差甚远而实际意义接近的情况。弄清习语的文化内涵,对增强英语实际运用能力是很有帮助的。

(3) 组织情景对话,感受文化氛围:一般来说教师可给学生提供 topics 并设置情景,让两个或两个以上学生进行情景会话。也可模仿录像中的会话,对其中的一些习惯表达作出说明,并事先提供一定的表功能意念的句型。可在口语课上带领学生排练英语节目,让他们沉浸在英语国家的文化氛围中。语言文化实践不仅可使学生对英语文化有进一步的了解,同时可以提高学生的发音水平和表演能力。

(二) 注重文体学习,了解言语风格

文体学是一门既古老又年轻的学科,主要研究如何在适当的场合使用适当的语言,使语言交际达到最佳的表达效果。语言交际中的表达效果是由多方面决定的。它不仅取决于个人的语言基本功,还与一些非语言因素密切相关,如性别、年龄、职业、文化修养、社会地位、交际背景、场合、时间、地点、方式、内容等等。这些非语言因素对表达效果起着十分重要的制约作用,所以,在口语教学中要引导学生了解、观察文体学非语言因素与文体风格对口语表达所产生的影响。

(1) 文化修养与言语风格:一个有文化修养的人能无止境地发掘语言中存

在着的无限的表达方式，他可根据交际目的、对象、内容等随机应变，做到言辞得体。因此，在口语教学中我们就要培养学生这种语言上的应变能力，教会他们有创造性地使用一些语言中已被固定下来的表达方式，或将自己母语文化中一些贴近目的语文化的表达模式运用进去，教会学生慎重选择话题，培养其思维与表达的逻辑性，提高其文化修养。

（2）年龄、性别与言语风格：人的年龄不同，性别不同，其言语风格当然是不一样的。因此，在口语教学中应向学生指出，哪些属于儿语，哪些属于成人用语，尤其应该指出的是，在使用禁忌语方面是有性别差异的。

（3）社会地位和职业与言语风格：我们都知道，教师对学生说话和学生对老师说话，在字句斟酌上和语气方面是不尽相同的。社会地位高的人用词文雅，而社会地位低的人用词通俗，不同职业的人对同一事物也有不同的说法。因此，在口语教学中应向学生区分这些词的用法，并让学生自己在理解了这些词的使用规则后，视情况需要作出恰当的选择。

（三）注重语音语调对交际的影响

要进行交际，首先要知道信息的传播和输入所依靠的基本单位——单词及其发音方式。如果辨识单词读音有困难，交际则根本无法进行。

语音部分的内容，除了长短音、重音外，还有语流切分。语流切分是指人们在讲话或交流时，不是一气呵成，而是依据形成和表达思想的现实需要以及语言结构特点，将句子分成各种不同的组成部分。同时，根据感情表达的需要，在交流时往往带有各种感情，形成语调。每当话语中意思告一段落时，可以或应该出现停顿，这就是语意停顿。

很多情况下，学生常常感到奇怪，自己的发音虽然正确，但总觉不够味，语流呆板、平淡。于是有的学生盲目模仿，结果形成一些不伦不类的"自造"腔调。其实，句子的语调在交际中因感情、态度、目的不同变化非常丰富。所以，在教学中，应该通过列举实例的方式，让学生体会在表达各种情绪和意图时所用的语调。恰当的语调可以使对方觉得语流自然，富有节奏。为了增强"听"的效果，在长句处理中，还应有停顿。停顿位置不同也会引起句义上的差异。

二、阅读课教学中的跨文化交际能力培养

阅读理解能力不仅包含阅读技能，也包含对目的语文化背景知识的掌握。因此，在阅读教学中，教师肩负着传授正确语言形式和社会文化知识的双重任务。语言词汇、语言结构的教学应与文化知识的传授有机结合起来，才能引导学生观察、学习不同语言的文化差异，减少他们对另一种文化的陌生感，从而避免人们常说的"文化冲击"（culture shock）。

（一）加强阅读中的词汇教学，注重诠释词汇的文化内涵

语言结构知识和尽可能大的词汇量是掌握任何一门语言的必备条件。然而，当学生不具备相关的背景知识，或对所读文章的上下文理解不充分时，就会造成理解上的困难。那么阅读理解与词汇的关系是怎样的？阅读理解与背景知识及上下文相关知识的关系又是怎样的？在教学中如何处理好语言知识和相关知识之间的关系？这些都是教学中面临并亟待解决的问题。在这里我们不妨了解一下美国英语阅读理论发展的三个阶段，并从中总结出一些有益的东西，来指导我们的教学。美国现代英语阅读理论的发展大约经历了三个重要的阶段，这三个阶段的研究始终是围绕着阅读理解与词汇之间的联系而展开的。第一阶段是20世纪60年代中期以前，称为"古典阶段"，也是注重词汇的阶段。"古典阶段"的理论强调，词汇是理解的基础，英语阅读是在弄懂词汇的基础上达到理解的，词汇不通就无法理解。第二阶段是20世纪60年代中期至80年代中期，称为"认知论阶段"，此阶段强调在阅读理解过程中，背景知识的作用大于语言知识的作用。"认识论"的逻辑是：如果不具备相关的背景知识，就会造成理解上的困难；语言知识的欠缺在很大程度上可以由背景知识来弥补。第三阶段是20世纪80年代中期以后，称为"对认知论的反思阶段"。这一阶段重新强调了词汇在阅读中的作用与地位。从表面上看，这三个阶段似乎形成了循环。但实际上，对认知论的反思阶段不是对古典阶段的单纯重复，也不是对认知阶段的片面否定，而是在两个认识阶段基础上的进步与发展。

在英语阅读课教学中，如果遵循"古典阅读"理论，片面强调词汇在阅读理解中的作用，而忽视了阅读过程中其他因素的作用，教学的重点势必落在词汇讲解和词汇训练上。试想，一篇好端端的文章在穿插了大量的词汇讲解和词汇认知训练之后，就会被分割得支离破碎，面目全非。学生充其量只是记住了几个单词或只言片语的内容，至于对文章的整体内容、主题思想、内部联系、引申意义等的把握就根本谈不到了。

在指导阅读的过程中，应注重"认知论"同阅读课教学实际的结合。在认知论的指导下，每着手讲述一篇阅读文章时，都应向学生提供相关的背景知识，以便他们能很好地理解文章。大量的教学实践结果表明，学生在了解了相关的背景知识之后，对文章的理解并没有明显的进展。这是因为文章中的生词造成了他们阅读过程中的障碍，由于不知道词汇所要传达的准确信息，他们只好对文章的内容胡乱地猜测，使理解陷入盲目与混乱。同样一个词，尽管在两种语言中的指示意义、概念意义完全相同，但往往因民族文化的差异而产生不同的或相反的文化内涵，即发生不同的联想意义。显然，引导学生正确地理解词汇的文化内涵，以达到正确无误地理解阅读内容是阅读课的重要内容之一。

（二）帮助学生正确把握阅读中涉及的交际文化信息

人类的交际过程是一个十分复杂的过程。交际的成功与否取决于交际双方对有关交际文化因素的考虑与取舍。有篇文章讲述了这样的故事：一位美国人，30年前与一位丹麦姑娘相爱了。当他回到美国筹款准备结婚时，给她寄了一封信，里面只有一张纸条，上面定着约会的地点和日期"12/11/13"。但由于丹麦与其他欧洲国家的日期表示法的差异，结果导致了他们约会交际的失败。文章的末尾，作者解开了 He didn't keep the date because of a misunderstanding 之谜。通过阅读课上的讲授，学生们避免了混淆日期信号的语用失误，正确理解了 The different ways of writing the same date are different in different countries. The normal way of writing a date in America is to write the month first, then the day, and then the year. Take the example in the text: the date December 11, 1913. To abbreviate the date, one would write it as 12/11/13. But in the European countries, the daycomes first, then the month and then the year. So December11, 1913 would be abbreviated 11/12/13. In China the year comes first, then the month, then the day.It would be 13/12/11.

上述事例表明，通过阅读帮助学生了解不同民族、不同文化的差异是英语教师教学中应注意的一个重要方面。

（三）通过阅读吸收社会文化知识

由于语言是文化的载体和结晶，它们必然会烙上民族政治、历史、文化、宗教、习俗的印痕。要掌握好英语就必须有足够的相关的国情知识，这样才能增强理解和使用能力。教师可以帮助学生学习、掌握不同的民族文化的巨大差异，从而培养他们跨文化交际意识。

背景知识、相关知识同语言知识同样重要，在阅读的过程中，两者都是帮助学生完成阅读理解的必不可少的条件，是阅读过程中不可分割的两个方面。处理好两者之间的关系，是搞好阅读课的关键。在阅读的过程中有两种活动同时双向地进行，并贯穿始终：这就是根据对阅读文章背景知识及相关知识的了解，对文章提供的文字信息及其含义进行选择、推测，达到理解；根据文字所反馈的信息对理解进行核实。英语教学应该围绕着一定规律而展开。

三、听力教学与交际能力培养

众所周知，人类思想感情的交流主要有两个方面：一是接收信息，二是传递信息。接收信息主要是通过听和读来进行，传递信息则是通过说和写。要互相交流思想首先必须具备听懂对方言语的能力，因此，具备较好的听力是思想交流的先决条件之一。人们学习英语的各种途径都离不开听，如看电影、看戏、听广播、听教师讲课、听录音等都与听力息息相关。由此可见，听力技能在学习语言和进行口头交际方面是至关重要的。所以，听力课是英语教学中的一个重要环节，它将对培养学生的口头交际能力起着重要的作用。

听力理解是一个积极思维、理解的过程。它要求信息接收者不但要具有语音语调、词汇、语法、口头表达习惯等语言基础知识，而且还必须具备有关文化的背景知识。然而当前相当数量的学生虽在中学已学了几年英语，也掌握了基本语法概念和一定数量的词汇，但由于中学的英语教学还是较偏重于语言的书面知识而忽视了语音和语词，其结果就造成了学生看得懂却听不懂，听说能力相当差的状况。而要达到较高的听力水平，就必须从培养学生掌握扎实的语音基本知识入手，加上有关的文化背景知识的传授。为此，要充分提高交际能力，听力课教学就必须重视如下几个方面；

（一）加强音素辨别的训练

每个人从孩提起至少会讲一种语言，而且学起来也从不费劲。你说我听，或我说你听，成为一种自然而然的事。因此，对一般人来说谁也不会去思考听与说是怎么一回事，它们之间是否有联系，更不会知道它们是什么样的关系。其实，就人人都会的听和说，却是一个极其复杂、高度抽象、音义相连并具有无限产生力的系统。据语言学家的研究，说话的过程包含着语义编码（semantic encoding）、语法编码（grammatical encoding）、语音编码（phonological encoding）等程序；而听话的过程也相应地要经过语音解码（phonological decoding）、语法解码（grammatical decoding）和语义解码（semantic decoding）

简言之，说与听的过程是：编码——送音——收音——解码。作为听者，就是要解码。而要成功地解码，即要听懂，就必须掌握说话者所使用的代码（code）。语言学家朱莉姬·福尔克说过，成年人在学习语言时与小孩学语言不同。成年人在学听一种外语时并没有真正地把说话人所发出的音素全部听进去，他们对那些与母语相同的音素特别敏感，而对那些与母语不同或母语中根本不存在的音素则充耳不闻。因此，他们常常用母语的语音系统来解释外语的语音系统。也就是说，他们用母语的代码去解译其他语言的代码，这当然就会解错或根本解译不出来。

因此，要提高学生的听力理解能力，首先就要教会学生掌握英语的音码，如此才能用这个音码进行解码而提高听音、辨别音素等语言特征的能力。辨别训练必须重视以下两个方面：

（1）辨别单词中的音素：这里的辨音就是辨义。如 pen 和 pan，这两个词中各有一个不同的音素，它们的意义也就不同。只有正确地辨别出不同的音素，才能正确地理解词义。但同个词，英国英语和美国英语发音也有差异，这在听力教学中也应引起注意。如 experiment，fast，better 等单词的读法。另外有几个常用的单词，英音和美音的发音不同，如 record，schedule 等，需要学生逐个记忆。

（2）辨别语流中的音素：口头交际与书面交际有很大的差别。阅读时，尽管每个字，每个短语或每个句子的意思可能要通过上下文才能正确理解，也就是说受到篇章的约束，但有一点与口头交际相差较大的是：书面材料字与字有间隔，短语或句子有标点符号标明，白纸黑字，非常清楚，阅读起来不会混淆不清，而口头交际则相反。正如语音学家说的那样，口头交际是在许多不定因素中进行的。说话不可能像书面表达一样，一个字一个字地发音，随着说话者情绪的波动，语速语调也可能变化，甚至有时会结巴或重复、间断。使用同一种语音而来自不同地区的人讲话也常常南腔北调，言语效果也常会受到影响。因此，除教学生辨认每个单音外，还须让学生学会连贯说话时的正确发音和音素的变化。这些变化主要体现在：强读和弱读、音的同化、连读、省音、失去爆破等。

（二）重视句子重音和语调的教学

重音和语调是表达思想感情的重要形式之一。人们用不同的语调，加上句子的重音即可表达不同的思想感情。在此我们以英语重音和语调为例。英语的重音分为词重音和句子重音。如一个单词重音没读出或读错了，就会使这个词变得难以辨认。在我国很流行的 TOEFL 测试是美音，许多听力材料也是美音。因此词重音须注意英音和美音的差异，英音中有的重音在词的第一个音节上，而美音却在第二个音节上。英音中有的重音在第二或第三个音节上，而美音却在第一个音节上。英国英语中不重读音节往往弱读，而美国英语则不弱化，有时还保留英音中所消失的元音。

句子重音对表达思想和意义起着重要的作用。句子重音的功能是突出句子中较重要的词所传递某种信息，从而表达说话人的意思和感情。在一般情况下，英语句子中较重要的词，如名词、主要动词、形容词和副词等实义词都要重读，而虚词，如冠词、连接词、介词、人称代词、动词"to be"和助动词等都以弱读的形式出现而不予以重读。

在进行语调教学时，除应引导学生注意语调的形式外，还应注意语调的功能。英语的基本语调有升调和降调两种形式。其主要功能是表示说话人的态度、意图和感情。所以在英语口语中，相同的句子用不同的语调所表示的意义也就不同。陈述句一般是用降调表示肯定的语气，但有一些陈述句在包含不肯定、疑惑、不耐烦等情绪时，则用升调。She is from Beijing？用了升调就表示说话人并不了解她是不是北京人。再看祈使句 Don't be late again！如说话人的语气是婉转客气的请求，就应用升调，其意相当于汉语的"请不要再迟到"。若说话人是表示命令的口气，则用降调，这时相当于汉语"不许再迟到"。所以，在许多交际场合里，注意语调的用法是理解说话人意图的途径之一。有时听话者虽然听清楚了全部单词，但忽略了说话人的语调，仍然可能造成对说话人意图的误解，而造成交际失误。

（三）培养捕捉信息的关键词的敏感性

我们或许都有这样的体会，在听母语时，不管听广播、听报告或看电视节目，并不一定要全神贯注地把每个音都听清楚才能理解，有时心不在焉也能听出大意，甚至在许多噪声干扰的情况下也能辨出含糊不清的语句。这是因为我们掌握了母语的语言系统、说话方式，所以能轻而易举地捕捉提供信息的关键词而理解了整句话的大意。同样，在进行英语听力训练时也应该让学生学会捕捉句子中的一些关键词来推断整句话的大意。

所谓关键词是指在句子中比较重要的词。要培养学生听懂句子的关键词，就要先让学生积累一些口头交际常用词和词组。其次，对句子重音技巧的把握也有助于较熟练地抓住关键词。在句子中比较重要的词一般都读得比较响亮而清晰。听清了句中重读的关键词后就不难理解这句话的意思了。当然，也需让学生注意听在一般情况下是弱读的句子重音。

（四）讲解有关文化背景知识

各个民族都有自己发展的历史，有自己的社会背景和风俗习惯。这些构成了各民族独特的文化。学生了解了目的语国家的文化、风俗习惯、风土人情以及社会经济状况，有助于提高听力理解能力。在听音时，有的学生尽管听懂了句中的每个词及其意义，却不能正确地推断出言者所指，原因是缺乏有关的文化背景知识。下面是一段听力材料的对话：

——I'm sorry, Miss, but you are doing 45 in a 30 zone.

——But I'm late for a very important appointment.

——That's too bad. It's my job to give you a ticket.

如果学生不了解美国国内的交通规则，就很难理解第一句话是指开车超速；对 ticket 一词也很少会想到是违反交通规则的传票，也不可能知道第一个说话人就是警察。因此，听力理解不能全凭语言信息，有时需要根据背景知识作出判断后方能正确理解语义。熟悉了文化背景也有助于听音时判断一些同音异义词。

四、写作教学与交际能力培养

和口语一样，写作属于语言四项技能中的输出环节。它在语言交际中起着非常重要的作用，是四项基本技能里综合性最强、也是最难提高的一项技能。要提高写作水平，加强交际能力的培养，就必须增强对写作结构的认识，加大必要的语言输入。

（一）增强对写作结构的认识

（1）重视分析英汉句子结构的基本特征。一种语言中词组组合并不同于另一种语言，一种语言中的意思黏合也不同于另一种语言。英汉两种语言组词造句的不同，源于这两种语言中句子结构的差异。英汉两种语言之间的句子差异，最大的莫过于英语造句主要采用形合法，而汉语造句则主要采用意合法。

所谓形合，指的是句中的词语或分句之间用语言形式手段连接起来，表达语法意义和逻辑关系。英语重形合，是指英语语言符号以及语法之间依靠较强的逻辑关系来连接，句子中关联词语使用较多，单句的句子成分排列紧凑，任何复杂的长句分析起来都会线索清楚，脉络清晰，犹如参天大树，枝叶横生，繁而不乱。英语句中的连接手段和形式不仅数量大，种类也多，主要有关系词、连接词、介词等。

所谓意合，指的是词语或分句之间不用语言形式连接，句中的语法意义和逻辑关系通过词语或分句的含义表达。汉语重意合，句子由字词的意义连接起来，句子简短，富于变化，较少使用关联词语，言简意赅，直接明快。在单句中，句子的基本成分和修饰成分交叉排列，因而句子结构显得较为松散。

英汉句子的形合、意合差异，给许多学生在用英文写作时造成了困难。他们用汉语思维来写英语句子，不懂得在句子中的各个成分之间使用一定的关联词，而是靠意思把词语和分句简单地连接起来。

英汉句子的另一重大差异表现在人称与物称上的区别。一般而言，按西方传统的思维方式，人们在使用英语来表达思想时往往比较强调客观性，注重物对人的思维和行为的影响。因此，常常突出主语（subject prominent）。主语以"物称"形式出现，以客观事物或抽象名词的形式加以表达。正因为如此，英语常用物称（impersonal）作主语，着重强调物对人的作用，对人的思维和行为的影响及其产生的结果。

毫无疑问，英语用非人称作主语，注重客观如实地反映一个句子的意思，明显地使句子的表达更生动、亲切形象和逼真，也使叙述更正式、客观和公正。与西方传统思维方式不同，汉语则根据中国人的传统思维方式，在语言使用中较注重主题（topic prominent）。这种思维模式往往从自我出发来叙述客观事实，着重强调人对事、对物或对人本身的作用和影响，认为所有的行为或事情都是由人这个行为主体来完成的。所以，汉语的句子表达常常以人称词做主语。很明显，句子在用汉语表达时，是根据中国人的习惯性思维表达方式，注重思维的主体性，首先强调的是人——"我"对事物的影响，因此，常常用人称词作主语。

受此差异的影响，学生们在写作中常常习惯用人称代词做主语，I, we 等人称代词出现频率颇高，爱用 I think…we must…等句式。同时，由于主语的物称化与人称化的差异导致英汉句子在语态使用上差异显著。英文句式在语态上多采用被动形式，尤其是经常使用"it"作主语的非人称被动式；如 it is believed, it is felt, it is thought 等。而汉语由于主语的人称化，多采用主动式。因此，学生在写英语作文时，常常采用汉语的人称表达法，无法说出确定的人称，也会采用泛指人称。以上表明，在教学中引导学生写作时注意英汉句子间的差异，尤其是形合与意合、物称与人称、被动与主动等的使用差异，对避免中式英语，使文章的语句表达更符合英文习惯是非常有益的。

（2）注重英汉语篇的对比。语言学研究领域中的语篇这个术语，对于不同的语言学家，其含义会各不相同。但一般认为语篇是指一段有意义、传达一个完整信息、逻辑连贯、语言衔接、具有一定交际目的和功能的语言单位或交际事件。在同一主题下，英语和汉语的语篇及其语篇模式有许多相似之处。比如说，大多数语篇都由单词短语、句子、段落等构成；要求内容一致、意义连贯、语句衔接；要求具备完整的语义信息和交际功能；要求遵循一定的组合规律等等。但两者也存在着巨大的差异。大体说来，与英语思维模式相对应的语篇的组织和扩展，呈"直线型"结构；也就是说，英语语篇的展开模式常是以一个主题句开头，直截了当地点明这一段落的中心思想，然后分类陈述。分类陈述的目的是对主题句的展开，并为中心思想在以后句子中的发展作好准备。所以整个过程往往以明晰的如同路标似的连接手段衔接起来（如表示因果、对比、附加、强调、让步、举例、结论、顺序和对照等手段），这些路标会把你直接引向作者的意图。与此不同的是，汉语句子成分之间、句际之间则没有使用像英语里那么多的黏合剂，或缺乏如同路标似的衔接手段。汉语的语篇是以反复而又发展的螺旋型形式对一种意思加以展开，即语篇的主题往往不是通过直截了当的方式，而是采用汉语里常用的种种方式来加以阐述。

（二）加大语言输入，培养和增强语感

母语对二语写作造成干扰是二语习得过程中正常的现象，这种现象通常会随着对二语的掌握程度加深而消失。在教学中可以发现学生在英语写作时由于受汉语干扰而常犯低层次错误，这种情况一旦持续到高年级阶段，就会导致学生在英语作文中总是无法消除汉语干扰的痕迹。究其原因还是语言输入量严重不足所致。而背诵则是保证足够的语言输入量的一条重要途径。因为：

（1）背诵有利于强化语言输入，克服汉语负迁移，对语言输出起监控作用。中国学生在英语学习过程中普遍存在着母语负迁移的现象，其根源在于目的语输入不足。学生大脑中所储备的语言信息极为有限，惯用词汇、句型及表达积累太少，以至于不得不用汉语的思维、英语的词汇，依靠语法编造句子。学生在没有足够的语言输入情况下，必然产生大量不规范的语言输入，从而严重影响了语言输出的质量。而背诵有利于积累语言知识，可为比较地道的英语语言输出——写作打下坚实的基础。

根据Krashen的监控假说，语言习得者有意识学到的语言知识，能起到监控和编辑的作用，它能被用来检查和修正习得的输出。背诵是一种有意识的语言输入活动。通过背诵输入，学生可以逐步积累交际中所必需的语言知识和篇章构建技巧，在此基础上可加强对其英语使用过程中的母语负迁移进行监控和修正，从而使他们排除母语干扰，更好地运用英语进行写作。

（2）背诵可以培养和增强语感，促进语言习得，从而提高学生的英语写作能力。加拿大语言学家Bialystok在第二语言学习的理论模式中，将英语习得者的语言知识分为显性语言知识和隐性语言知识两种。显性语言知识指学习者意识层中的所有目标语的语言知识，包括语音、语法、词汇等知识。这些知识存在于学习者的意识层中。隐性语言知识指那些内化了的语言知识，它们存在于学习者的潜意识层中，学习者不一定能清晰地表达出来，但能不假思索、流利地使用语言，这便是人们常说的语感。Bialystok的语言学习模式给了我们启示：一个人的隐性语言知识越多，他熟练使用目标语的程度就越高。为此，教师在平时教学中应设法将学生已有的显性语言知识转化为隐性语言知识，并尽可能扩展学生的隐性语言知识。

背诵输入由于加强了对学生语言知识的积累和巩固，因而能将原本是显性的语言知识转化为隐性的语言知识，学生的语感也因此而形成，这势必能促进其语言习得。随着背诵输入的不断增加，学生对目标语语言现象的敏感度会不断增强，隐性语言知识将不断得到扩展,语感也将不断增强。学生的隐性语言知识不断得到扩展、语感不断增强,标志着他们已具有许多目标语的语言形式和规则的知识,这将有助于学生摆脱母语干扰,克服母语对目标语写作的负迁移,促进学生写作水平的提高。

结束语

英语教学实际上是英语文化的教学，有效的交际不仅取决于对语言结构和词汇的掌握，更在于对英语文化的了解和尊重，即跨文化交际的能力。对英语文化和观念的学习是英语学习过程中必要的因素，文化和跨文化交际能力的教学是英语教学的主要目标。语言是思维的工具，而文化的构成又离不开思维。语言在一定程度上影响和制约着思维的方式、范围和程度，而不断发展中的文化制约着语言的存在、传承和发展。语言承载文化，反映一个民族的特征，包括这个民族的历史和文化背景，人们的价值观、思维方式、社会行为、生活方式、风俗习惯等。因此，处于不同文化之下的人们，他们的交际行为会受到不同文化模式的制约。在跨文化交际中，交际的双方若不能进入同一文化背景之中，用自己的说话方式来解释对方的话语，这就可能对对方的话语作出不准确的推论，从而导致交流不畅。教师在语言教学中应帮助学生克服对不同文化的种种不适应，将跨文化的学习融入语言学习的全过程，提高学生对英语文化的价值观、习俗和观念等的理解和鉴赏能力，从而培养学生有效地进行跨文化交际的能力。

参考文献

[1] 汪火焰. 跨文化交际与英语语言教学 [M]. 武汉：武汉大学出版社，2016.

[2] 郭坤. 全球化背景下大学英语跨文化教学研究 [M]. 成都：电子科技大学出版社，2016.

[3] 刘和林. 跨文化交际实用英语教程 [M]. 湖南：湖南大学出版社，2016.

[4] 陈程. 跨文化旅游英语实践教程 [M]. 上海：东华大学出版社，2016.

[5] 刘洪娇，隋丹妮. 跨文化交际能力与英语学能研究 [M]. 吉林：吉林大学出版社，2015.

[6] 安晓宇. 跨文化视野下的英汉翻译教学研究 [M]. 北京：中国水利水电出版社，2015.

[7] 王玲. 英语听说译与跨文化交际 [M]. 北京：经济管理出版社，2015.

[8] 吉乐，李蓓岚. 英语影视与跨文化交际 [M]. 西安：西安交通大学出版社，2015.

[9] IanSmallwood，LiPoLung，StevenMaginn，等. 跨文化交际英语阅读教程：教师用书 [M]. 上海：上海英语教育出版社，2015.

[10] 胡文仲. 跨文化交际教学与研究 [M]. 北京：英语教学与研究出版社，2015.

[11] 何敏，刘玲玉. 新核心大学英语口语教程 [M]. 上海：上海交通大学出版社，2015.

[12] 康莉. 跨文化视角下的大学英语教学 [M]. 北京：中国社会科学出版社，2014.

[13] 夏颖. 跨文化视角下的大学英语教育探索 [M]. 哈尔滨：哈尔滨工程大学出版社，2014.

[14] 布朗，H.D.. 教学点津：跨文化交际教学实用方法 [M]. 北京：清华大学出版社，

2013.

[15] 黄育才.跨文化交际实用英语教程[M].上海：复旦大学出版社，2013.

[16] 丁建新，齐环玉，刘悦怡.中国文化经典：文本与翻译[M].广州：中山大学出版社，2013.

[17] 陆巧玲，周晓玲.网络环境下大学英语教学改革理论与实践[M].上海：上海交通大学出版社，2012.

[18] 周小微，陈永丽.跨文化商务交际[M].北京：对外经济贸易大学出版社，2011.

[19] 詹作琼.跨文化商务英语交际[M].重庆：重庆大学出版社，2016.

[20] 严明.大学英语跨文化交际教程(第二版)[M].北京：清华大学出版社，2015.

[21] 金真，张艳春.跨文化交际英语[M].上海：上海交通大学出版社，2015.

[22] 格林.跨文化交际英语阅读教程.第3册[M].上海：上海英语教育出版社，2015.

[23] 曾小娟，石立国，宋云华.跨文化交际下的英语教学[M].吉林：吉林大学出版社，2014.

[24] 傅利，刘克东.多元文化与多种视点的交汇——"跨文化视域下的20世纪英语文学研究"国际研讨会论文集[M].广州：世界图书出版广东有限公司，2013.

[25] 庞青月，齐丽荣.跨文化的英语翻译研究[M].北京：中国时代经济出版社，2014.

[26] 姚丽.英汉文化差异下的英语教学探究[M].北京：中国书籍出版社，2014.

[27] 王焱，谭跃越.跨文化大学英语阅读与翻译教程.上[M].北京：英语教学与研究出版社，2014.

[28] 高嘉勇.商务英语专业教学改革与实践[M].天津：南开大学出版社，2014.

[29] 龙玉红，刘韶华.中学英语跨文化交际技能与教学示例[M].北京：清华大学出版社，2014.

[30] 刘恒.多视角英语语言文化与英语教学[M].北京：中国农业出版社，2014.